本书获自治区级协同创新中心——陆海经济一体化协同创新中心、广西高等学校高水平创新团队及卓越学者计划、广西一流学科（培育）——应用经济学的资助
本书由国家社会科学基金青年项目（17CJY008）、广西自然科学基金青年项目（2018JJB180033）、广西高校中青年教师基础能力提升项目（2018KY0523）、广西财经学院青年教师发展基金项目（2016QNA02）、自治区级陆海经济一体化协同创新中心研究项目（2018KB06）资助

镜湖文库
JINGHU LIBRARY
广西财经学院经济与贸易学院

镜湖文库

JINGHU
LIBRARY

基于能值生态足迹的广西可持续发展研究

张云兰 著

中国经济出版社
CHINA ECONOMIC PUBLISHING HOUSE
·北京·

图书在版编目（CIP）数据

基于能值生态足迹的广西可持续发展研究／张云兰著．--北京：中国经济出版社，2019.12

（广西财经学院镜湖文库）

ISBN 978－7－5136－1510－5

Ⅰ.①基… Ⅱ.①张… Ⅲ.①区域经济发展－可持续发展战略－研究－广西 Ⅳ.①F127.67

中国版本图书馆 CIP 数据核字（2019）第 295464 号

责任编辑 彭 欣
责任印制 马小宾
封面设计 赵 飞

出版发行 中国经济出版社
印 刷 者 北京九州迅驰传媒文化有限公司
经 销 者 各地新华书店
开　　本 710mm×1000mm 1/16
印　　张 16
字　　数 226 千字
版　　次 2019 年 12 月第 1 版
印　　次 2019 年 12 月第 1 次
定　　价 92.00 元
广告经营许可证 京西工商广字第 8179 号

中国经济出版社 **网址** www.economyph.com **社址** 北京市东城区安定门外大街 58 号 **邮编** 100011
本版图书如存在印装质量问题，请与本社销售中心联系调换（联系电话：010－57512564）

前　言

可持续发展是人类共同的愿望。自1987年《我们共同的未来》中正式提出可持续发展以来，人们越来越关注经济增长带来的资源短缺、环境污染、水土流失、物种灭绝等生态问题。因此，如何协调经济发展和生态环境保护的关系，实现区域可持续发展逐渐成为各个领域的研究热点。广西壮族自治区同属于西南喀斯特地区和边疆民族地区，地域复杂、生态环境脆弱，高速城镇化和经济发展加大了广西自然资源和生态环境压力。为此，直面问题、寻求解决路径，积极推进广西可持续发展成为西南喀斯特地区可持续发展的重要保障，也是国家生态安全屏障建设的重要环节。

本书的主要内容包括广西可持续发展的理论研究、实证研究、对策研究和案例研究。理论研究方面，在明确了广西可持续发展的研究背景和研究意义之后，对国内外可持续发展评价，尤其是利用生态足迹模型和能值生态足迹模型的可持续发展评价研究成果进行梳理和借鉴。在此基础上，提出广西可持续发展研究的理论基础，包括可持续发展理论、生态文明理论、生态经济学理论、生态足迹理论和能值理论，并进一步介绍了生态足迹模型和能值生态足迹模型的具体计算方法。实证研究方面，通过从自然地理、社会经济、生态环境等角度全面掌握广西基本情况，并定性分析广西生态文明建设现状、成效及存在的问题，为开展广西可持续发展的实证研究提供数据资料保障。广西可持续发展的实证研究具体从三大方面展开：一是分别采用生态足迹模型和能值生态足迹模型对广西可持续发展进行评价，并对比了生态足迹模型和能值生态足迹模型的研究结果。二是从农业可持续发展的角度，开展基于能值理论、生态足迹理论的广西农业生态系统可持续发展评价、广西耕地可持续利用评价和南宁耕地可持续利用评价。三是在扶贫攻坚和全面小康背景下，利用能值生态足迹模型对广西集中连片特困地区可持续发展进行评价，并开展影响因素分析和预测研究。对策研究方面，根据上述研究结果，从加强生态文明建设、转变经济发展方式、控制生态足迹、促进农村可持续发展、加强耕地可持续利用、保障集中连片特困地区可持续发展等不同角度，有针对性地提出广西可持续发展的对策建议。案例研究方面，以发展现代特色农业，促进广西农村可持续发展为例，深入分析了如何通过增加农业科技投入来推动广西现代特色农业发展，从而带动广西农村可持续发展，这将为落实广西可持续发展的其他对策建议提供借鉴。

本书较深入地分析了广西可持续发展的现状、问题和对策，对构建生态安全屏障、建设壮美广西、落实生态文明建设具有一定借鉴意义。但可持续发展涉及内容非常广泛，本书未能将广西发展的各个方面完全囊括在内，而是基于笔者的研究方向展开论述，且因笔者能力有限，书中不足之处敬请读者谅解，并提出宝贵意见。

目　录

第一章　绪论

第一节　研究背景及意义

一、研究背景

随着社会经济发展，工业化和城镇化进程不断加快，发展对资源、环境造成的压力越来越大，水土流失、草原退化、环境污染等生态环境问题日益突出。《增长的极限》自1972年问世以来，引起了全社会对只有一个地球的思考。地球只有一个，资源是有限的，人类如何在有限的资源里寻求可持续发展，既是当前摆在我们面前的重要课题，也是全人类共同的目标。因此，可持续发展理念逐渐被社会接纳和重视。可持续发展作为新的经济发展模式，其含义既要满足当代人发展的需求，同时又不能牺牲后代人发展机会的发展模式，即通过平衡当前发展中经济、社会、资源、环境、科技等方面来优化发展，协调当前和未来长远的发展。1987年，世界环境与发展委员会（WCED）发表了《我们共同的未来》，强调了坚持可持续发展的基本纲领，共同绘制人类发展蓝图。可见，可持续发展是各个国家、地区都必须重视和履行的发展模式，是人类共同的责任。

中国作为人口大国，正处在高速发展过程中，如果不处理好社会经济发展和资源环境保护的关系走可持续发展道路，那么森林减少、沙漠扩大、草原退化、水土流失、物种灭绝等生态环境问题将日趋严重。因此，近年来中国积极开展生态文明建设，秉持创新、协调、绿色、开放、共享五大发展理念，尝试探索一条经济、社会、环境协调并进的可持续发展之路，以中国实践为广大发展中国家乃至全球提供中国智慧和中国方案。广西作为中国南疆，肩负着对外开放的社会经济使命和生态安全屏障的生态保护使命。“山清水秀生态美”是广西的优势，然而近年来广西仍然面临着发展不平衡带来的生态环境破坏问题。因此，在生态文明背景下，深入分析广西发展现状及存在的问题并提出可持续发展的对策建议，既是推进广西把生态优势转变为发展优势、建设美丽广西的重要举措，也是推进广西落实生态文明建设、参与构建人类命运共同体的重要保障。

二、研究意义

本书从生态文明建设的角度，根据生态经济学理论，在定性分析广西发展概况的基础上，采用生态足迹、能值、能值生态足迹模型对整个广西生态经济系统、广西农业生态系统、广西耕地和南宁耕地、广西集中连片特困地区生态经济系统进行可持续发展评价，从而定量分析广西可持续发展现状及问题，并提出对策建议。最后，以发展现代特色农业，促进广西农村可持续发展为案例，进行详细阐述。多指标、多角度、长时间序列的广西可持续发展研究结果更为准确和全面，可为广西落实可持续发展提供较为准确的指导和建议，促进相关部门及时发现问题、解决问题，有效避免社会经济发展中的生态环境破坏问题，逐步实现广西的全面可持续发展。

第二节　国内外研究进展

《我们共同的未来》提醒全社会要积极摆脱当前发展中的生态环境问题，走可持续发展之路，但可持续发展涉及方方面面，且难以从定性的角度发现其存在的问题。为此，如何定量衡量一个国家或地区可持续发展状况成为人类研究的焦点。

一、国外研究进展

（一）生态足迹

1992 年，加拿大生态经济学家 Rees 提出用生态足迹（Ecological Footprint，EF）来衡量区域、自然资源的可持续发展，并与其学生 Wackernagel 于 1996 年进一步完善了该方法。生态足迹模型考虑了自然资源的再生与替代能力、生命支持系统的循环与净化能力以及生物多样性保护等方面，且计算结果直观明了，具有区域可比性。因此，很快成为区域可持续发展评价的一个重要方法，得到了全球性的广泛关注和应用。

国外对生态足迹的研究起步较早，迄今为止，相关研究已经涉及自然、社会等多个领域。Wackernagel 等（1997）首次将生态足迹理论应用于全球尺度的生态评价研究，其结果为人类可持续发展敲响了警钟。Hanley 等（1999）创新地将生态足迹模型与经济福利等指标相融合，调整了模型的生态偏向性。Harberl 等（2001）对 1926—1995 年奥地利长达 70 年的生态足迹进行计算，并对其变化进行评价研究，打开了长时间序列计算、解释生态足迹问题的研究局面。Wilson 等（2007）采用生态足迹和 GDP 计算世界上 132 个国家的可持续指数，并完成六大指标的关联性分析。Karen 等（2016）对生态足迹研究进行了拓展，将生态足迹与投入产出技术相结合，综合评价区域消费活动，并从国际贸易的角度对不同区域之间资源和污染量进行定量描述，阐述了贸易对区域生态足迹的具体影响。国外生态足迹的研究思路不断更新，且侧重于对生态足迹的理论、研究方法及宏观视角的分析，为国内相关研究提供借鉴。

（二）能值生态足迹

20 世纪 80 年代末，美国著名生态学家 Odum 首次提出了能值理论，即以“太阳能值”衡量某一能量的能值。能值理论的概念和分析方法是系统生态学、生态能量学及生态经济学思想的延续和发展。能值理论同时考虑了能量的数量大小和质量等级，可以有效衡量和比较生态经济系统中不同等级能量的真实价值和贡献。人类社会经济系统是环境—经济复合系统，能值分析将系统中的全部能量流动统一转换为太阳能值，解决了用货币体现的国民生产总值不能衡量自然界对人类社会经济发展贡献的问题，从而使自然环境对经济发展的贡献和人类活动对经济发展的贡献能同时得到体现，以实现对环境—经济系统的更精确研究（蓝盛芳，1995）。因能值分析有助于正确分析自然与人类、资源环境与社会经济的价值和相互关系，有助于实现全球可持续发展战略。因此，能值分析理论和方法备受国际生态学界、经济学界及政府决策者的关注。

能值生态足迹模型是将能值理论与生态足迹模型相结合，定量研究区域的社会经济活动与自然环境之间的关系，即将生态系统中不同物质和能量统一转换成太阳能值来计算区域能值生态足迹和能值生态承载力。Hemult 等（2005）利用长时间序列法分析了奥地利长达 70 年的生态足迹，一定程度改进了原有模型的静态性。在研究过程中，该学者逐渐注意到生态足迹模型还存在一些不足：一是该模型采用的全球平均生产力、均衡因子和产量因子等指数随研究区域和研究年限的变化而变化，稳定性较差，导致研究结果差异较大；二是该模型基于人类生态经济系统的物质循环，忽略了系统中非物质成分的影响。基于此，Zhao 等（2008）根据 Odum 的能值分析理论对生态足迹模型进行了改进，提出基于能值分析的生态足迹（Emergy Ecological Footprint，EEF）模型。Chen 等（2010）、Siche 等（2013）比较分析 EF 和 EEF 模型后认为，EEF 模型可弥补 EF 模型的部分缺陷。Nakajima（2014）利用 EEF 对圣保罗的可持续发展进行了定量研究。Amaral（2016）提出应该在 EEF 的基础上增加废弃物利用分析，才能使资源覆盖面更全面、分析结果更准确。随着国外学者对能值生态足迹的认可度提高，其研究也在不断深入。

二、国内研究进展

（一）生态足迹

与国外相比，我国的生态足迹研究起步较晚，但 1999 年生态足迹概念在国内首次提出后引起了广泛关注。学者分别从生态足迹的理论基础、研究方法、计算模型及区域评价等方面进行研究。杨开忠等（2000）介绍了生态生产性土地概念及分类，使分析方法更加明确。徐中民等（2001）研究发现张掖地区1995年处于生态赤字状态，且运用生态足迹分析法对甘肃省1998年的生态足迹进行了测度分析，标志着生态足迹在我国由单纯的理论研究迈向了实际应用研究。张彦宇等（2004）在原有生态足迹理论基础上充分考虑了自然条件的地域差异、人类社会的科技进步等因素，重新计算了产量因子，克服了以往研究中产量因子直接取自经验值的缺陷，使研究结果更有针对性。董泽琴、孙铁珩（2004）通过对生态足迹的影响因素进行分析，研究得出影响辽宁2000—2002年生态足迹的因素是人口增加、资源消耗量大、耕地减少等。蒋莉等（2005）研究发现总人口和GDP是我国各省份生态足迹的主要影响因子，一般情况下总人口和GDP越大的区域，其生态足迹也越大。窦蕾等（2006）通过构建旅游生态足迹模型计算章丘2005年的生态足迹发现，旅游活动是一种高需求、高消耗的活动方式。翁伯琦等（2006）利用生态足迹模型计算了福建1999—2003年的生态足迹和生态承载力，发现福建生态经济系统处于生态赤字状态，并提出了减少福建生态赤字的对策建议。张恒义等（2009）利用省公顷生态足迹模型计算了浙江省各地2005年的生态足迹，并将结果与全球公顷和国家公顷法的结果相比较。王明霞、关露（2010）研究得出河北省旅游正处于消耗生态资源的不可持续发展状态，必须及时采取有效措施控制旅游生态足迹的快速增长，促进河北省旅游可持续发展。张可云等（2011）在分析比较2008年中国31个省份生态承载力的基础上，提出区域间生态破坏转移问题，提醒人们生态问题是没有行政边界的，需要区域间共同重视并加以解决。方恺（2013）研究得出中国自1978年步入生态赤字时代以来，足迹深度增长了近2倍。周涛等（2015）研究发现，近年来生态足迹模型在参数调整、项目计算、账户扩展等方面都有所演变和修正。潘洪义等（2017）采用生态足迹模型测算了2009—2014年成都生态足迹时空演变规律，发现最严重的生态赤字发生在浦江县。许静等（2017）通过生态足迹模型对“十二五”期间天津市可持续发展动态进行研究，表明天津市可持续发展面临严峻考验，必须积极探索应对策略。李梦皓等（2018）开展了基于生态足迹的洪雅县社会经济发展过程中的生态建设评价，发现洪雅县近10年（2005—2014年）的生态安全状况波动恶化，发展循环经济、绿色产业迫在眉睫。陈姝含等（2019）利用生态足迹模型开展了2010—2017年江苏省水资源可持续利用评价，发现江苏省在该期间的水资源利用一直处于不可持续状态，水资源利用效率有待进一步提高。随着研究深入，一些学者将生态足迹应用到水生态足迹、水果消费的生态足迹、畜产品生态足迹等方面的测算和分析，也有一些学者将生态足迹与GIS相结合，陆续开展了土地或者耕地方面的生态足迹分析，使研究更加丰富。我国生态足迹研究从宏观到微观均有所涉及，且还在不断发展。

（二）能值生态足迹

中国的能值分析研究始于1989年，留美学者蓝盛芳在美国佛罗里达大学直接与H. T. Odum合作研究，并参与了美国NSF有关项目和能值专著工作。随后，蓝盛芳将能值理论引入中国。目前，能值研究在我国许多大学和科研单位开展，进行了国家和地区、农业生态系统、海涂湿地自然保护区和城市复合生态系统等方面的能值分析和理论方法研究。陆宏芳等（2005）通过分析国际现行可持续发展能值评价指标的不足，重新构建了评价城市可持续发展能力的能值指标。徐中民等（2003）和刘淼等（2008）通过实证研究提出应用能值能更真实全面地反映研究区域的可持续发展状况之后，严茂超、李海涛（2008）运用能值理论与方法，对西藏和新疆生态经济系统进行分析，提出了进一步开发资源、实现可持续发展目标的政策建议。金丹等（2010）研究发现土壤更新能占自然承载力的30%以上，并讨论了能值转化率的基准问题。胡小东等（2010）利用能值分析方法对重庆农业生态系统的能值投入产出情况、环境承载情况和生态系统运行情况做了定量分析。彭建等（2012）针对目前能值分析应用于可持续发展研究的成果和理论方法上的不足之处，提出了可持续性阈值等问题。

2008 年，陈春锋等分别利用传统生态足迹方法和能值生态足迹方法对黑龙江 2005 年的生态文明建设进行定量分析，发现能值生态足迹模型在一定程度上克服了传统生态足迹模型的不足，能更准确地反映黑龙江的实际生态状况。在此基础上，国内学者纷纷采用能值生态足迹模型开展可持续发展研究。在区域可持续发展方面的研究较多，张伟等（2009）应用基于能值理论的生态足迹模型测定了衡东县可持续发展现状。宋豫秦等（2011）开展了基于能值生态足迹的浙江省 2007 年可持续发展研究，并通过计算 2000—2008 年的数据进行纵向比较分析。张清华等（2012）分析了 1949—2008 年吉林省乾安县能值生态足迹动态，开启了我国能值生态足迹长时间序列的研究。周慧等（2015）和朱玉林等（2016）分别利用能值生态足迹对济南和湖南的生态安全进行评价。唐廉等（2017）利用能值生态足迹计算了湖南省的生态状况，且进行了可持续发展分析，进一步强调了区域生态承载力是基本稳定且有限的，人类必须通过减少生态足迹来维持区域可持续发展。在资源账户研究方面，谭德明等（2016）通过能值生态足迹模型对我国 30 个省份的能源消费可持续性进行了评价，结果表明我国能源消费效率普遍提高，且东部沿海地区的效率最高。在人类命运共同体背景下，生态安全被提到历史高度，国内学者尝试利用能值生态足迹模型开展生态安全评价研究。马赫等（2018）以厦门为例，通过能值生态足迹的计算开展了沿海快速城市化地区的生态安全评价，发现当前厦门产业结构调整和控制城市化进程迫在眉睫。张英楠等（2018）对河北省开展了基于能值生态足迹模型的生态安全评价后发现，河北省必须改进区域生产、生活和能源消费方式，促进生态足迹多样性。曹威威等（2019）对能值生态足迹模型进行改进，并开展了海南生态经济系统安全评价的实证分析，表明改进后的能值生态足迹模型更能够反映区域生态问题。我国能值生态足迹研究涉及面较广，主要集中在实证研究，但理论研究也在不断深入。

三、国内外研究评述

可持续发展是全球热点话题，国内外学者通过生态足迹模型、能值生态足迹模型从不同角度开展了丰富的研究，研究成果逐渐增多。这些研究成果为我国走可持续发展道路提供了非常有价值的理论支持。从国内外已有的研究成果来看，研究生态足迹、能值生态足迹理论方法改进的较多，而实践应用方面的研究相对较少；采用单一方法进行大区域范围的整体情况研究较多，综合多种方法对经济、社会、生态系统下小的层面（如生态经济系统、农业生态系统、耕地、集中连片特困地区等方面）的实证研究较少，采用多种方法在广西深入开展不同角度的可持续发展综合研究还没有。对此，本书在前人研究的基础上，尝试深入开展广西可持续发展综合研究，并提出有针对性的可持续发展对策建议。

第三节　研究内容及方法

一、研究内容

本书在生态文明建设的理念下，以广西作为研究对象，在全面掌握广西社会、生态、环境、经济等资料和生态文明建设状况的基础上，综合生态足迹理论、能值理论、生态经济学理论对广西可持续发展现状进行定量研究，找出广西可持续发展存在的问题和影响因素，为推进广西可持续发展、建设壮美广西提出可行的对策建议。

第一部分：绪论、理论基础、生态足迹和能值生态足迹模型。主要介绍开展广西可持续发展研究的背景及意义、相关的国内外研究进展和具体研究内容及方法。分析本书的理论基础，包括可持续发展理论、生态文明理论、生态经济学理论和生态足迹、能值理论，并在此基础上介绍了生态足迹模型和能值生态足迹模型。

第二部分：广西概况及生态文明建设状况。从自然地理（地理位置、地质地貌、气候和水文特征、自然资源）、社会经济（行政区划与人口、经济与居民生活、城镇化进程、农业生产、土地利用与耕地保护、扶贫工作）、生态环境等方面全面掌握广西基本情况。定性分析广西生态文明建设现状、成效及存在的问题，并对广西农村生态文明建设面临的问题及原因进行了阐述。

第三部分：分别采用生态足迹模型和能值生态足迹模型对广西可持续发展进行评价。在利用生态足迹模型对广西可持续发展开展研究的基础上，采用偏最小二乘法对广西生态足迹的影响因素进行分析。在利用能值生态足迹模型开展广西可持续发展评价的基础上，对比了生态足迹模型和能值生态足迹模型的研究结果。

第四部分：广西农业生态系统、广西和南宁耕地、广西集中连片特困地区可持续发展评价。采用能值理论开展广西农业生态系统能值投入、产出结构分析，并通过能值综合指标动态分析展现广西农业生态系统可持续发展状况。在利用能值生态足迹模型开展广西耕地可持续利用评价的基础上，进一步利用生态足迹模型对南宁耕地可持续利用展开研究。在扶贫攻坚和全面小康背景下，利用能值生态足迹模型对广西集中连片特困地区可持续发展进行评价和预测。

第五部分：促进广西可持续发展的对策建议、案例分析。根据以上研究结果，提出广西可持续发展的对策建议，并以“发展现代特色农业，促进广西农村可持续发展”为例，深入分析对策建议的实施路径。

二、研究方法

广西可持续发展问题是一个理论性和实践性都很强的问题，本书重点采用以下几种研究方法。

（一）文献资料法

把 1993 年作为研究起点，主要涉及文献资料包括：一是学术文献，包括与能值理论、生态足迹理论、农业发展、扶贫开发和生态文明建设相关的书籍、论文、杂志、研究报告等，如《农业技术经济手册》《生态经济系统能值分析》等；二是官方统计资料，包括《中国统计年鉴》《广西统计年鉴》、广西水资源公报、广西社会经济发展报告、农业农村部行业统计报告等。

（二）田野调查法

为了加深对前期收集资料的理解、确保资料具有较高可信度，到广西市县开展实地走访、调研、座谈等，从自然环境、社会经济和城镇化、耕地保护、扶贫开发等方面收集基础信息，掌握片区发展概况。一是到统计局、农业农村委员会、自然资源局、生态环境局、村委等有关部门座谈，获取间接一手资料；二是对居民的农业行为、生态保护意识、经济状况等进行问卷调查和访谈；三是对典型县（市、区）的农业资源、生态保护进行综合考察。

（三）数理模型法

本书研究过程中采用的数理模型主要是基于能值的生态足迹模型和生态足迹模型，计算方法包括：能值综合指标计算、能值生态足迹和能值生态承载力计算、生态足迹和生态承载力计算、生态盈亏计算和可持续性评价指数计算等。

（四）统计分析法

由于广西可持续发展的评价指标涉及数据量大，研究中采用 SPSS、SIMCA - P 等数理统计软件，对研究年限的指标数据进行标准化处理和数理模型的统计分析，在影响因素分析中主要采用偏最小二乘法。

第二章　理论基础

第一节　可持续发展理论

一、可持续发展的提出

可持续发展的提出，最早可以追溯到 1980 年的《世界自然保护大纲》。1987 年，世界环境与发展委员会（WCED）发表的报告《我们共同的未来》，将可持续发展正式定义为：能满足当代人的需要，又不对后代人满足其需要的能力构成危害的发展（董孝斌，2007）。该定义得到了世界各国的广泛认可。可持续发展是一个综合发展模式，主要包括社会可持续发展、生态可持续发展、经济可持续发展（李翠玲，2015）。1997 年的中共十五大把可持续发展战略确定为我国“现代化建设中必须实施”的战略。

二、可持续发展的内涵

可持续发展包括了两个方面的含义，即可持续性和发展。发展是可持续性的，而可持续性必须是人口、经济、资源、生态环境与社会进步之间的协调进化，要求数量与质量并重、规模与速率同步。因此，可持续发展的内涵可以归纳为五个方面：第一，可持续发展的主题是人，既要依靠人，又是为了人。第二，可持续发展在时间上，不仅着眼于眼前，更着眼于永久的未来；在空间上，不是着眼于一部分人、一个小区域，而是着眼于全体人类，着眼于全球。第三，可持续发展不是限制发展，而是为了更好、更长远地发展。第四，可持续发展以生态、环境和资源为基础，在开发利用的过程中必须对其进行保护。第五，可持续发展追求人口、生态、环境、资源、经济、社会的相互协调和良性循环，需要在拟定发展计划时综合考虑。

第二节　生态文明理论

一、生态文明的基本概念

生态文明是指人类遵循人、自然、社会和谐发展这一客观规律而取得的物质与精神成果的总和，是以人与自然、人与人、人与社会和谐共生、良性循环、全面发展、持续繁荣为基本宗旨的文化伦理形态。

二、生态文明的内涵

生态文明是人类文明的一种形态，它以尊重和维护自然为前提，以人与人、人与自然、人与社会和谐共生为宗旨，以建立可持续的生产方式和消费方式为内涵，以引导人们走上持续、和谐的发展道路为着眼点。

生态文明强调人的自觉与自律，强调人与自然环境的相互依存、相互促进、共处共融，既追求人与生态的和谐，也追求人与人的和谐，而且人与人的和谐是人与自然和谐的前提。可以说，生态文明是人类对传统文明形态特别是工业文明进行深刻反思的成果，是人类文明形态和文明发展理念、道路和模式的重大进步（金丹，2013）。

第三节　生态经济学理论

一、生态经济学的提出

生态经济学可以说是生态学和经济学的再联合。生态经济学是 20 世纪 60 年代后期在生态学研究基础上正式创建的。1966 年，美国经济学家肯尼斯·鲍尔丁在《一门科学：生态经济学》中，正式提出“生态经济学”的概念。

我国生态经济学理论研究始于 1980 年。多年来，中国生态经济学把可持续发展理论和产权制度理论等最新理论融入生态经济学中，并把生态经济学从最初始的农业生态经济学范畴扩大成一个完整的学科体系（李海涛，2003）。

二、生态经济学的研究对象

生态经济学的研究对象是生态经济系统。生态经济学主要是围绕着人类经济活动与自然生态之间相互作用的关系，研究生态经济结构、功能、规律、平衡、生产力及生态经济效益，生态经济的宏观管理和数学模型等内容。生态经济学研究的重点内容是生态系统与经济系统的内在联系，即内在规律性。生态经济学的研究结果能够成为制定正确的发展战略和经济政策的科学依据。

第四节　生态足迹理论

一、生态足迹的基本概念

（一）生态足迹

生态足迹是指用于生产区域人口消费的所有资源和吸纳区域产生的所有废弃物所需要的生物生产性土地总面积（李平，2006）。

（二）生态承载力

生态承载力是指区域内耕地、草地、林地、水域、化石能源地、建设用地等 6 种类型土地所能提供给人类的生物生产性土地的面积总和（潘洪义，2017）。

（三）生态盈亏

生态盈亏是指生态足迹和生态承载力之差。

二、生态足迹的方法

生态足迹方法是指通过计算一定区域内人口消费的各种生物资源和能源数量，并按照相应的换算系数折算成生物生产性土地面积，再将各种生物资源和能源所折算的生物生产性土地面积加总之后，得到该区域总的生态足迹。同时，根据区域内耕地、林地、草地、水域、化石能源地、建设用地等6种类型土地面积计算区域总的生态承载力。通过比较生态足迹与生态承载力大小，判断区域经济发展是否处于合理的承载力范围内（田玲玲，2016）。

第五节　能值理论

一、能值的提出

20世纪80年代末，美国著名生态学家Odum在系统生态、能量生态、生态经济理论基础上创立了能值理论。能值理论在分析处理过程中，通过太阳能值转换率，以“太阳能值”衡量某一能量的能值。任何流动或储存的能量所包含的太阳能值量，即为该能量的太阳能值，单位为太阳能焦耳（sej）。以能值为基准，可把不同种类、不可比较的能量转换成可进行比较的同一标准，以衡量和比较不同类别、不同等级的能量（蓝盛芳，1995）。

二、能值的基本概念

Odum将能值定义为：一种流动或储存的能量中所包含的另一种能量的数量，称为该能量的能值（陆宏芳，2000）。能值分析的基本概念见表2－1。

表 2－1 能值分析的基本概念

术 语	定 义
有效能（J、kcal 等）	具有做功能力的潜能，其数量在做功过程中减少
太阳能值（sej）	产品形成所需直接和间接应用的太阳能总量
太阳能值转换率（sej/J、sej/g）	单位能量物质所含的太阳能值之量
能值功率（sej/time）	单位时间内的能值流量
能值/货币比率（sej/＄）	单位货币相当的能值量

第三章 生态足迹和能值生态足迹模型

第一节 生态足迹

一、生态足迹的计算模型

（一）生态足迹计算

国际通用的计算生态足迹模型，即引用均衡因子将消费量转化成生物生产性土地（杨开忠，2000），其计算公式为：

$$EP = N \cdot ef = N \cdot \sum_{j=1}^{6}(r \cdot aa_j) = N \cdot \sum_{j=1}^{6}[r_j \sum_{i=1}^{n}(a_i)] = N \cdot \sum_{j=1}^{6}[r_j \cdot \sum_{i=1}^{n}(\frac{C_i}{p_i})] \quad (3-1)$$

式中，EP 为区域总生态足迹；N 为区域总人口数；ef 为人均生态足迹；j 代表 6 种土地类型，分别是耕地、草地、林地、水域、化石能源地、建设用地；aa_j 为各类生物生产性土地面积；r_j 为均衡因子，无量纲，均衡处理后的 6 类土地面积即为可以相加的世界平均生物生产性土地面积；i 为消费的生物资源账户或能源账户项目类别；a_i 为人均第 i 种消费项目折算的生物生产性土地面积；p_i 为第 i 种生物资源账户消费项目的全球平均产量或能源账户消费项目的全球平均生态足迹；c_i 为第 i 种生物资源账户或能源账户消费项目的人均年消费量；n 为消费项目的数量。

（二）生态承载力计算

生态承载力计算公式为：

$$EC = N \cdot ec = N \cdot \sum_{j=1}^{6} (a_j \cdot r_j \cdot Y_j) \qquad (3-2)$$

式中，EC 为区域总生态承载力；N 为区域总人口数；ec 为区域总人均生态承载力；a_j 为区域内实际人均占有的 j 类生物生产性土地面积；r_j 为均衡因子；Y_j 为 j 类生物生产性土地的产量因子（徐中民，2001）。

（三）生态盈亏计算

生态盈亏计算公式为：

$$ed = ec - ef \qquad (3-3)$$

式中，ed 为生态盈亏。当 $ed > 0$ 时为生态盈余，表明区域生态系统是安全、可持续的；当 $ed < 0$ 时显示为生态赤字，表明区域生态系统超载，生态系统不能满足人类生产生活需要，是不可持续的。

二、生态足迹模型的优缺点

（一）生态足迹模型的优点

生态足迹模型的优点包括定量分析区域可持续发展，操作性、可靠性强，结果简单明了；引入均衡因子和产量因子后，对数据进行标准化处理，使不同区域的生态足迹计算结果具有可比性。

（二）生态足迹模型的不足

生态足迹模型假设各类土地作用类型单一，低估了生态系统效益；目前，研究领域存在多种均衡因子和产量因子，因此在具体选择上具有较强的主观性，使计算结果出现偏差；各个区域大多以 1993 年的全球平均产量为依据进行计算，不能完全真实地反映时间序列变化。

第二节　能值生态足迹

一、能值分析基本原理

应用能值分析研究各种生态系统和复合生态系统，包括生态经济系统、自然—社会—经济复合生态系统及各种生态工程系统，均可得出一系列能值综合指标（蓝盛芳，2000）。能值指标体系可把生态经济系统的各种生态流（能流、物流、货币流、信息流、人口流或生物物种流等）在能值尺度上统一起来，打破了传统能量分析过程中不同类型、性质的能量间不能被归纳、加总、比较分析的缺陷。定量分析系统的结构和功能，认识自然环境生产的价值及其与人类经济的关系，为正确处理人与自然资源和环境与经济的关系，走可持续发展的道路提供科学依据（见表3－1）。

表3－1　生态经济系统能值分析指标体系

指标名称	表达式	意义
社会子系统评价指标		
系统能值应用总量	$U=R+N+I$	代表该系统拥有的真正财富的多少
能值利用强度	系统总能值/总面积	评价整个系统能值使用的集约情况
人均能值利用量	系统总能值/总人口	反映该系统人民的生活水平高低
人均电力能值利用量	电力利用能值/总人口	反映该系统对电力的依赖程度
人均可更新资源能值利用量	可更新资源能值/总人口	反映系统经济发展对自然环境的依赖程度
经济子系统评价指标		
能值/货币比率	国家总能值/国民生产总值	反映该地区的经济发展程度
能值受益率	进口能值/出口能值	反映该系统与外界能值贸易情况
输入能值比	输入总能值/系统应用总能值	反映系统经济发展对输入能值的依赖程度
自然子系统评价指标		
能值投资率	经济投入能值/可更新能值	反映自然环境对经济活动的负荷程度
能值自给率	系统自给能值/总能值	评价自然环境的自给自足能力
可更新能值比	可更新资源能值/总能值	显示自然环境本身的潜力大小
可更新资源的环境承载力	$R/U \cdot P$	表示以当前生活水平为标准系统环境所能承载的人口多少
废弃物能值与可更新能值比	废弃物能值/可更新能值	反映该系统中经济活动对自然环境产生的压力

续表

指标名称	表达式	意义
废弃物能值与总能值比	废弃物能值/系统总应用能值	评价该系统中的废弃物能值对系统总能值的贡献大小

注：U 为系统总能值，R 为可更新资源能值，N 为不可更新资源能值，I 为输入总能值，P 为系统总人口。

二、能值生态足迹的计算模型

能值生态足迹模型将能值理论和生态足迹模型相结合，将研究区域生态系统中不同种类、性质的物质和能量统一转换成太阳能值，用可以汇总、比较分析的太阳能值表达人类社会经济活动与自然环境之间的关系。自然生态系统中的能量相对稳定，且能值转换率随时间变化较小，从而弥补传统生态足迹模型中参数选择主观性强、参数随时间变化的不足，使计算结果更加客观。

（一）能值生态足迹基本原理

能值生态足迹是将研究区域中各种物质、能量换算成统一的太阳能值，并按照生态足迹理论中的 6 种生产性土地分类汇总，再利用全球能值密度和区域能值密度计算该区域能值生态足迹以及能值生态承载力（陆宏芳，2005）。其中，太阳能值计算公式为：

$$\text{太阳能值（sej）}=\text{能量（J）}\times\text{太阳能转换率（sej/J）} \quad (3-4)$$

式中，能量 = 生产或消费量 × 能量折算系数。

（二）能值生态足迹计算模型

1. 可更新资源能值计算

由于生态系统中不可更新资源随着人类社会经济活动的利用而日益枯竭，所以只有充分利用可更新资源才能保证区域可持续发展。一般研究中主要考虑 6 种可更新资源，即太阳辐射能、风能、雨水势能、雨水化学能、地球旋转能、潮汐能（沈善瑞，2004）。几种区域可更新资源的能量计算公式为：

$$太阳辐射能（J/a）=太阳光平均辐射量［J/（m^2·a）］×土地面积（m^2）\quad (3-5)$$

式中，太阳光平均辐射量为 5.091×10^9 J/（m^2·a）。

$$风能（J/a）=空气层高度（m）×空气密度（kg/m^3）×涡流扩散系数（m^2/s）×土地面积（m^2）×风速梯度（s/a）\quad (3-6)$$

式中，空气层高度为1000m，空气密度为1.23 kg/m^3，涡流扩散系数为12.95 m^2/s，风速梯度为 3.154×10^7 s/a。

$$雨水势能（J/a）=土地面积（m^2）×年降水量（mm/a）×10^{-3}（m/mm）×雨水密度（kg/m^3）×重力加速度（m/s^2）×平均海拔高度（m）\quad (3-7)$$

式中，雨水密度为 1×10^3 kg/m^3，重力加速度为9.8m/s^2。

$$雨水化学能（J/a）=吉布斯自由能（J/g）×土地面积（m^2）×雨水密度（kg/m^3）×年降水量（mm/a）×10^{-3}（m/mm）\quad (3-8)$$

式中，吉布斯自由能为4.94J/g。

$$地球旋转能（J/a）=土地面积（m^2）×热通量［J/（m^2·a）］\quad (3-9)$$

式中，热通量为 1.45×10^6［J/（m^2·a）］。

$$潮汐能（J/a）=土地面积（m^2）×0.5×年潮汐次数×潮高（m^2）×水密度（kg/m^3）×重力加速度（m/s^2）\quad (3-10)$$

几种可更新资源的能值为其能量乘以相对应的太阳能值转换率。需要指出的是，由于太阳辐射能、风能、雨水势能、雨水化学能属于同一性质能量，为避免重复计算，区域可更新资源能值计算时只选取太阳辐射能、风能、雨水势能、雨水化学能中能值最大的一项能值与地球旋转能、潮汐能的能值加总进行计算。

2. 能值生态足迹计算

能值生态足迹的计算（谭德明，2016），首先要确定区域各个消费项目，包括生物资源消费账户和能源消费账户的项目。生物资源消费账户可细分为农产品、畜牧产品、林产品、水产品，其生态生产性土地类型分别为耕地、草地、林地、水域。本书中生物资源消费账户的各种生物资源消费量均以产量代替。能源消费账户中除电力消费用于建设用地外，其他燃料消费均属于化石能源地。区域能值生态足迹计算公式为：

$$EEF = N \cdot eef = N \cdot \sum_{i=1}^{n} a_i = N \cdot \sum_{i=1}^{n} \left(\frac{C_i}{P_2}\right) \qquad (3-11)$$

式中，EEF 为区域总能值生态足迹；N 为区域总人口数；eef 为人均能值生态足迹；i 为 6 种土地的资源类型，分别是耕地、草地、林地、水域、化石能源地、建设用地；a_i 为第 i 种资源的人均能值生态足迹；C_i 为第 i 种资源的人均能值；P_2 为区域能值密度（P_2 = 区域可更新资源总能值/区域土地面积）。

3. 能值生态承载力计算

能值生态承载力计算公式为：

$$EEC = N \cdot eec = N \cdot e/p_1 \qquad (3-12)$$

式中，EEC 为区域总能值生态承载力；N 为区域总人口数；eec 为人均能值生态承载力；e 为研究区域可更新资源人均能值；p_1 为全球平均能值密度。根据生态足迹理论，需要预留 12% 的生物生产性土地用于区域生物多样性保护，即区域实际能值生态承载力为将计算结果扣除 12% 之后的值。

4. 基于能值生态足迹模型的生态盈亏计算

和生态足迹模型一致，能值生态足迹模型中生态盈亏为区域能值生态足迹与其能值生态承载力的比较结果。当能值生态足迹大于能值生态承载力时，区域属于生态赤字状态；当能值生态足迹小于能值生态承载力时，区域属于生态盈余状态。

第四章　广西概况

第一节　广西自然地理条件

一、地理位置

广西壮族自治区简称“桂”，位于中国南部，地跨东经104°26′~112°04′，北纬20°54′~26°24′，东邻广东，西邻云南，北与贵州、湖南相邻，南与海南隔海相望，在中国—东盟经济社会文化交往中占有重要地位。地处低纬度地区，南濒热带海洋，北为南岭山地，西延云贵高原。境内河流纵横，地理环境比较复杂，最高海拔2141米，平均海拔800米。广西具有优越的地理位置，丰富的自然资源，是全国唯一的具有沿江、沿海、沿边优势的民族自治区。全区土地总面积23.76万平方千米，占全国土地总面积的2.46%，位居全国第九。广西地形复杂多样，其中石漠化土地面积153万公顷、水土流失面积505万公顷。耕地资源短缺，2017年耕地面积为438.75万公顷，人均耕地面积仅有0.078公顷，只占到全国平均水平的80%。作为西部边疆民族地区，广西生态安全是国家生态安全的重要组成部分。

二、地质地貌

广西海岸线长1595千米。地势西高东低，四周多山，中部多为平原。西北部为云贵高原边缘，东北部为南岭山地，总体地貌为山地丘陵性盆地地貌。境内有六万大山、十万大山等山地，桂中盆地、南宁盆地、玉林盆地等中小盆地，丘陵主要集中在桂东南、桂南等地。平原谷底等平地占26.90%，喀斯特地貌占据广西最大面积，比例为37.80%，主要分布在桂西南、桂西北、桂东北和桂中。

三、气候特征

广西地处中、南亚热带季风气候，气候温暖，热量丰富。广西气候属亚热带季风气候，北回归线贯穿全区，以贺州—东兰线为界，以南为南亚热带季风气候，以北为中亚热带季风气候。其中，年平均气温为16.5℃～23.1℃，极端最高气温为33.7℃～42.5℃，极端最低气温为－8.4℃～2.9℃，全区各地≥10℃积温在5000℃～8300℃。广西各地年日照时数1169～2219小时，年平均日照时数1539.1小时，比湘、黔、川等省偏多，比云南大部地区偏少，与广东相当。其地域分布特点是：南部多，北部少；河谷平原多，丘陵山区少。其季节变化特点是夏季最多，冬季最少。夏季各地日照时数为355～698小时，占全年日照时数的31%～32%；冬季各地日照时数只有186～380小时，仅占全年日照时数的14%～17%。气候温暖，雨热充足，适宜种植多种农作物。广西盛产水果，如龙眼、荔枝、波罗蜜、火龙果等，被誉为“水果之乡”，主要的农作物有稻谷、玉米、花生、油菜籽、甘蔗、木薯等。2018年，广西年平均气温为21℃，年平均降水量1516.7毫米。

四、水文特征

广西水资源丰富，水资源总量占全国的7.12%，居全国第五位；人均水资源量约为全国人均量的1.9倍，居全国第六位。年均降水量在1200～2000毫米。河流总长约3.4万千米，水域面积约8026平方千米，常年径流量约1880亿立方米，居全国第四位，水能资源理论蕴藏量2133万千瓦。各地年降水量为1080～2760毫米，大部分地区在1300～2000毫米，具有东部多、西部少，丘陵山区多、河谷平原少，夏季迎风坡多、背风坡少等特点。由于受冬夏季风交替影响，降水量季节分配不均，干湿季分明。4—9 月为雨季，总降水量占全年降水量的 70% ~85%，强降水天气过程较频繁，容易发生洪涝灾害；10—3 月是干季，总降水量仅占全年降水量的 15% ~30%，干旱少雨。由表 4 - 1 可知，2010—2017 年广西水资源总量呈波动上升趋势。地表水资源量、地下水资源量和人均水资源量均有所提高，降水量波动较大，但 8 年来降水量均在 3000 亿立方米以上。

表 4 - 1　2010—2017 年广西水资源状况

年份	2010	2011	2012	2013	2014	2015	2016	2017
水资源总量（亿立方米）	1824	1350	2087	2057	1991	2434	2179	2388
地表水资源量（亿立方米）	1824	1350	2086	2056	1990	2432	2177	2386
地下水资源量（亿立方米）	356	271	468	478	403	467	529	447
地表水与地下水资源重复量（亿立方米）	356	271	467	477	402	466	527	445
降水量（亿立方米）	3740	3003	3953	4014	4000	4494	3862	4252
人均水资源量（立方米/人）	3853	2917	4476	4377	4203	5097	4523	4912

数据来源：广西统计局。

五、自然资源

广西大陆海岸线总长 1500 多千米，是中国著名渔场、南珠产地；海洋油气资源储量大，潮汐能理论蕴藏量高达 140 亿千瓦；沿海红树林面积 7200 多公顷，居全国第二位。广西矿产资源丰富，全区已发现 145 种（含亚种）矿种，其中探明资源储量 97 种，12 种居全国首位。2010—2016 年，广西主要矿产基础储量中，石油、锰矿、铅矿、锌矿、铝土矿、硫铁矿和高岭土储量均有所增加，而天然气、煤炭、铁矿和铜矿储量减少（见表4－2）。

表4－2　2010—2016年广西主要矿产基础储量

年份	2010	2011	2012	2013	2014	2015	2016
石油储量（万吨）	146	143	139	135	132	129	154
天然气储量（亿立方米）	3.39	3.38	1.24	1.32	1.32	1.40	1.58
煤炭储量（亿吨）	7.74	2.02	2.08	2.26	2.27	0.90	0.90
铁矿储量（亿吨）	1.10	0.29	0.29	0.30	0.29	0.30	0.30
锰矿储量（万吨）	4033	5860	8590	8442	8487	14020	17389
钒矿储量（万吨）	172	172	172	172	172	172	172
铜矿储量（万吨）	14.40	3.35	3.29	3.33	3.33	3.20	3.12
铅矿储量（万吨）	17.70	25.50	25.30	26	44.50	34.10	52.70
锌矿储量（万吨）	149.30	102.80	101.10	106.10	147.10	105.50	188.30
铝土矿储量（万吨）	27237	41146	41529	46632	46645	48722	49179
硫铁矿储量（万吨）	4557	682	837	837	6142	6025	6003
高岭土储量（万吨）	18733	15175	15123	23606	31907	31926	43180

数据来源：广西统计局。

广西主要土壤类型，地带性土壤有砖红壤、赤红壤、红壤、黄壤，隐域性土壤有石灰（岩）土、紫色土和滨海盐土。广西植物资源丰富，已知的有289科、1670多属、6000多种。其中，乔木、亚乔木有120科、480多属、1800多种。国家公布濒危保护植物389种，广西有113种。植物区系成分复杂，特有成分突出，有117科含不同数量的特有种，其中山茶科中广西特有的种多达70种。全区森林覆盖率超60%，位居全国第四，人工林、速丰林、经济林面积均列全国第一位。发现陆栖脊椎野生动物929种（含亚种），约占全国总数的43.3%。

第二节　广西社会经济状况

一、行政区划与人口

广西壮族自治区行政区划为14个地级市、7个县级市、56个县、12

个民族自治县、34 个市辖区、702 个镇、424 个乡（含 58 个民族乡）。2009 年，根据国家颁布的《国务院关于进一步促进广西经济社会发展的若干意见》，广西分为北部湾经济区、桂西资源富集区和西江经济带三大发展区域，简称“两区一带”。2014 年，国务院批复通过《珠江—西江经济带发展规划》，西江经济带因此迎来新的发展机遇。三个区域各具特色，根据自身发展特点采取不同发展策略，促进广西的经济发展。在经济发展新常态下，广西攻坚克难，经济稳中求进。实施“工业强桂、人才强桂”战略，发展新兴产业，加快投资旅游业，积极发展珠江—西江经济带建设，扩大与东盟各国合作，推进北部湾经济区、西江经济区、桂西资源富集区发展。

2010—2018 年，广西总人口增加 6.85%，人口出生率基本保持稳定，人口死亡率有所上升，从而导致人口自然增长率从 2010 年的 8.65‰下降到 2018 年的 8.16‰。2018 年末，广西户籍总人口 5659 万人，比上年末增加 59 万人。全区常住人口 4926 万人，比上年末增加 41 万人，其中城镇人口 2474 万人，占常住人口比重（常住人口城镇化率）为 50.22%，比上年末提高 1.01 个百分点。户籍人口城镇化率为 31.72%，比上年末提高 0.49 个百分点。全年出生人口 71.3 万人，出生率为 14.12‰；死亡人口 30.4 万人，死亡率为 5.96‰；自然增长率为 8.16‰（见表 4－3）。

表 4－3　2010—2018 年广西人口状况

年份	2010	2011	2012	2013	2014	2015	2016	2017	2018
常住总人口（万人）	4610	4645	4682	4719	4754	4796	4838	4885	4926
人口出生率（‰）	14.13	13.71	14.2	14.28	14.07	14.05	13.82	15.14	14.12
人口死亡率（‰）	5.48	6.04	6.31	6.35	6.21	6.15	5.95	6.22	5.96
人口自然增长率（‰）	8.65	7.67	7.89	7.93	7.86	7.9	7.87	8.92	8.16

数据来源：广西统计局。

二、经济与居民生活

广西经济发展稳定，结构不断优化。2010—2018 年，广西国内生产总值和人均国内总产值不断提高，分别增加了 1.13 倍和 1.05 倍。从三大产业来看，国内生产总值的结构从 2010 年的 17.5∶47.1∶35.4 调整为 2018 年的 14.8∶39.7∶45.5，产业结构从二三一模式调整为三二一模式（见表 4 – 4）。

表 4 – 4　2010—2018 年广西国内生产总值状况

年份	2010	2011	2012	2013	2014	2015	2016	2017	2018
国内生产总值（亿元）	9570	11721	13035	14450	15673	16803	18318	18523	20353
人均国内总产值（元）	20219	25326	27952	30741	33090	35190	38027	38102	41489
第一产业所占比重（%）	17.5	17.5	16.7	16.3	15.4	15.3	15.3	15.5	14.8
第二产业所占比重（%）	47.1	48.4	47.9	47.7	46.7	45.9	45.2	40.2	39.7
第三产业所占比重（%）	35.4	34.1	35.4	36.0	37.9	38.8	39.6	44.2	45.5

数据来源：广西统计局。

2018 年，广西经济稳中求进。全年地区生产总值 20352.51 亿元，增长 6.8%。第一、二、三产业增加值分别为 3019.37 亿元、8072.94 亿元、9260.20 亿元，分别增长 5.6%、4.3%、9.4%，第一、二、三产业增加值占地区生产总值的比重分别为 14.8%、39.7%、45.5%。按常住人口计算，全年人均地区生产总值 41489 元，比上年增长 5.8%。全员劳动生产率为 71455 元/人，比上年提高 6.5%。

2018 年，广西居民人均可支配收入 21485 元，比上年名义增长 7.9%，扣除价格因素，实际增长 5.5%。按常住地划分，城镇居民人均可支配收入 32436 元，比上年名义增长 6.3%，扣除价格因素实际增长 3.8%；农村居民人均可支配收入 12435 元，比上年名义增长 9.8%，扣除价格因素实际增长 7.4%。全区农民工人均月收入 3375 元，比上年增长 4.2%。全年全区居民人均消费支出 14935 元，比上年名义增长 11.3%，扣除价格因素实际增长8.8%。按常住地划分，城镇居民人均消费支出20159元，名义增长9.9%，扣除价格因素实际增长7.3%；农村居民人均消费支出10617元，名义增长12.5%，扣除价格因素实际增长10.1%。恩格尔系数为30.4%，比上年下降2.5个百分点，其中城镇为30.7%，农村为30.1%。

三、城镇化进程

广西城镇化的“量”不断提高，但仍低于全国平均水平。广西城镇化率由2001年的28.2%提高到2018年的50.22%，累计提高22.06个百分点。尤其2004年城镇化率突破30%以后步伐明显加快，和国家城镇化发展步伐一致。但与全国平均水平相比，广西城镇化率仍然偏低，2001—2018年广西城镇化率都比全国平均水平低8~12个百分点，其中2018年比全国低9.36个百分点（见图4－1）。

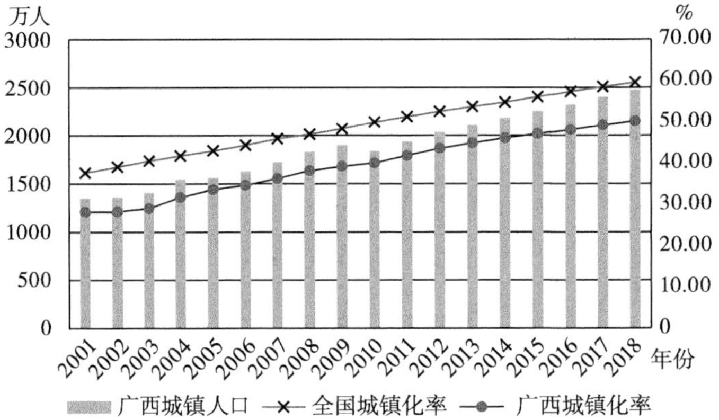

图4－1 2001—2018年广西、全国城镇化率

数据来源：广西统计局。

广西城镇化的“质”有待进一步提高。在城镇化进程中，广西大量农业转移人口因为没有城市户口而游离于城镇基本公共服务体系之外。2001—2017年，广西城区数量从28个增加到40个，建制镇数量从749个增加到799个。广西城镇规模不断扩大，但农民工市民化进程偏慢。广西农业人口占户籍人口比重从2001年的81.7%只下降到2014年的73.46%，远低于常住人口城镇化率的增长速度。以 2014 年为例，广西非农业人口占总户籍人口比率为 26. 16%，如果把非农业人口占总户籍人口比率看作户籍人口城镇化率，那么该年以常住人口计算的城镇化率与以户籍人口计算的城镇化率相差 19. 85 个百分点，也就是说，有 755 万农民居住在城镇但不能享受城镇户口所提供的公共服务（见图 4－2）。

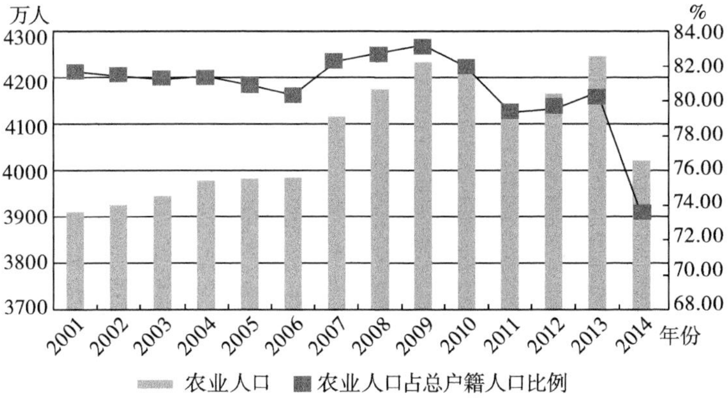

图 4－2　2001—2014 年广西农业人口及其比例

《广西壮族自治区新型城镇化规划（2014—2020 年）》指出，2020 年广西城镇化率将达到 54%，户籍人口城镇化率将达到 34. 5%。这就意味着，将有 200 万左右人口进入城镇，且 150 万左右人口落户城镇。城镇化是重大发展命题之一，在广西新型城镇化“量”和“质”同时发力的重要历史时期，耕地的保护和可持续利用工作任重道远。

四、农业生产

广西农作物主要有水稻（一年两季）、玉米、木薯、花生、红薯、土豆等；经济作物主要是甘蔗，广西既是世界十大产糖区之一，也是中国第一产糖地区，还是产麻大省；水果有香蕉、荔枝、龙眼、杧果、柑、橙、柚、李、桃、梨、柿、板栗、番石榴、西瓜等，品种繁多。2010—2017 年，广西主要农产品中，粮食、麻类、糖料和烟叶产量有所减少，其他农产品产量均增加。其中，林产品中的木材和毛竹产量涨幅最大，分别为

218%和116%，其次是茶叶和水果，分别增长96%和88%（见表4－5）。

表4－5　2010—2017年广西主要农产品产量　单位：万吨

	2010年	2011年	2012年	2013年	2014年	2015年	2016年	2017年
粮食	1412	1430	1485	1522	1534	1525	1419	1371
油料	46	50	54	57	61	65	62	65
麻类	1.2	1.2	1.1	0.7	1.2	1.1	0.6	0.6
糖料	7120	7270	7830	8104	7953	7505	6991	7132
烟叶	2.7	2.9	3.4	3.8	3.4	2.8	2.7	2.5
蔬菜	2129	2246	2357	2436	2610	2786	2929	3087
茶叶	3.9	4.4	4.9	5.4	5.9	6.4	6.7	7.2
水果	1094	1223	1325	1433	1561	1720	1883	1900
木材	1270	1526	1668	2288	2303	2106	2687	3059
竹材	26292	28328	28775	34656	44992	52627	50601	52332
肉类	388	391	411	420	420	417	411	420
奶类	8.2	8.9	9.4	9.6	9.7	10.1	9.7	8.1
禽蛋	20	21	22	23	22	23	23	24
蜂蜜	0.9	1.0	1.2	1.2	1.3	1.4	1.4	1.5
蚕茧	26	30	32	32	34	36	38	40
水产品	276	289	304	319	332	346	307	321

注：表中木材产量单位是万立方米，毛竹产量单位是万根。
数据来源：广西统计局。

2018年，广西粮食种植面积2802.1千公顷，比上年减少50.9千公顷；甘蔗种植面积886.40千公顷，增加10.28千公顷；油料种植面积243.39千公顷，增加4.12千公顷；蔬菜种植面积1439.67千公顷，增加39.93千公顷；木薯种植面积182.26千公顷，减少15.23千公顷；果园面积1263.63千公顷，增加89.21千公顷；桑园面积189.45千公顷，减少1.72千公顷。粮食总产量1372.8万吨，比上年增加1.8万吨，增产0.2%。其中，春收粮食产量21.3万吨，减产1.8%；早稻产量470.5万吨，增产0.1%；秋粮产量881.0万吨，增产0.3%。全年谷物产量1296万吨，减产0.2%。其中，稻谷产量1016万吨，减产0.4%；玉米产量273万吨，增产0.6%。油料产量66.66万吨，增产2.7%；甘蔗产量7292.76

万吨，增产 2.2%；蔬菜产量（含食用菌）3432.16 万吨，增产 4.6%；园林水果产量 1790.55 万吨，增产 13.3%。

2018 年，广西猪牛羊禽肉产量 418.4 万吨，比上年增长 1.6%。其中，猪肉产量 263.9 万吨，增长 3.5%；牛肉产量 12.3 万吨，增长 5.2%；羊肉产量 3.4 万吨，增长 1.3%；禽肉产量 138.8 万吨，下降 2.2%。禽蛋产量 22.3 万吨，下降 7.8%；牛奶产量 8.9 万吨，增长 8.9%。全年生猪出栏 3465.8 万头，比上年增长 3.3%；年末生猪存栏 2298.3 万头，比上年末增长 0.2%。全年蚕茧产量 36.89 万吨，下降 3.8%。水产品产量 329.81 万吨，比上年增长 3.1%，其中海水产品产量 192.22 万吨，增长 0.6%。2018 年，广西木材产量 3100 万立方米，比上年增长 1.6%。天然松脂 70.4 万吨，增长 1.2%。油茶籽 23.32 万吨，增长 3.3%。

五、土地利用与耕地保护

2000—2017 年，广西耕地面积处于波动状态，其中 2017 年耕地面积 439 万公顷，占全区总面积的 11.2%，人均耕地面积 0.06 公顷，低于全国人均 0.1 公顷的水平，而且后备耕地资源不足。全区土地利用的变化情况从总体上看，耕地、林（园）地、水域、建设用地的面积均呈增加趋势，而草地面积有所减少（见表 4-6）。

表 4-6 2000—2017 年广西不同类型土地面积 单位：万公顷

年份	耕地	林（园）地	草地	水域	建设用地
2000	409	1228	78	80	81
2001	439	1231	78	80	83
2002	415	1236	75	80	85
2003	441	1238	74	80	88
2004	441	1399	73	80	89
2005	441	1456	73	80	91
2006	441	1457	72	80	93
2007	421	1459	72	62	94

续表

年份	耕地	林（园）地	草地	水域	建设用地
2008	422	1590	72	62	95
2009	443	1593	113	87	110
2010	442	1595	112	86	111
2011	442	1630	112	86	113
2012	441	1632	112	86	116
2013	442	1637	112	86	118
2014	441	1643	111	86	120
2015	442	1648	111	86	121
2016	440	1654	1	86	122
2017	439	1660	1	86	123

数据来源：广西统计局。

“十二五”期间，广西各级自然资源部门全面推进土地整治项目，“小块并大块”的耕地整治模式在整个广西乃至全国推广。2012 年 8 月，广西出台《关于鼓励农民自发开展耕地整治工作的指导意见》，鼓励农民自发组织、自愿投资、自主开展“小块并大块”耕地整治，并于同年 11 月出台《自治区鼓励农民自发开展“小块并大块”耕地整治以奖代补专项资金管理暂行办法》，用“以奖代补”政策，鼓励各地自主开展“小块并大块”耕地整治工作。2014 年，广西全区“小块并大块”耕地整治已达 5.33 万公顷。国家下达“十二五”期间广西建设高标准基本农田 89.07 万公顷。2012—2014 年，广西建成高标准基本农田 70.99 万公顷；截至 2015 年，广西已完成基本农田划定阶段性工作，建成高标准基本农田 93.35 万公顷。

根据《广西壮族自治区土地利用总体规划（2006—2020 年）》有关数据，到 2020 年，全区耕地保有量不低于 420.80 万公顷，其中北部湾地区（南宁、北海、防城港、钦州）耕地保有量目标为 104.14 万公顷，桂西地区耕地保有量目标为 111.53 万公顷，桂东（玉林、贵港、梧州）、桂中（柳州、来宾）、桂北（桂林、贺州）地区耕地保有量目标共为 205.13 万公顷。经过 2014 年设区市耕地保护责任目标考核工作，全区 14 个市均完成了年度耕保任务，耕地面积达 441.03 万公顷，超额完成了全国土地利用总体规划以及全区耕地保护责任状下达的耕地保护任务。2017 年，广西耕地面积为 438.75 万公顷。

六、扶贫工作

广西集“老、少、边、山、库”于一身，是全国脱贫攻坚的重要主战场。近年来，广西坚决贯彻落实习近平总书记提出的“精准扶贫”战略思想，大力推进精准扶贫工作，实施连片特困地区扶贫攻坚工程、整村推进扶贫攻坚工程、产业化扶贫示范攻坚工程、职业培训扶贫攻坚工程、生态扶贫攻坚工程等“五大工程”，多种手段、多措并举，全力推进扶贫攻坚战，使广西扶贫工作取得了显著成效。广西贫困人口从 2010 年的 1012 万人减少到 2016 年的 341 万人，减贫率达 66.3%，仅 2016 年减贫人口 111 万人，减贫人数排全国第一位。贫困发生率也从“十二五”之初的 24.3% 下降到 2016 年的 7.9%，减少 16.4 个百分点（见图 4－3）。农村居民可支配收入从“十二五”初期的 7793 元增长到 2016 年的 10359 元，增长 32.9%，增速名列全国前列。2016 年，广西 33 个国家贫困县农村居民人均可支配收入 8800 元，增长 11%，高于全国贫困地区平均水平 0.6 个百分点。广西不断加大对贫困地区基础设施投入，截至 2016 年末，贫困地区农户所在自然村实现公路、电话全覆盖；通宽带的农户比重为 75.4%；能接收有线电视信号的农户比重达到 89.1%，有卫生站的农户比重为 80.3%，上幼儿园便利的农户比重为 84.5%。

按照每人每年 2995 元的农村贫困标准计算，2018 年末，广西农村贫困人口 140 万人，比上年末减少 106 万人；全区贫困发生率 3.3%，比上年下降 2.4 个百分点。贫困地区农村居民人均可支配收入 10761 元，比上年名义增长 10.7%，扣除价格因素实际增长 8.3%。

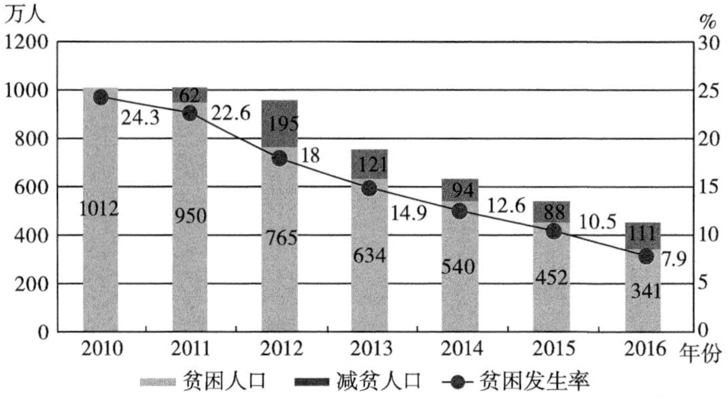

图 4-3　2010—2016 年广西减贫情况及贫困发生率

数据来源：广西统计局。

第三节　广西生态环境概况

一、生态环境现状

在广西近岸海域61个海水水质监测点中，达到国家一、二类海水水质标准的监测点占68.9%，三类海水占14.7%，四类、劣四类海水占16.4%。在监测的14个设区市中，城市空气质量达标的市占42.9%，未达标的市占57.1%。城市区域昼间声环境质量较好的市占57.1%，一般的市占42.9%。广西林业资源丰富，为生态环境优化提供了重要保障。2010—2017年，广西林地面积、森林面积、森林覆盖率、活立木总蓄积量和森林蓄积量均有所增加，林业发展持续向好（见表4-7）。2018年，广西新增实施水土流失地区封育保护面积285平方千米。

表 4-7　2010—2017 年广西林业资源状况

	2010 年	2011 年	2012 年	2013 年	2014 年	2015 年	2016 年	2017 年
林地面积（万公顷）	1496	1496	1496	1527	1527	1527	1527	1527
森林面积（万公顷）	1253	1253	1253	1343	1343	1343	1343	1343
森林覆盖率（%）	53	53	53	57	57	57	57	57

续表

	2010 年	2011 年	2012 年	2013 年	2014 年	2015 年	2016 年	2017 年
活立木总蓄积量（万立方米）	51057	51057	51057	55817	55817	55817	55817	55817
森林蓄积量（万立方米）	46875	46875	46875	50937	50937	50937	50937	50937

数据来源：广西统计局。

二、生态环境保护

2008—2015 年，广西自然保护区级别有所提升，国家级自然保护区面积持续增加。但值得注意的是，保护区面积占辖区面积比重有所减少，说明随着社会经济发展，广西的生态环境保护有待加强（见表 4 -8）。

表 4 -8　2008—2015 年广西自然保护区状况

	2008 年	2009 年	2010 年	2011 年	2012 年	2013 年	2014 年	2015 年
自然保护区数（个）	76.0	78.0	78.0	78.0	78.0	78.0	77.0	78.0
国家级自然保护区数（个）	15.0	16.0	16.0	16.0	17.0	21.0	22.0	22.0
省级自然保护区数（个）	49.0	50.0	50.0	50.0	49.0	46.0	45.0	46.0
自然保护区面积（万公顷）	142.9	145.1	145.1	145.3	145.3	145.6	142.1	141.9
国家级自然保护区面积（万公顷）	28.6	30.8	30.8	30.8	33.4	37.4	38.9	38.8
省级自然保护区面积（万公顷）	90.3	90.4	90.4	90.4	87.8	85.6	81.5	81.2
保护区面积占辖区面积比重（%）	5.9	6.0	6.0	6.0	6.0	6.0	5.8	5.5

数据来源：广西统计局。

2018 年，广西完成造林面积 249.7 千公顷，其中人工造林面积 109.2 千公顷，占全部造林面积的 43.7%；林业重点工程完成造林面积 40.8 千公顷。截至 2018 年底，全区建成自然保护区 78 个，其中国家级自然保护区 23 个，获批国家级生态文明建设示范市县 3 个。自然保护区面积 128.5 万公顷。

广西逐渐加大环境污染治理。2010—2017 年，广西环境投资状况中，环境污染治理投资总额和城镇环境基础设施建设投资均有所增加，8 年来分别增加 12.18% 和 46.57%。但值得注意的是，2010—2017 年环境污染治理投资占 GDP 比重从 1.71% 下降到了 0.9%，说明政府虽然从总量上增加了环境污染治理，但从结构上看有所减弱（见表 4－9）。2018 年末，全区城镇污水处理厂日处理能力 439.9 万立方米，比上年末增长 1.2%；城镇污水处理率为 94.5%，提高 0.7 个百分点。城镇生活垃圾无害化处理率为 99.1%。城镇建成区绿地率为 32.4%；人均公园绿地面积 12.54 平方米，增加 0.58 平方米。同年末全区共有地震台站 244 个，地震监测台网 7 个。全年全区各级气象台共发布气象预警信号 9472 次，全年自治区气象台发布预警 95 次。全区共有海洋观测站 8 个。

表 4－9　2010—2017 年广西环境投资状况

	2010 年	2011 年	2012 年	2013 年	2014 年	2015 年	2016 年	2017 年
环境污染治理投资总额（亿元）	164.10	161.50	190.50	217.80	200.40	261.20	204.20	184.10
城镇环境基础设施建设投资（亿元）	99.00	127.80	109.70	135.30	147.90	148.50	160.20	145.10
环境污染治理投资占 GDP 比重（%）	1.71	1.38	1.46	1.52	1.28	1.55	1.11	0.90

数据来源：广西统计局。

第五章　广西生态文明建设情况

第一节　广西生态文明建设的现状

一、将生态文明建设纳入发展布局

习近平强调，山水林田湖草是生命共同体，要统筹兼顾、整体施策、多措并举，全方位、全地域、全过程开展生态文明建设。以绿色发展为主题，以加快转变经济发展方式为主线开展生态文明建设，是关系我国发展全局的战略抉择。要求各地区准确把握加快转变经济发展方式的方向和重点，全面建设小康社会、加快推进社会主义现代化。党的十八大把生态文明建设摆到国家战略的高度，融入经济建设、政治建设、文化建设和社会建设各方面和全过程，形成“五位一体”战略布局，生态文明建设关系到民族复兴和人民群众的切身利益。广西是我国对东南亚开放合作的前沿和枢纽，江河东流粤港澳、海湾环接东盟国家，具有良好的生态环境和自然禀赋，随着北部湾经济区开放开发的加快推进和中国—东盟自由贸易区的全面建成，泛北部湾区域、大湄公河次区域、泛珠三角地区等多区域合作进一步深化，为广西经济发展创造了诸多有利条件。经济发展的同时，也给广西环境保护和生态建设带来了压力和挑战。火电、石化、冶金、有色、制浆造纸等高能耗、高污染产业发展对能源资源的刚性需求将会不断增加，资源环境矛盾将更加突出；重金属、持久性有机污染物、危险废物污染、机动车尾气污染、废旧电子电器污染和土壤污染问题日趋突出。广西地处珠江、长江流域中上游区域，且陆海与越南交界，其生态文明建设对整个国家和周边地区的影响重大。自治区党委、政府以“八桂大地山清水秀、海碧天蓝、生态优良、环境优美，可持续发展能力显著增强”为目标提出坚持“生态立区、绿色发展”，把建设生态文明作为实现“富民强桂”的重要着力点，全面建设小康社会。广西以加强生态文明建设推进经济发展方式转变，这既是落实绿色发展理念的内在要求，也是开创经济发展新局面、实现“三大定位”的重要抓手。

二、积极开展生态文明示范区建设

广西作为后发展欠发达地区，制约其全面协调可持续发展的深层次问题和结构性矛盾突出，既要富民强桂、赶超跨越，又要保持和发展“山清水秀生态美”的核心品牌，就必须放弃传统粗放型增长的老路。自治区党委、政府确定“生态立区、绿色崛起”的发展战略，要求加快转变经济发展方式，确保生态文明和经济发展相协调，并在“十二五”和“十三五”国民经济和社会发展规划中纳入了生态文明示范区建设，明确了生态文明示范区建设的重要地位，进一步增强了全区人民推进生态文明示范区建设的责任感和使命感，也提醒了全区各级政府不仅要重视经济发展的政绩，还要重视保护和建设优美生态环境的长远政绩。生态文明示范区建设的战略思想明确了广西生态文明建设的目标和方向，为促进经济发展方式转变提供了政策参考和理论依据。

三、努力转变经济发展方式

广西是全国较早提出建设生态区的省区，具有加强生态文明建设推进经济发展方式转变的扎实工作基础。在林业领域加强自然保护区综合管理，实施退耕还林，植树造林大提速，治理石漠化，保护湿地，建设各类防护林，推广沼气。在工业生产领域打上绿色烙印，推行新型工业化道路，产业布局突出生态环保理念，严格项目准入，淘汰关闭落后产能，推进传统资源型产业转型升级。城市建设和农村环境治理方向明确，多措并举实施城乡清洁工程并全力开展城镇污水垃圾处理设施3年攻坚战，顺利推进农村环境综合连片整治示范工作，积极建设污水垃圾处理设施，有效转变乡村垃圾遍地、脏水横流的现象。在发展近岸海域的同时坚持打造海洋生态屏障。根据重金属污染综合防治“十三五规划”整治重金属污染。

第二节　广西生态文明建设的成效

为保持和发展“山清水秀生态美”的核心品牌，广西壮族自治区党委、政府将生态文明建设纳入了广西国民经济和社会发展规划，并在林业、工业领域和城市建设、农村环境治理等方面多措并举，使经济发展和生态环境保护取得“双赢”。近年来，广西深入贯彻绿色发展理念，认真落实中央各项决策部署，在推进经济发展方式转变和生态文明建设上取得了积极成效。

一、社会经济持续发展

广西高度重视生态文明建设，在建设过程中社会经济稳步发展。2017年，全区经济总量为20396.25亿元，比上年增加7.3%；人均GDP为41955元，实现了跨越式发展；产业结构不断优化，三次产业比重为7.1∶22.8∶20.1，第一产业比重有所下降；三次产业对经济增长的贡献率分别为8.3%、41.9%和49.8%。全区财政收入2604.21亿元，比上年增加6.1%；人民生活水平有所提高，社会消费品零售总额7813.03亿元，比上年增加11.2%。城镇居民人均可支配收入和农村居民人均纯收入名义分别达30502元和11325元，扣除价格因素实际增长分别为5.7%和7.1%。

二、生态环境逐步改善

广西生态文明建设过程中，生态环境总体保持较好，生态环境质量有所改善。2017年，全区造林23.6万公顷，森林覆盖率超62.31%，活立木蓄积量7.8亿立方米；综合治理水土流失面积1788.7平方千米。在监测的14个设区市中，城市空气质量达标的市占42.9%，环境空气质量优良天数占全年天数的比例为98.8%，城市区域声环境质量较好的市占100%。39条主要河流水质达标率为95.9%，城市集中式饮用水水源地水质达标率为98.7%。各类自然保护区78个，保护区总面积达145.10万公顷；发现陆栖脊椎野生动物（含亚种）的总数约占全国的43.3%。

可以看出，通过加大生态环境保护和建设力度，广西污染物排放量有所减少，污染防治不断加强和深化，环境综合整治初见成效。但在总结生态文明建设取得丰硕成果的同时必须清醒地认识到，广西作为后发展欠发达地区，其生态资源较为脆弱、资源环境承载力较低，粗放型经济增长方式尚未根本改变，高能耗、高污染的产业比重大，发展中不平衡、不协调、不持续的问题仍然突出，且随着经济的快速发展，经济社会发展面临的资源瓶颈的制约越来越突出，生态环境建设与保护面临的压力也越来越大，生态文明建设任重道远。

第三节　广西生态文明建设面临的问题

一、生态文明意识不强

广西经济发展落后，把握机遇、保持较快速度发展是当前第一要务，但经济的发展不仅要遵循经济规律，还要遵循自然规律，要充分考虑自然生态承载力和环境容量。当前一些政府领导和群众环境意识普遍欠缺，仍然保持陈旧落后的发展理念和思维方式，重发展、轻环保，重当前、轻长远，以牺牲生态、环境为代价片面追求经济快速增长、超常规增长，对自然资源实行掠夺式开发。以GDP为核心的考评标准促使一些政府单纯追求GDP的快速增长而不顾及环境的容量和自然生态承载力，大搞“政绩工程”“形象工程”，不愿意将更多的资金投入环境保护事业。

二、环保政策法规体系不健全

目前，广西生态环境保护领域的体制机制、法规标准、经济政策还不完备，生态补偿机制、激励机制和生态环境保护管理机制有待完善，环境保护投融资机制还没有建立；自然保护区规划和监管分散不统一，已有法律大多是宏观规定原则，对具体制度的规定不够，操作性不强。环境保护投入不足，环境污染治理投资占同期 GDP 比例不到 1.5%，对农村地区的投入远低于城市，农村环境综合整治等资金缺口大，生态公益林补偿标准偏低。

三、生产生活方式粗放

随着工业化、城镇化的加速推进，广西“两区一带”发展格局逐步形成，火电、石化、冶金、有色、制浆造纸等资源型产业不断发展、规模不断扩大，对能源资源的刚性需求、排污强度大加重了环境压力，废弃物未能及时处置，导致一些设区城市空气、水受到污染，质量不达标，尤其是重金属、持久性有机物污染严重的地区，环境治理难度非常大；社会消费转型中城市机动车、各种电器数量不断增加，机动车尾气、废旧电子电器等各类污染问题凸显；一次性消费在一定程度上满足了人们便捷生活的追求，却浪费了大量的能源和资源，大量的垃圾加重了环境污染。农业生产和农村生活对环境的影响呈加重趋势，过量使用农药、化肥和农膜，随地处理生活垃圾、排放废水对土壤和地下水污染严重，危及农村饮水安全和农产品安全。在生产中对资源的不合理开发使一些地区水土流失、石漠化呈扩展趋势，一些珍稀物种濒临灭绝，生态系统功能退化。

四、环保科技落后

广西环保科技的基础研究、关键技术研发滞后于经济发展，自主创新能力弱，科研成果产出率、转化率不高；环保产学研结合机制不完善，相关科技人员的培养引进不足，没有建立完善的激励和考评机制，环保产业发展相对落后。生态环境监管部门机构不健全，隶属于地方政府，其人、财、物都受地方政府管理，对工业项目的区域规划、立项缺少发言权，不能严格依法监督地方政府的环保行为；环保工作人员严重不足，环保基础设施缺乏导致环境监控预警不及时，环境监察能力和辐射监管能力落后于其他省份；自然保护区管护基础设施建设滞后，农村环境监管薄弱；对企业违法排污的处罚较轻，违法成本远远低于守法成本，导致环境污染屡治屡犯。

第四节　广西农村生态文明建设面临的问题及原因

党的十八大提出的“五位一体”战略布局强调生态文明建设，2013 年的中央一号文件要求加快农村生态文明建设，努力建设美丽乡村。广西是农业大省，农村涵盖了大多数人口、自然资源和自然生态系统。深入贯彻落实绿色发展理念，坚持农村生态文明建设，最大限度地合理利用资源和优化生态环境，是广西农村步入可持续发展良性循环的根本出路。

一、广西农村生态文明建设面临的问题

农村作为分布最广、人口最多的区域，是广西生态文明建设的主战场。为推进乡村振兴、构筑农村生态文明，广西以创建生态示范区为重要抓手，加强农村环境综合整治，积极开展生态乡镇、生态村等创建工作，使农村生态文明建设取得了一定成绩，但农村持续发展还面临着诸多困难与挑战。

（一）农村资源利用不合理，生态环境污染严重

在农业生产中，广西水资源相对丰富，但传统粗放的灌溉方式浪费了大量水资源，造成大部分山区严重缺水、人畜饮水困难；喀斯特地区农业耕地非常有限，当地农民为了获得维持基本生存的粮食和燃料不得不对石

山进行不合理开采，导致岩溶石漠化加剧；过量使用农药、化肥和农膜，其残留污染了水土和农作物，并通过食物链危害人类健康。在地区经济结构调整中，广西农村接纳了许多有色金属、建材、制糖、林纸等高能耗、重污染的重化工型产业，其废水废气造成农村生态环境的负荷过重。此外，一些城市通过河流将工业废水、固体废物排放到农村，加重了农村生态环境污染。广西大部分村镇的农民将生活废水直接排到地面，对地表水、地下水、土壤造成严重污染；生活垃圾随处丢弃或就地焚烧使水体、空气污染严重。

（二）农村环境管理体系不完善，政府监管不到位

广西农村环境管理体系薄弱体现在农村环境管理机构少，且大多是县级机构、乡镇环保站很少；机构人员、环保监测设备和经费不足，环境管理工作难以全面开展；环境立法缺位、监管职责不明，财权和事权不统一；缺乏完善的环境公益诉讼法规和生态经济发展的激励法规；农村环境监测、统计工作体系不完善，农业和农村自然资源核算制度不健全，不能监控农村资源利用动态；缺少环保科技支撑体系，对农业种植、畜禽养殖污染和乡镇工业污染、城市转移的工业污染监管不力；农技推广系统缺乏激励机制，推广人员指导农民集约化生产的积极性不高。

（三）农民素质整体偏低，干群生态意识薄弱

在广西城镇化进程中劳动力大量转移，留在农村的大多是文化、体力素质较低的“386199 部队”，其思想观念落后，接受新事物、新科技的能力弱；农业科技人员主要集中在农业科研机构，村内农业技术人员严重不足，导致广西农业职业技术教育发展严重滞后，使农业新技术推广应用困难，农村陷入技术缺乏—观念落后的恶性循环，传统粗放型农业仍占主导。由于广西农村贫困严重，经济发展成了主要任务，常常忽略思想文化建设，以牺牲生态环境来发展经济；广大干部群众的生态环境意识不强，既然不能充分认识环境污染带来的后果，也就不会将资金投入农村的环保事业。

二、广西农村生态文明建设问题的原因

（一）财政投入不足，农村基础设施落后

在城乡分治背景下，广西农村生态文明建设得不到公共财政大力支持，污染治理和环境保护建设资金重点投在工业和城市，农村得到的极少；农、林、水、畜牧、扶贫等部门的环保资金分散使用，“撒胡椒面”导致农村环境监管工作难出成效。在现代化进程中，农村推广“三个集中”工程，聚居点规模不断扩大，但农村污水和垃圾无害化处理、改厕、改水及配套管网等基础设施规划滞后，所以生活污染物只能排到周边环境中；由于财力有限，所以基层政府提供环保基础设施等公共服务的能力不足，且这种状态没有随着当地经济水平的提高而改善。

（二）政绩考核指标单一，执法力度不严

虽然国家一再要求各地政府协调好经济发展与生态环境保护的关系，但由于 GDP 增长数量、速度指标仍然是政绩考核和干部提拔任用的主要标准，所以促使一些地方政府产生狭隘的发展观和政绩观，片面追求 GDP 增长、大搞“政绩工程”；部分农村乡镇干部的环保意识淡薄，重经济发展、轻环境保护，造成环境监管落空。近年来，一些政府部门为了追求经济效益，在农村引入很多高污染企业并任其发展，造成农村工业污染严重，环境执法部门却视而不见；农业执法部门对农药、化肥残留检测的范围和品种覆盖小，监管不严、惩罚力度轻，导致农药、化肥等污染范围蔓延。

（三）农村人口压力大，社会保障事业薄弱

“人多力量大”“养儿防老”的观念在广西农村非常严重，导致农村人口快速增长。由于农村大多采用生产率低下的传统农业生产方式，所以农村人口的粮食安全还不能完全保障。随着农村人口增加，农村环境、资源的压力越来越大，在一些文化、教育都相对落后的农村，人口、环境、经济的发展进入“愈穷愈生、愈生愈穷、愈穷愈垦”的怪圈，尤其是生态环

境脆弱的山区资源环境遭到不可恢复性破坏。尽管广西对社会事业的投入不断加大，但农村义务教育、医疗卫生、社会保障等社会事业发展仍然跟不上农村人口增长速度，严重制约农村生态文明建设。

（四）农村经济落后，生产方式粗放

与城市相比，广西农村经济发展缓慢。2018 年，广西城镇居民人均可支配收入 32436 元，比上年实际增长 3.8%；农村居民人均纯收入 12435 元，比上年实际增长 7.4%。城镇居民收入是农村居民收入的 2.61 倍，差距明显。近年来，化肥、农药、种子、农膜等农资产品价格不断上涨，子女教育、医疗卫生等各项支出增加，农民经济压力越来越大，迫使农民通过开山造田、毁林种田，使用低价劣质化肥、农药和种子进行农业生产，通过降低生产成本来维持基本生活，导致粗放式发展污染严重，加剧了水土流失、石漠化等生态环境恶化的趋势，使农村陷入经济贫困—环境恶化的恶性循环；农村低端产业和加工制造业等传统产业的粗放化发展，也加重了农村生态环境恶化。

总之，广西素有“八山一水一分田”之称，环境承载力十分有限，因此生态文明建设具有重大意义，当前任务非常艰巨。各级政府及部门必须认清形势、把握发展机遇，始终坚持“生态立区、绿色发展”的理念，以建设生态文明示范区为抓手，带领全区人民协调好经济、政治、文化、社会和生态文明建设的关系，打造广西“山清水秀生态美”的优势品牌和核心竞争力，推动经济社会可持续发展，共建“美丽广西”。

第六章　基于生态足迹的广西可持续发展评价

第一节　评价目的

近年来，随着我国城镇化建设快速推进，城镇作为经济增长、社会进步的“引擎”，推动我国高速发展，与此同时，生态系统面临人口膨胀、资源枯竭、环境恶化等方面的压力也在逐步加剧。《国家新型城镇化规划(2014—2020年)》提出，城镇化建设中，既要“金山银山”，也要“青山绿水”，要把生态文明理念全面融入城镇化进程，走以人为本、质量为重的绿色可持续发展道路。20世纪90年代以来，广西经济总量迅速增长，城镇化进程明显加快，常住人口城镇化率从1990年的15.10%增加到2018年的50.22%，目前正处于城镇化高速期。广西地域复杂，高速城镇化加大了广西的生态压力，面临人口膨胀、土地资源稀缺、生态环境脆弱等问题，城镇化进程受生态系统限制；与生态文明相结合的新型城镇化要以承载力为支撑，才能实现区域可持续发展。

生态足迹模型于1999年引入我国，计算结果直观明了，作为评价区域发展可持续性的有效方法，被国内外学者广泛运用。然而，目前学者们的研究主要集中在区域生态足迹本身的计算方面，通过分析影响因素深入挖掘生态足迹变化原因的研究并不多见；在分析生态足迹影响因素时，为了消除变量之间多重线性影响而应用偏最小二乘法（PLS）的研究更是鲜见。因此，在广西城镇化进程中开展生态足迹和生态承载力动态分析，从而评价广西可持续发展具有重要意义。同时，对广西城镇化进程中生态足迹的动态变化趋势和影响因素进行研究，一方面可以判断城镇化建设的可持续性，另一方面可以探索生态足迹的影响因素，从而对具有正相关关系的因素进行抑制，对具有负相关关系的因素进行强化，这对促进城镇化进程中广西可持续发展也具有重要意义。本章以广西2005—2014年数据为基础，采用生态足迹方法，定量分析广西2005—2014年的生态足迹和生态承载力的变化过程和特征，并通过生态赤字和万元GDP生态足迹两个指标来检验城镇化进程中广西社会经济发展的可持续性。在此基础上，利用偏最小二乘法（PLS）回归分析、变量投影重要性分析等方法，定量分析广西城镇化进程中人均生态足迹的影响因素，以期为广西在城镇化进程中减少生态足迹、促进区域可持续发展提供政策参考。

第二节　评价方法

一、数据来源

本章对广西生态足迹和生态承载力动态分析的时间区间是2005—2014年。分析数据主要来源于FAO统计数据库、Wind数据库和《中国统计年鉴（2006—2015）》《广西统计年鉴（2006—2015）》《广西国民经济和社会发展统计公报（2005—2015）》。部分数据经过计算处理并在文中注明。

二、计算方法

（一）生态足迹计算方法

生态足迹计算分为生物资源账户和能源账户。为了尽可能全面体现广西资源特点，根据广西统计年鉴的分类和实际核算需求，本章在生态足迹模型计算中的生物资源账户包括35种生物资源，能源账户包括11种能源，即化石能源地的10种能源和建设用地的电力（见表6－1）。计算生态足迹时，首先需要确定两项关键数据，即均衡因子、生物资源账户的全球平均产量和能源账户的全球平均能源足迹。采用 Wackrtnagel 等（1999）提出的均衡因子，即耕地和建设用地 2.82，林地和化石能源地 1.14，草地 0.54，水域 0.22。计算生物资源足迹时，为统一数据统计口径，生物资源消费量按照《广西统计年鉴》中当年生物资源产量计算，其全球平均产量以 1993 年全球数据为准（见表 6－2），主要参照 Wackernagel 等（1999）研究结果和 1993 年 FAO 统计数据库；需要指出的是，在《广西统计年鉴》中毛竹采伐量的单位是“万根”，此处根据毛竹重量的国家标准取其平均值（径级为 10 寸的毛竹重量 26 kg/根）进行单位换算。计算能源足迹时，能源消费采用《广西统计年鉴》中当年能源消费数据，全球平均能源足迹参照 Wackernagel 等（1999）研究结果；各种能源折算系数比较稳定，引用《广西统计年鉴（2015)》的附录 4。

表 6－1　广西生物资源账户和能源账户消费项目明细

账户	土地类型	消费项目
生物资源账户（35 种）	耕地	谷物、豆类、薯类、棉花、油料、麻类、甘蔗、蔬菜、烟叶
	草地	猪肉、牛肉、羊肉、禽肉、牛奶、禽蛋、蜂蜜、蚕茧
	林地	水果、茶叶、橡胶、松脂、生漆、油桐籽、油茶籽、核桃、板栗、白果、八角、桂皮、茴油、桂油、竹笋干、木材采伐量、毛竹采伐量
	水域	水产品
能源账户（11 种）	化石能源地	煤炭、焦炭、原油、汽油、煤油、柴油、燃料油、液化石油气、天然气、煤气
	建设用地	电力

表 6－2　广西 35 种生物资源账户的全球平均产量　　单位：kg/hm²

生物资源种类	全球平均产量	生物资源种类	全球平均产量
谷物	2744	茶叶	566
豆类	1856	橡胶	1000
薯类	12607	松脂	3900
棉花	1000	生漆	3722
油料	1856	油桐籽	1600
麻类	1500	油茶籽	3000

续表

生物资源种类	全球平均产量	生物资源种类	全球平均产量
甘蔗	18000	核桃	3000
蔬菜	18000	板栗	3000
烟叶	1548	白果	3500
猪肉	74	八角	945
牛肉	33	桂皮	945
羊肉	33	茴油	253.61
禽肉	457	桂油	253.61
牛奶	502	竹笋干	945
禽蛋	400	木材采伐量	1.99 *
蜂蜜	50	毛竹采伐量	3506.379
蚕茧	1000	水产品	258
水果	3500		

注：标 * 的种类产量单位为 m^3/hm^2。

（二）生态承载力计算方法

生态承载力是指区域内耕地、草地、林地、水域、化石能源地、建设用地等 6 种类型土地所能提供给人类的生物生产性土地的面积总和。需要说明的是，由于生态足迹模型计算中水果也被纳入林产品，所以本章中林地面积由统计数据的林地和果园面积加总所得；由于目前建设用地面积只有 2008 年和 2013 年两个数据公开，所以本章根据《广西国民经济和社会发展统计公报》中历年广西建设用地增量折算。计算区域生态承载力时，首先需要确定产量因子，因其是由一定区域中某种生物生产性土地的平均生产力与全球同种土地生产力相除所得的；由于建设用地很大程度上是占用的耕地，所以通常把建设用地的产量因子看作和耕地一样。本章采用 Wackernagel 计算的中国产量因子，即耕地和建设用地 1.66，草地 0.19，林地 0.91，水域 1.00，化石能源地 0。为了保护生物多样性，生态承载力中扣除 12%。

（三）生态盈亏计算方法

生态盈亏是指生态足迹和生态承载力之差，当结果大于 0 时，为生态盈余，表明区域生态系统是安全、可持续的；当结果小于0时，显示为生态赤字，表明区域生态系统超载，生态系统不能满足人类生产生活需要，是不可持续的。

（四）万元GDP生态足迹计算方法

万元GDP生态足迹反映区域经济发展对资源利用率的指标，是生态足迹与GDP的比值。万元GDP生态足迹越大，说明区域系统资源的利用率越低，反之则说明利用率越高。

第三节　评价结果与分析

一、广西生态足迹分析

（一）不同类型土地的人均生态足迹

根据公式（3-1）计算出2014年广西生物资源账户的人均生态足迹，（见表6-3）。通过不同生物质类型的产量可以计算出其总的生态足迹，再分别除以人口，就得到了各类生物质人均生态足迹。再按照不同土地类型把各类生物质人均生态足迹进行汇总，分别得到2014年耕地、林地、草地和水域的人均生态足迹。

表6-3　2014年广西生物资源账户的人均生态足迹

生产性土地类型	生物资源种类	产量（kg）	总生态足迹（hm^2）	各类生物资源人均生态足迹（hm^2/人）
耕地	谷物	1.44E+10	5232143	0.3104
耕地	豆类	2.46E+08	132543	0.0079
耕地	薯类	7.42E+08	58856	0.0035
耕地	棉花	3.00E+06	3000	0.0002
耕地	油料	6.13E+08	330280	0.0196
耕地	麻类	1.20E+07	8000	0.0005
耕地	甘蔗	7.95E+10	4418111	0.2621
耕地	蔬菜	2.61E+10	1450044	0.0860

续表

生产性土地类型	生物资源种类	产量（kg）	总生态足迹（hm^2）	各类生物资源人均生态足迹（hm^2/人）
耕地	烟叶	3.40E+07	21964	0.0013
林地	茶叶	5.90E+07	104240	0.0025
林地	水果	1.56E+10	4458857	0.1069
林地	木材	2.30E+07	11571859	0.2775
林地	橡胶	1.72E+05	172	0.0000
林地	松脂	6.09E+08	156095	0.0037
林地	油桐籽	8.25E+07	51573	0.0012
林地	油茶籽	1.78E+08	59305	0.0014
林地	核桃	1.21E+06	403	0.0000
林地	板栗	9.23E+07	30759	0.0007
林地	白果	8.80E+06	2513	0.0001
林地	八角	1.29E+08	136615	0.0033
林地	桂皮	3.43E+07	36321	0.0009
林地	茴油	3.96E+06	15618	0.0004
林地	桂油	1.22E+06	4795	0.0001
林地	竹笋干	3.30E+07	34879	0.0008
林地	毛竹采伐量	3.22E+09	917512	0.0220
草地	猪肉	2.66E+09	35986486	0.4088
草地	牛肉	1.44E+08	4363636	0.0496
草地	羊肉	3.20E+07	969697	0.0110
草地	禽肉	1.28E+09	2806127	0.0319
草地	奶类	9.70E+07	193227	0.0022
草地	禽蛋	2.22E+08	555000	0.0063
草地	蜂蜜	1.30E+07	260000	0.0030
草地	蚕茧	3.40E+08	340000	0.0039
水域	水产品	3.32E+09	12883721	0.0596

注：标*的种类产量单位为 m^3。

2014 年，耕地中谷物的人均生态足迹最高，为 0.3104 hm^2/人，其次是甘蔗为 0.2621 hm^2/人；林地中，木材和水果的人均生态足迹最高，分别为 0.2775 hm^2/人和 0.1069 hm^2/人；草地中，猪肉的人均生态足迹最高，为0.4088hm^2/人。2014年耕地、林地、草地和水域的人均生态足迹分别为0.6914 hm^2/人、0.4488 hm^2/人、0.5097 hm^2/人和0.06 hm^2/人。

根据生态足迹模型计算出2014年广西能源账户的人均生态足迹（见表6－4）。其中，煤炭的人均生态足迹最高，为0.4431 hm^2/人，其次是原油，为0.2142 hm^2/人。

表6－4　2014年广西能源账户的人均生态足迹

指标名称	消费量	折算标准煤系数（kgce/kg）	全球平均能源足迹（GJ/hm^2）	各类能源人均生态足迹（hm^2/人）
焦炭（万吨）	1018.65	0.9714	55	0.0902
煤炭（万吨）	6796.51	0.7143	55	0.4431
原油（万吨）	1390.47	1.4286	93	0.2142
汽油（万吨）	244.30	1.4714	93	0.0399
柴油（万吨）	506.17	1.4571	93	0.0811
煤油（万吨）	90.32	1.4714	93	0.0148
燃料油（万吨）	31.22	1.4286	71	0.0063
液化石油气（万吨）	103.02	1.7143	71	0.0299
煤气（亿立方米）	361.34	0.6143	93	0.1029
天然气（亿立方米）	8.25	1.3300	93	0.0110
电力（亿千瓦时）	1307.51	0.1229	1000	0.0034

根据2014年的生物质生态足迹和能源生态足迹计算思路，计算出2005—2014年广西不同土地类型的人均生态足迹（见表6－5）。耕地的人均生态足迹从2005年的0.5891 hm^2/人增加到2014年的0.6914 hm^2/人，增长17.39%；草地的人均生态足迹从2005年的0.3945 hm^2/人增加到2014年的0.5097 hm^2/人，增长29.2%；林地的人均生态足迹从2005年的0.1739 hm^2/人增加到2014年的0.4488 hm^2/人，增长158.08%；水域的人均生态足迹从2005年的0.0520 hm^2/人增加到2014年的0.0596 hm^2/人，增长14.62%；化石能源地的人均生态足迹从2005年的0.4092 hm^2/人增加到2014年的1.0302 hm^2/人，增长151.76%；建设用地的人均生态足迹从2005年的0.0014 hm^2/人增加到2014年的0.0034 hm^2/人，增长142.86%。

表 6-5　2005—2014 年广西不同土地类型的人均生态足迹

单位：hm^2/人

年份	耕地	草地	林地	水域	化石能源地	建设用地
2005	0.5891	0.3945	0.1739	0.0520	0.4092	0.0014
2006	0.6068	0.4167	0.1553	0.0427	0.4347	0.0015
2007	0.6259	0.3974	0.2272	0.0440	0.4985	0.0018
2008	0.6372	0.4178	0.2784	0.0443	0.5044	0.0020
2009	0.6248	0.4408	0.2632	0.0460	0.5902	0.0022
2010	0.6387	0.4825	0.3333	0.0509	0.7290	0.0027
2011	0.6468	0.4792	0.3828	0.0530	0.8940	0.0030
2012	0.6777	0.4961	0.4118	0.0553	0.9959	0.0031
2013	0.6916	0.5073	0.4239	0.0577	1.0220	0.0033
2014	0.6914	0.5097	0.4488	0.0596	1.0302	0.0034

广西 6 种不同类型土地的人均生态足迹在 2005—2014 年的变化趋势如图 6-1 所示。6 种不同类型土地的人均生态足迹有一定波动，但总体都呈上升趋势，且增长较为明显，由 2005 年的 1.6201 hm^2/人增加到 2014 年的 2.7430 hm^2/人，累计增加 69.31%。从结构上看，以 2014 年为例，生物资源账户人均生态足迹占整体的 62.32%，能源账户人均生态足迹占整体的 37.68%。从 6 种不同类型土地的人均生态足迹占比来看，从大到小排序为化石能源地 > 耕地 > 草地 > 林地 > 水域 > 建设用地，其中化石能源地和耕地排第一和第二位，分别为 37.56% 和 25.20%。

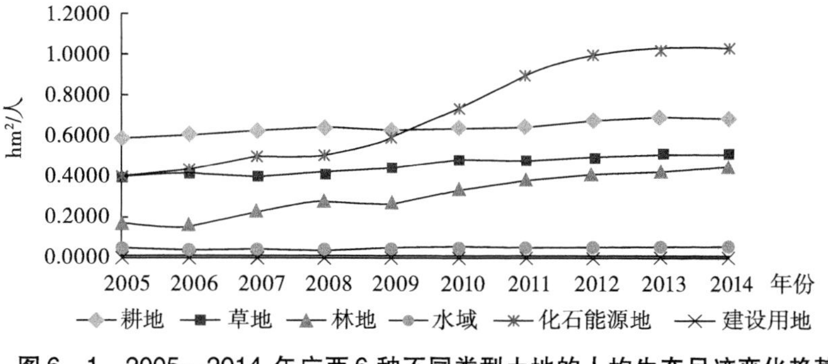

图 6-1　2005—2014 年广西 6 种不同类型土地的人均生态足迹变化趋势

（二）总人均生态足迹和生物资源账户、能源账户

根据2005—2014年广西不同土地类型的人均生态足迹分别汇总2005—2014年广西生物资源账户、能源账户和总人均生态足迹（见表6-6）。为了更直观地展现2005—2014年广西总人均生态足迹变化趋势，笔者绘制了图6-2。

表6-6 2005—2014年广西总人均生态足迹 单位：hm^2/人

年份	生物资源账户	能源账户	总人均生态足迹
2005	1.2096	0.4105	1.6201
2006	1.2214	0.4363	1.6577
2007	1.2945	0.5003	1.7948
2008	1.3777	0.5064	1.8840
2009	1.3747	0.5924	1.9671
2010	1.5053	0.7316	2.2369
2011	1.5619	0.8970	2.4588
2012	1.6409	0.9990	2.6399
2013	1.6805	1.0253	2.7058
2014	1.7095	1.0336	2.7430

由图6-2可看出，2005—2014年广西总人均生态足迹、生物资源账户和能源账户的人均生态足迹都呈现“增—减—增”的态势。生物资源账户人均生态足迹由2005年的1.2096 hm^2/人，增加到2008年的1.3777 hm^2/人，2009年减少到1.3747 hm^2/人，2014年增长到1.7095 hm^2/人，自2005年以来，累计增加41.33%，占用较为突出。其中，林地类人均生态足迹增长最快，由2005年的0.1739 hm^2/人增长至2014年的0.4488 hm^2/人，年均增加15.80%；水域类人均生态足迹变动明显，呈现“先减后增”的态势，由2005年的0.0520 hm^2/人减少至2006年的0.0427 hm^2/人，2014年增长到0.0596 hm^2/人，但10年间总体上比较平稳，共计增加1.46%；耕地和草地类人均总生态足迹占主要地位，以2014年为例，分别占到25.20%和18.58%，但二者增长相对缓慢，年均增长率分别是1.74%和2.92%。

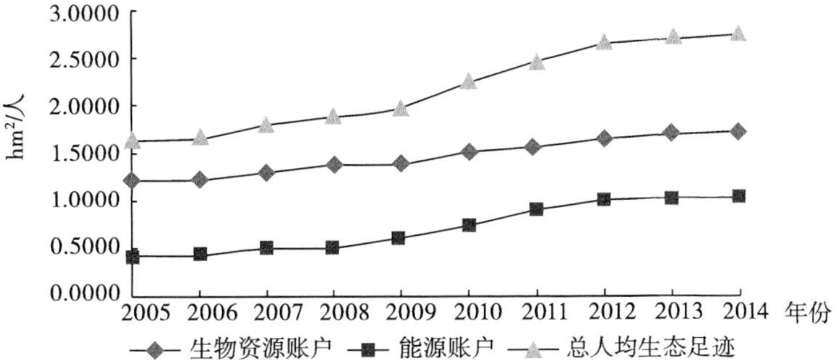

图 6－2　2005—2014 年广西总人均生态足迹变化趋势

由表 6－7 可看出，广西的能源账户人均生态足迹由 2005 年的 0. 4105 hm^2/人增长至 2014 年的 1. 0336 hm^2/人，累计增加 151. 79%，增长较快。其中，化石能源地（即煤炭、焦炭、原油、汽油、煤油、柴油、燃料油、液化石油气、天然气、煤气）和建设用地（即电力）人均生态足迹年均增速分别为 15. 18% 和 15. 12%；化石能源地人均生态足迹比例较高，而建设用地的人均生态足迹比例较低，以 2014 年为例，广西化石能源地和建设用地人均生态足迹占能源账户人均生态足迹的比重分别是 99. 67% 和 0. 33%。广西化石能源的消耗突出，原油、煤油、天然气和煤气均明显增加，煤气的人均生态足迹变动最为明显，由 2005 年的 0. 0036 hm^2/人增长到 2014 年的 0. 1029 hm^2/人，2014 年是 2005 年的 28. 583 倍。化石能源地以高污染类能源煤占主要地位，占能源账户总人均生态足迹的 42. 87%。值得注意的是，燃料油类人均生态足迹有所减少，累计减少 7. 15%。

表 6－7　2005—2014 年广西能源账户各类能源的人均生态足迹

单位：hm^2/人

	2005 年	2006 年	2007 年	2008 年	2009 年	2010 年	2011 年	2012 年	2013 年	2014 年
煤炭	0. 2407	0. 2614	0. 3036	0. 3009	0. 3318	0. 4173	0. 4693	0. 4809	0. 4824	0. 4431
焦炭	0. 0391	0. 0403	0. 0459	0. 0507	0. 0544	0. 0623	0. 0671	0. 0724	0. 0869	0. 0902
原油	0. 0154	0. 0183	0. 0235	0. 0203	0. 0246	0. 0629	0. 1677	0. 2304	0. 2011	0. 2142
汽油	0. 0244	0. 0286	0. 0311	0. 0326	0. 0346	0. 0308	0. 0330	0. 0356	0. 0369	0. 0367
煤油	0. 0011	0. 0012	0. 0000	0. 0026	0. 0000	0. 0005	0. 0000	0. 0000	0. 0039	0. 0148

续表

	2005 年	2006 年	2007 年	2008 年	2009 年	2010 年	2011 年	2012 年	2013 年	2014 年
柴油	0.0535	0.0499	0.0539	0.0604	0.0648	0.0549	0.0618	0.0652	0.0696	0.0811
燃料油	0.0068	0.0049	0.0042	0.0020	0.0015	0.0051	0.0067	0.0079	0.0091	0.0063
液化石油气	0.0230	0.0239	0.0292	0.0300	0.0287	0.0254	0.0294	0.0340	0.0368	0.0299
天然气	0.0015	0.0016	0.0018	0.0013	0.0016	0.0025	0.0035	0.0043	0.0061	0.0110
煤气	0.0036	0.0047	0.0052	0.0036	0.0481	0.0673	0.0554	0.0653	0.0891	0.1029
小计	0.4092	0.4347	0.4985	0.5044	0.5902	0.7290	0.8940	0.9959	1.0220	1.0302
电力	0.0014	0.0015	0.0018	0.0020	0.0022	0.0027	0.0030	0.0031	0.0033	0.0034
总计	0.4105	0.4363	0.5003	0.5064	0.5924	0.7316	0.8970	0.9990	1.0253	1.0336

二、广西生态承载力分析

根据公式（3－2）测算出广西各种土地类型的人均生态承载力（见表6－8）。广西6种不同类型土地在2005—2014年生态承载力的变化趋势为：总人均生态承载力由2005年的0.7173 hm^2/人增加到2014年的0.7665 hm^2/人，累计增加6.86%。其中，建设用地类人均生态承载力增加最快，由2005年的0.0804 hm^2/人增加到2014年的0.1040 hm^2/人，累计增加29.36%；其次是林地类人均生态承载力，由2005年的0.2425 hm^2/人增加到2014年的0.2766 hm^2/人，累计增加14.07%；水域类人均生态承载力由2005年的0.0033 hm^2/人增加到2014年的0.0035 hm^2/人，累计增加5.62%；但耕地和草地类人均生态承载力均有所减少，其中耕地类人均生态承载力由2005年的0.3897 hm^2/人减少到2014年的0.3824 hm^2/人，累计减少1.86%；值得注意的是，草地类人均生态承载力锐减，由2005年的0.0015 hm^2/人减少到2014年的0.00001 hm^2/人，累计减少99.32%。从结构上看，耕地和林地的人均生态承载力占总人均生态承载力的85.97%，对广西生态承载力影响较大；草地和水域的供给能力相对较小，只占到0.46%。

表 6-8　2005—2014 年广西不同土地类型的人均生态承载力

单位：hm^2/人

年份	耕地	草地	林地	水域	建设用地	化石能源地
2005	0.3897	0.0015	0.2425	0.0033	0.0804	0.0000
2006	0.3848	0.0014	0.2395	0.0033	0.0814	0.0000
2007	0.3641	0.0014	0.2391	0.0025	0.0816	0.0000
2008	0.3608	0.0013	0.2367	0.0025	0.0816	0.0000
2009	0.3759	0.0021	0.2682	0.0035	0.0932	0.0000
2010	0.3954	0.0022	0.2828	0.0036	0.0991	0.0000
2011	0.3921	0.0022	0.2813	0.0036	0.1000	0.0000
2012	0.3884	0.0022	0.2793	0.0036	0.1019	0.0000
2013	0.3858	0.0021	0.2780	0.0035	0.1031	0.0000
2014	0.3824	0.0000	0.2766	0.0035	0.1040	0.0000

三、广西生态盈亏分析

根据公式（3-3）计算出广西 6 种不同类型土地在 2005—2014 年的生态盈亏（见表 6-9）及其总体变化趋势（见图 6-3）。由以上结果分析可知，广西生态承载力均小于生态足迹，处于生态赤字状态，且生态赤字逐年加剧。由于 2005—2014 年广西人均生态承载力没有发生明显变化，因此 2005—2014 年广西生态赤字的加剧主要源于人均生态足迹的增加，生态赤字从 2005 年的 0.9028 hm^2/人增加到 2014 年的 1.9765 hm^2/人。2014 年广西生态足迹达 13040 万 hm^2/人，是广西土地总面积的 5.509 倍。从土地类型来看，由于人类没有安排专门的土地面积吸收 CO_2，因此化石能源地的产量因子为 0，其生态承载力也为 0；化石能源地的生态赤字最为严重，由 2005 年的 0.4092 hm^2/人增加到 2014 年的 1.0302 hm^2/人，其次是耕地、草地的生态赤字表现也较为明显。

表 6-9　2005—2014 年广西不同类型土地的生态盈亏

单位：hm²/人

	2005 年	2006 年	2007 年	2008 年	2009 年	2010 年	2011 年	2012 年	2013 年	2014 年
耕地	-0.1994	-0.2220	-0.2617	-0.2764	-0.2489	-0.2433	-0.2547	-0.2894	-0.3058	-0.3090
草地	-0.3931	-0.4153	-0.3961	-0.4165	-0.4387	-0.4803	-0.4770	-0.4939	-0.5052	-0.5097
林地	0.0686	0.0842	0.0118	-0.0417	0.0050	-0.0505	-0.1015	-0.1324	-0.1460	-0.1722
水域	-0.0487	-0.0394	-0.0415	-0.0418	-0.0425	-0.0473	-0.0494	-0.0517	-0.0541	-0.0561
化石能源地	-0.4092	-0.4347	-0.4985	-0.5044	-0.5902	-0.7290	-0.8940	-0.9959	-1.0220	-1.0302
建设用地	0.0791	0.0799	0.0798	0.0796	0.0910	0.0965	0.0970	0.0988	0.0998	0.1006
合计	-0.9028	-0.9473	-1.1062	-1.2012	-1.2242	-1.4538	-1.6797	-1.8645	-1.9333	-1.9765

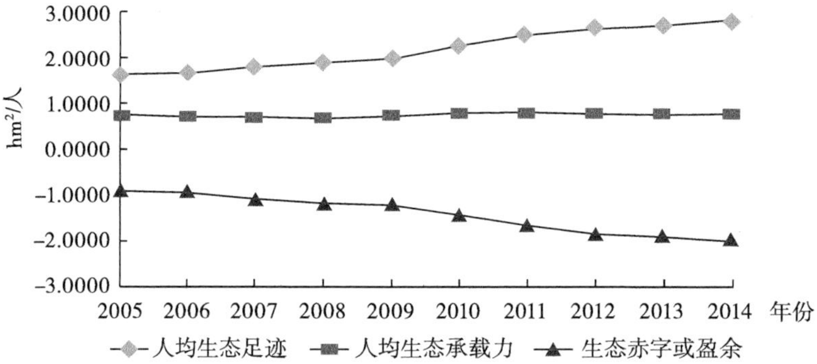

图 6-3　2005—2014 年广西生态盈亏变化趋势

四、广西万元 GDP 生态足迹分析

2005—2014 年，广西万元 GDP 生态足迹总体呈下降趋势，从 2005 年的 1.8949 hm²/万元下降至 2014 年的 0.8320 hm²/万元，累计减少 56.09%（见表 6-10）。

表6－10　2005—2014年广西万元GDP生态足迹

	2005年	2006年	2007年	2008年	2009年	2010年	2011年	2012年	2013年	2014年
人口（万人）	4660	4719	4768	4816	4856	4610	4645	4682	4719	4754
国内生产总值（亿元）	3984	4746	5823	7021	7759	9569	11720	13035	14449	15672
万元GDP生态足迹（hm^2/万元）	1.8949	1.6482	1.4695	1.2923	1.2311	1.0776	0.9744	0.9482	0.8836	0.8320

第四节　广西生态足迹的影响因素分析

一、偏最小二乘回归方法

偏最小二乘回归方法（PLS）是集主成分分析、典型相关分析、多元线性回归分析为一体的新统计方法。与传统多元线性回归模型相比，偏最小二乘法能够在自变量存在多重相关性、样本数少于变量个数的条件下进行回归建模，且在偏最小二乘回归模型中，每个自变量的回归系数将更容易解释。因此近年来，偏最小二乘方法在学术界得到有效应用。由于本部分的样本时间序列为10年，选择的影响因素为9个，所以通过多种方法对比和向专家咨询，为了更准确、更真实地反映研究结果，驱动因素分析采用偏最小二乘回归方法。根据上文计算的2005—2014年广西人均生态足迹现状数据，选择相关社会经济影响因素指标，通过专业的偏最小二乘回归分析软件SIMCA－P 11.5构建PLS模型，进行三县人均能值生态足迹的社会经济影响因素的回归分析。

二、影响因素选择

影响生态足迹的因素复杂多样，根据广西实际情况、生态足迹的人口消费型特征、宏观经济发展，结合胡雪萍对安徽省的研究结果（胡雪萍、李丹青，2016)，选取可能对广西人均生态足迹有影响的 9 个因素进行定量分析（见表 6－11)，为了系统分析方便，分别针对 9 个因素给出相应的缩写。为了消除价格因素的影响，2005—2014 年广西的 GDP、第一产业 GDP、第二产业 GDP、第三产业 GDP、城镇居民人均消费支出、农村居民人均消费支出、全社会固定资产投资总额等数据都以 2005 年为基期进行了平减处理。

表 6－11　2005—2014 年广西生态足迹的偏最小二乘法分析的原始数据

	2005 年	2006 年	2007 年	2008 年	2009 年	2010 年	2011 年	2012 年	2013 年	2014 年
GDP（gdp，亿元）	3984	4524	5206	5872	6691	7644	8584	9551	10521	11415
第一产业 GDP（gdp1，亿元）	913	972	1025	1076	1132	1184	1241	1310	1364	1417
第二产业 GDP（gdp2，亿元）	1511	1802	2176	2555	3009	3626	4224	4824	5384	5928
第三产业 GDP（gdp3，亿元）	1561	1750	2004	2241	2550	2833	3131	3438	3813	4122
常住人口（pop，万人）	4660	4719	4768	4816	4856	4610	4645	4682	4719	4754
城镇化率（urbrate，%）	33.62	34.64	36.24	38.16	39.20	40.00	41.80	43.53	44.81	46.01
城镇居民人均消费支出（city，元）	7033	6692	7685	8595	9327	10031	10653	11499	11386	11595
农村居民人均消费支出（rural，元）	2350	2379	2568	2621	2845	2937	3383	3867	4601	4999
全社会固定资产投资总额（fai，亿元）	1661	2166	2787	3269	4668	6074	6451	7832	9480	10965

三、回归分析

根据上文计算的 2005—2014 年广西人均生态足迹数据，以及 9 个因素数据，应用偏最小二乘回归分析软件 SIMCA－P 11.5 构建 PLS 模型，进行回归分析。具体步骤如下。

（一）数据导入与工程建立

选择需要建模的数据文件导入，第 1 行为变量行，共 10 个变量，第 1 列为样本点，共 10 个样本点。建立工程，指定工程名称为“生态足迹最小二乘法分析”，并指定存放路径。由于系统默认所有变量为 *X* 变量，因此需要指定数据变量性质，把变量 *ef* 标记 *Y* 变量。

（二）模型指定与拟合

由于系统默认将 PCA 方法提供给用户，需要选择 PLS 模型。所以接下来，SIMCA－P 系统将进行自动拟合。在初始结果中系统根据交叉有效性指标选择了 1 个 PLS 成分，说明此时已经满足需要，但考虑到指数 R^2值与 Q^2值越接近 1，得到的回归方程就越优，通过比较将 PLS 成分个数优化为 2 个。选择 2 个 PLS 后，指数 R^2值与 Q^2值均有所提高，R^2值由 1 个 PLS 成分时的 0.98046 提高到 0.990302，Q^2值从 0.972681 提高到 0.983169，说明回归模型对 *Y* 的解释能力和回归模型预测效果的准确度都有所提高。在 2 个 PLS 成分的散点图中，所有样本点都分布在椭圆内，不存在特异点，说明模型不需要改动。从广西人均生态足迹计算值与拟合值的曲线图来看，模型的拟合效果是比较好的。

（三）变量投影重要性分析

PLS 中每个自变量 *X* 对因变量 *Y* 的解释能力的直方图表示变量的投影重要性（Variable Important in Projection ，VIP）。通过 PLS 法获得的广西人均生态足迹影响因素的重要性程度排序为：第二产业 GDP > GDP > 第一产业 GDP > 第三产业 GDP > 城镇化率 > 城镇居民人均消费支出 > 全社会固定资产投资总额 > 农村居民人均消费支出 > 常住人口。通常把 *VIP* 值大于 1 的自变量认为是重要因素。从分析结果来看，除常住人口的 *VIP* 值为 0.372148 外，其他因素的 *VIP* 值均大于 1。

（四）回归方程建立及分析

根据计算，各影响因素的相关系数的绝对值大小排序为：城镇居民人均消费支出 > 第二产业 GDP > GDP > 常住人口 > 第一产业 GDP > 第三产业 GDP > 城镇化率 > 全社会固定资产投资总额 > 农村居民人均消费支出。根据各相关系数构建回归方程为：

$$y = 4.9192 + 0.1258gdp + 0.1253gdp1 + 0.1274gdp2 + 0.1223gdp3 + 0.1246urbrate + 0.1429ctiy + 0.1015rural + 0.1143fai - 0.1256pop \tag{6-1}$$

从回归方程来看，广西城镇居民消费对人均生态足迹的影响高于农村居民消费，城镇居民和农村居民人均消费支出每上升 1 个单位，会分别导致人均生态足迹上升 0.1429 个单位和 0.1015 个单位。广西经济增长对人均生态足迹的影响最大，GDP 每增加 1 个单位就会导致人均生态足迹增加 0.1258 个单位。在三大产业发展对人均生态足迹的影响中，第二产业的影响最大，其次是第一产业，第三产业影响最小，其产值每上升 1 个单位，分别会导致人均生态足迹增加 0.1274 个单位、0.1253 个单位和 0.1223 个单位。城镇化率每上升 1%，广西人均生态足迹就会增加 0.1246 个单位。广西社会固定资产投资对人均生态足迹的影响相对较小，其每增加 1 个单位，人均生态足迹就会上升 0.1143 个单位。值得注意的是，广西常住人口和人均生态足迹呈负相关，可能有两方面原因：一是常住人口增长速度快于总生态足迹增长速度，所以常住人口增长时人均生态足迹反而减少；二是人口素质提高使生态足迹降低的幅度大于人口数量上升后消费增加导致生态足迹增加的幅度，所以虽然常住人口数量增加，但人均生态足迹却减少。

从以上分析结果可以看出，2005—2014 年广西生态足迹和生态承载力的变化状况表明，近年来广西经济发展仍处在持续扩张阶段，环境超载问题已经成为难点和薄弱环节。广西人均生态足迹年均增加 6.93%，但生态承载力却没有出现大幅度提高，生态赤字呈快速增长趋势。从人均生态足迹来看，化石能源地和耕地类人均生态足迹占广西 6 类土地人均生态足迹的前两位，表明二者的变动对广西总人均生态足迹的影响较大。6 类土地人均生态足迹中，林地类增长最快，表明近年来广西对林产品的消费量明显增加；其次是能源账户中的化石能源地和建设用地类人均生态足迹增速分别排第二和第三位，其中化石能源地中煤气的人均生态足迹增速最为明显，且煤炭占能源账户总人均生态足迹的 42. 87% ，表明广西经济发展过程中对能源的消耗增长快速，且主要为高污染类能源。从人均生态承载力来看，广西草地类人均生态承载力减少 99. 32% ，表明广西在农业生产中开采了大量的草地作为耕地和林地，所以林地人均生态承载力增加了 14. 07% ，但由于城镇化建设过程中对耕地的需求量越来越大，“占补平衡”之后广西耕地类人均生态承载力还是减少了 1. 86% 。从生态盈余来看，化石能源地的生态赤字最严重，其次是耕地。

基于生态足迹的广西可持续发展评价结果显示，广西目前的发展处于生态赤字，即不可持续状态。根据广西生态足迹的影响因素分析，城镇居民人均消费支出和第二产业 GDP 对广西生态足迹的影响最大。因此，倡导人们绿色消费、优化第二产业生产方式是促进广西可持续发展的有效方法。

第七章　基于能值生态足迹的广西可持续发展评价

第一节　评价目的

促进区域可持续发展，构建人类命运共同体，是习近平为全球治理和人类发展贡献的中国方案，是习近平全球生态环境治理理论体系的基础与关键内核。建设生态文明事关区域和全球治理体系的完善和长期稳定繁荣，是人类命运共同体构建的主要内容。因此，我国“十三五”规划纲要强调要建立健全生态安全评价体系，有效促进区域可持续发展。广西作为典型的喀斯特地区，是西部地区唯一的沿海省份，随着经济发展逐渐成为“一带一路”有机衔接的重要门户。广西同属于西南喀斯特地区和边疆民族地区，其高速发展过程中的生态安全是西南喀斯特地区可持续发展的重要保障，是国家生态安全屏障建设的重要环节。因此在生态文明背景下，以构建人类命运共同体为思路，开展广西可持续发展研究具有重要意义。已有学者研究表明，能值生态足迹模型相对于传统生态足迹模型，其计算结果更加客观，是当前区域可持续发展评价的有效方法。20 世纪 90 年代以来，广西经济总量迅速增长，城镇化进程明显加快，目前正处于城镇化高速期。关于广西生态安全方面的研究，赵其国等（2014）从多个角度定性分析了广西生态安全状况；谢华（2018）提出必须重视广西区域生态安全问题并提出相关对策建议。但定性或者短时间段的生态安全分析，难以把握广西生态安全变化趋势并做出科学的调整决策，本章尝试利用能值生态足迹模型和生态安全评价模型开展广西 1993—2017 年共 25 年的长时间序列可持续发展评价研究，并在此基础上提出有针对性的对策建议，以期为广西可持续发展提供政策参考。

第二节　评价方法

一、数据来源

本章利用能值生态足迹模型和生态安全评价模型对广西进行可持续发展评价，时间区间为1993—2017年。原始数据包括广西的资源、环境、人口、经济、社会等方面，数据主要来源于中国气象数据网、Wind数据库和《中国统计年鉴（1994—2018）》《广西统计年鉴（1994—2018）》《广西国民经济和社会发展统计公报（1993—2018）》《广西水资源公报》等。

二、计算方法

（一）生态压力指数

生态压力指数（EPI）的计算公式为：

$$EPI = eef/eec \tag{7-1}$$

式中，当EPI为0～0.5时，表明区域生态系统处于安全状态；当EPI为0.5～0.8时，表明区域生态系统处于较安全状态；当EPI为0.8～1时，表明区域生态系统处于轻度不安全状态；当EPI为1～1.5时，表明区域生态系统处于中度不安全状态；当EPI为1.5～2时，表明区域生态系统处于重度不安全状态；当$EPI>2$时，表明区域生态系统处于极度不安全状态。这个等级划分标准是依据世界自然基金会（WWF）2004年提供的2001年全球147个国家的生态足迹和生态承载力数据，计算其生态压力指数（处于0～4）后再进行聚类分析，结合考虑世界各国的生态环境和社会经济发展状况制定的。

（二）生态可持续指数

生态可持续指数（*ESI*）的计算公式为：

$$ESI = eec/(eec + eef) \tag{7-2}$$

式中，当 *ESI* 为 0～1 时，值越大表明区域生态系统可持续供给越能满足人类生态需求，区域可持续发展能力越好。当 *ESI* >0.7 时，表明区域处于强可持续发展状态；当 *ESI* 为 0.5～0.7 时，表明区域处于弱可持续发展状态；当 *ESI* 为 0.3～0.5 时，表明区域处于弱不可持续发展状态；当 *ESI* < 0.3 时，表明区域处于强不可持续发展状态。

（三）本地参数确定

在计算能值生态足迹时，分为生物资源账户和能源账户，其中生物资源账户对应的生态生产性土地类型为耕地、草地、林地、水域，能源账户对应的土地类型为化石能源地和建设用地。根据广西实际情况和数据的可获得性，本章计算广西能值生态足迹时，包括 46 个项目，即生物资源账户中耕地对应的 9 个农产品项目、草地对应的 8 个畜牧产品项目、林地对应的 17 个林产品项目和水域对应的 1 个水产品项目，能源账户中化石能源地对应的 10 个项目和建设用地对应的 1 个电力项目。这 46 个项目所对应的能量折算系数和太阳能值转换率见表 7－1。

表 7－1　广西 46 个项目的能量折算系数、太阳能值转换率

土地类型	项目	能量折算系数（J/t）	太阳能值转换率（sej/J）	土地类型	项目	能量折算系数（J/t）	太阳能值转换率（sej/J）
耕地	谷物	1.55×10^{10}	3.59×10^{4}	林地	油茶籽	2.64×10^{10}	6.90×10^{5}
耕地	豆类	2.07×10^{10}	8.30×10^{4}	林地	核桃	3.13×10^{10}	2.86×10^{5}
耕地	薯类	4.20×10^{9}	8.30×10^{4}	林地	板栗	3.13×10^{10}	2.86×10^{5}
耕地	棉花	1.67×10^{10}	8.60×10^{5}	林地	白果	3.13×10^{10}	2.86×10^{5}
耕地	油料	2.64×10^{10}	8.60×10^{4}	林地	八角	2.64×10^{10}	2.89×10^{5}
耕地	麻类	1.63×10^{10}	8.30×10^{4}	林地	桂皮	2.64×10^{10}	2.89×10^{5}
耕地	甘蔗	2.70×10^{9}	8.40×10^{4}	林地	茴油	2.64×10^{10}	2.89×10^{5}

续表

土地类型	项目	能量折算系数（J/t）	太阳能值转换率（sej/J）	土地类型	项目	能量折算系数（J/t）	太阳能值转换率（sej/J）
耕地	蔬菜（含菌类）	2.50×10^{9}	2.70×10^{4}	林地	桂油	2.64×10^{10}	2.89×10^{5}
耕地	烟叶	1.88×10^{9}	2.70×10^{4}	林地	竹笋干	2.17×10^{10}	2.70×10^{4}
草地	猪肉	2.00×10^{10}	1.70×10^{6}	林地	木材	1.67×10^{10}	3.49×10^{4}
草地	牛肉	8.76×10^{9}	4.00×10^{6}	林地	毛竹	1.67×10^{10}	3.49×10^{4}
草地	羊肉	1.41×10^{10}	2.00×10^{6}	水域	水产品	5.40×10^{9}	2.00×10^{6}
草地	禽肉	5.40×10^{9}	2.00×10^{6}	化石能源地	煤炭	2.09×10^{10}	3.98×10^{4}
草地	牛奶	2.90×10^{9}	1.71×10^{6}	化石能源地	焦炭	3.18×10^{10}	3.98×10^{4}
草地	禽蛋	8.30×10^{9}	1.71×10^{6}	化石能源地	原油	4.59×10^{10}	5.30×10^{4}
草地	蜂蜜	1.09×10^{10}	1.71×10^{6}	化石能源地	汽油	4.60×10^{10}	6.60×10^{4}
草地	蚕茧	1.09×10^{10}	1.20×10^{12}	化石能源地	煤油	1.18×10^{10}	6.60×10^{4}
林地	水果	3.35×10^{9}	5.30×10^{4}	化石能源地	柴油	4.35×10^{10}	6.60×10^{4}
林地	茶叶	9.70×10^{9}	2.00×10^{5}	化石能源地	燃料油	4.35×10^{10}	6.60×10^{4}
林地	橡胶	2.93×10^{8}	1.60×10^{5}	化石能源地	液化石油气	4.66×10^{10}	6.60×10^{4}
林地	松脂	2.93×10^{8}	1.60×10^{5}	化石能源地	天然气	3.85×10^{7}	4.80×10^{4}
林地	生漆	2.93×10^{8}	1.60×10^{5}	化石能源地	煤气	3.85×10^{7}	4.80×10^{4}
林地	油桐籽	2.64×10^{10}	6.90×10^{5}	建设用地	电力	3.60×10^{6}	1.59×10^{5}

注：木材的统计单位为 m^3，本章根据木头密度为 0.65 t/m^3 进行折算；一根毛竹的质量记为 26 kg，即 0.026 t；天然气、煤气的能量折算系数单位为 J/m^3；电力能值折算系数为单位 J/（kW·h）。

在计算广西的区域能值密度时，主要考虑 5 种可更新资源，即太阳辐射能、风能、雨水势能、雨水化学能、地球旋转能，其各自的太阳能值转换率见表 7－2。为避免重复计算，广西总的太阳能值由太阳辐射能、风能、雨水势能、雨水化学能中能值最大的一项能值与地球旋转能的能值加总得到。

表 7 – 2　广西 5 种可更新资源的太阳能值转换率

项目	太阳能值转换率（sej/J）
太阳辐射能	1.00
风能	6.63×10^{2}
雨水势能	8.89×10^{3}
雨水化学能	1.54×10^{4}
地球旋转能	2.90×10^{4}

第三节　评价结果与分析

一、广西能值生态足迹分析

（一）2015 年广西能值生态足迹

按照 2015 年广西 6 种土地类型的各项生物资源账户中 35 个项目的生产量和能源账户中 11 个项目的消费量，乘以各自的能量折算系数，分别得到各个项目的有效能，再用各个项目的有效能乘以各自的能值转换率就可以计算出各个项目的太阳能值。用 46 个项目的太阳能值分别除以 2015 年广西的人口数量，就可以得到各个项目的人均能值，最后用各个项目的人均能值除以 2015 年广西的区域能值密度 1.90E + 15 sej/hm^2，就得到 46 个项目的人均能值生态足迹（见表 7 – 3）。

表 7 – 3　2015 年广西不同土地类型（46 个项目）的人均能值生态足迹

项目	有效能（J）	能值转换率（sej/J）	太阳能值（sej）	人均能值（sej/人）	人均能值生态足迹（hm^2/人）	土地类型
谷物	2.20E + 17	3.59E + 04	7.91E + 21	1.65E + 14	8.69E – 02	耕地
豆类	4.95E + 15	8.30E + 04	4.11E + 20	8.56E + 12	4.51E – 03	耕地
薯类	3.29E + 15	8.30E + 04	2.73E + 20	5.70E + 12	3.00E – 03	耕地
棉花	5.01E + 13	8.60E + 05	4.31E + 19	8.98E + 11	4.73E – 04	耕地
油料	1.71E + 16	8.60E + 04	1.47E + 21	3.06E + 13	1.61E – 02	耕地

续表

项目	有效能（J）	能值转换率（sej/J）	太阳能值（sej）	人均能值（sej/人）	人均能值生态足迹（hm^2/人）	土地类型
麻类	1.79E+14	8.30E+04	1.49E+19	3.10E+11	1.63E-04	耕地
甘蔗	2.03E+17	8.40E+04	1.70E+22	3.55E+14	1.87E-01	耕地
蔬菜（含菌类）	6.97E+16	2.70E+04	1.88E+21	3.92E+13	2.07E-02	耕地
烟叶	5.26E+13	2.70E+04	1.42E+18	2.96E+10	1.56E-05	耕地
猪肉	5.18E+16	1.70E+06	8.80E+22	1.83E+15	9.66E-01	草地
牛肉	1.26E+15	4.00E+06	5.05E+21	1.05E+14	5.54E-02	草地
羊肉	4.51E+14	2.00E+06	9.02E+20	1.88E+13	9.91E-03	草地
禽肉	7.16E+15	2.00E+06	1.43E+22	2.98E+14	1.57E-01	草地
牛奶	2.93E+14	1.71E+06	5.01E+20	1.04E+13	5.50E-03	草地
禽蛋	1.90E+15	1.71E+06	3.25E+21	6.78E+13	3.57E-02	草地
蜂蜜	1.53E+14	1.71E+06	2.61E+20	5.44E+12	2.87E-03	草地
蚕茧	3.93E+15	1.71E+06	6.73E+21	1.40E+14	7.39E-02	草地
水果	5.76E+16	5.30E+04	3.05E+21	6.37E+13	3.35E-02	林地
茶叶	6.21E+14	2.00E+05	1.24E+20	2.59E+12	1.36E-03	林地
橡胶	3.43E+10	1.60E+05	5.48E+15	1.14E+08	6.02E-08	林地
松脂	1.78E+14	1.60E+05	2.85E+19	5.94E+11	3.13E-04	林地
生漆	1.26E+10	1.60E+05	2.02E+15	4.20E+07	2.21E-08	林地
油桐籽	2.20E+15	6.90E+05	1.52E+21	3.16E+13	1.66E-02	林地
油茶籽	5.06E+15	6.90E+05	3.49E+21	7.28E+13	3.83E-02	林地
核桃	4.55E+13	2.86E+05	1.30E+19	2.72E+11	1.43E-04	林地
板栗	3.15E+15	2.86E+05	9.02E+20	1.88E+13	9.91E-03	林地
白果	2.82E+14	2.86E+05	8.06E+19	1.68E+12	8.85E-04	林地
八角	3.57E+15	2.89E+05	1.03E+21	2.15E+13	1.13E-02	林地
桂皮	9.69E+14	2.89E+05	2.80E+20	5.84E+12	3.08E-03	林地
茴油	1.10E+14	2.89E+05	3.17E+19	6.61E+11	3.48E-04	林地
桂油	3.51E+13	2.89E+05	1.01E+19	2.12E+11	1.11E-04	林地
竹笋干	7.39E+14	2.70E+04	1.99E+19	4.16E+11	2.19E-04	林地
木材	3.23E+17	3.49E+04	1.13E+22	2.35E+14	1.24E-01	林地
毛竹	7.39E+12	3.49E+04	2.58E+17	5.38E+09	2.83E-06	林地

续表

项目	有效能（J）	能值转换率（sej/J）	太阳能值（sej）	人均能值（sej/人）	人均能值生态足迹（hm²/人）	土地类型
水产品	1.87E+16	2.00E+06	3.74E+22	7.79E+14	4.10E-01	水域
煤炭	1.26E+18	3.98E+04	5.03E+22	1.05E+15	5.52E-01	化石能源地
焦炭	3.18E+17	3.98E+04	1.27E+22	2.64E+14	1.39E-01	化石能源地
原油	6.56E+17	5.30E+04	3.48E+22	7.25E+14	3.82E-01	化石能源地
汽油	1.34E+17	6.60E+04	8.83E+21	1.84E+14	9.70E-02	化石能源地
煤油	6.65E+15	6.60E+04	4.39E+20	9.15E+12	4.82E-03	化石能源地
柴油	2.49E+17	6.60E+04	1.65E+22	3.43E+14	1.81E-01	化石能源地
燃料油	1.05E+16	6.60E+04	6.92E+20	1.44E+13	7.60E-03	化石能源地
液化石油气	5.42E+16	6.60E+04	3.58E+21	7.46E+13	3.93E-02	化石能源地
天然气	3.22E+16	4.80E+04	1.55E+21	3.23E+13	1.70E-02	化石能源地
煤气	1.39E+18	4.80E+04	6.67E+22	1.39E+15	7.32E-01	化石能源地
电力	4.80E+17	1.59E+05	7.64E+22	1.59E+15	8.39E-01	建设用地

根据表7-3中2015年广西不同土地类型（46个项目）的人均能值生态足迹进行分类加总，即可得到广西6种土地类型的人均能值生态足迹。将2015年广西总的能值生态足迹和2015年广西人口数量相除，得到2015年广西的人均能值生态足迹（见表7-4）。

表7-4　2015年广西各土地类型的人均能值生态足迹

土地类型	总能值生态足迹（hm²/人）	人均能值生态足迹（hm²/人）
耕地	1.53E+07	3.19E-01
草地	6.27E+07	1.31E+00
林地	1.15E+07	2.40E-01
水域	1.97E+07	4.10E-01
化石能源地	1.03E+08	2.15E+00
建设用地	4.02E+07	8.39E-01
总计	2.53E+08	5.27E+00

由表7-4可以看出，2015年广西人均能值生态足迹为5.27E+00hm²/人。其中，化石能源地的人均能值生态足迹为2.15E+00hm²/人，排第一

位；草地的人均能值生态足迹为 1.31E+00hm²/人，排第二位；建设用地的人均能值生态足迹为 8.39E-01hm²/人，排第三位；接下来是水域的人均能值生态足迹为 4.10E-01hm²/人，耕地的人均能值生态足迹为 3.19E-01hm²/人，林地的人均能值生态足迹为 2.40E-01hm²/人。

为了更直观地显示，制作了 2015 年广西 6 类土地的人均能值生态足迹占总能值生态足迹的比例图，如图 7-1 所示。可以看出，其中化石能源地的人均能值生态足迹占比最大，达 41%；林地占比最小，仅占 4%。这说明在快速工业化、城镇化进程中，2015 年广西对能源账户项目消耗较大，同时随着人们生活水平的提高，广西对畜牧产品如肉、蛋、奶和蜂蜜消费量较大，远高于粮食的消费。

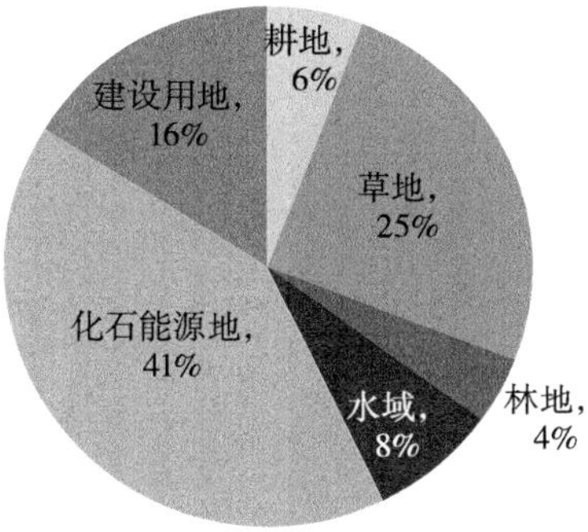

图 7-1　2015 年广西 6 类土地的人均能值生态足迹占比

（二）1993—2015 年广西年能值生态足迹

根据 2015 年广西人均能值生态足迹的计算方法，通过 1993—2015 年广西生物资源账户 35 个项目的生产量和能源账户 11 个项目的消费量，计算 1993—2015 年广西人均能值生态足迹。其中，生物资源账户的人均能值生态足迹见表 7-5，能源账户的人均能值生态足迹，见表 7-6。

表 7-5　1993—2015 年广西生物资源账户的人均能值生态足迹

年份	太阳能值（sej）	人均能值（sej/人）	人均能值生态足迹（hm²/人）
1993	7.14E+22	1.61E+15	1.17E+00
1994	8.55E+22	1.90E+15	1.08E+00

续表

年份	太阳能值（sej）	人均能值（sej/人）	人均能值生态足迹（hm^2/人）
1995	9.06E+22	1.99E+15	1.52E+00
1996	1.24E+23	2.71E+15	2.05E+00
1997	1.15E+23	2.48E+15	1.59E+00
1998	1.17E+23	2.51E+15	1.80E+00
1999	1.21E+23	2.57E+15	1.89E+00
2000	1.35E+23	2.83E+15	1.94E+00
2001	1.43E+23	2.98E+15	1.54E+00
2002	1.52E+23	3.16E+15	2.21E+00
2003	1.60E+23	3.30E+15	2.18E+00
2004	1.21E+23	2.47E+15	2.22E+00
2005	1.48E+23	3.18E+15	2.08E+00
2006	1.59E+23	3.36E+15	2.58E+00
2007	1.59E+23	3.33E+15	1.82E+00
2008	1.66E+23	3.44E+15	2.07E+00
2009	1.72E+23	3.54E+15	2.21E+00
2010	1.79E+23	3.88E+15	2.74E+00
2011	1.83E+23	3.94E+15	2.33E+00
2012	1.93E+23	4.12E+15	2.41E+00
2013	2.02E+23	4.28E+15	2.50E+00
2014	2.05E+23	4.30E+15	2.58E+00
2015	2.07E+23	4.32E+15	2.28E+00

从表7-5中可以看出，1993—2015年广西生物资源账户的人均能值生态足迹呈波动上升状态。从表7-6中可以看出，1993—2015年广西能源账户的人均能值生态足迹也是呈波动上升的态势。这说明广西在经济社会发展过程中，对生物资源和能源的依赖程度都在不断增加。

表7-6　1993—2015年广西能源账户的人均能值生态足迹

年份	太阳能值（sej）	人均能值（sej/人）	人均能值生态足迹（hm^2/人）
1993	2.68E+22	6.05E+14	4.40E-01
1994	2.86E+22	6.37E+14	3.63E-01

续表

年份	太阳能值（sej）	人均能值（sej/人）	人均能值生态足迹（hm^2/人）
1995	4.03E+22	8.86E+14	6.74E-01
1996	4.09E+22	8.91E+14	6.73E-01
1997	4.08E+22	8.81E+14	5.66E-01
1998	4.38E+22	9.37E+14	6.72E-01
1999	4.49E+22	9.52E+14	7.00E-01
2000	4.81E+22	1.01E+15	6.95E-01
2001	5.00E+22	1.04E+15	5.39E-01
2002	5.41E+22	1.12E+15	7.87E-01
2003	7.14E+22	1.47E+15	9.72E-01
2004	8.87E+22	1.82E+15	1.63E+00
2005	8.58E+22	1.84E+15	1.21E+00
2006	9.55E+22	2.02E+15	1.55E+00
2007	1.11E+23	2.33E+15	1.27E+00
2008	1.15E+23	2.39E+15	1.44E+00
2009	1.58E+23	3.25E+15	2.03E+00
2010	1.93E+23	4.19E+15	2.97E+00
2011	2.19E+23	4.72E+15	2.78E+00
2012	2.43E+23	5.20E+15	3.04E+00
2013	2.59E+23	5.48E+15	3.20E+00
2014	2.73E+23	5.75E+15	3.44E+00
2015	2.72E+23	5.68E+15	2.99E+00

1993—2015 年，尽管广西生物资源账户的人均能值生态足迹和能源账户的人均能值生态足迹都处于动态上升趋势，但能源账户的人均能值生态足迹上升幅度大于生物资源账户的人均能值生态足迹，这是因为 1993—2015 年广西工业化、城镇化发展过程中，对生物资源和能源的消耗均有所上升，但对能源的消耗增长较快。尤其自 2010 年以来，广西能源账户的人均能值生态足迹开始超过生物资源账户的，且差距逐步拉大。值得注意的是，2014 年以来广西生物资源账户的人均能值生态足迹和能源账户的人均能值生态足迹均有所下降，说明广西近年来的生态环境保护政策效果有所

显现，持续上涨的资源消耗得到了有效控制。

将 1993—2015 年广西的生物资源账户和能源账户的人均能值生态足迹相加，得到 1993—2015 年广西人均能值生态足迹。总体来看，在生物资源账户和能源账户的人均能值生态足迹动态变化的影响下，1993—2015 年广西人均能值生态足迹也呈波动上升趋势。由 1993 年的 1.61hm^2/人上升到 2015 年的 5.27hm^2/人，增加了 227.33%。最大值出现在 2014 年，为 6.02hm^2/人。2010—2015 年，广西人均能值生态足迹趋于平稳状态，呈现出这种变化趋势的主要原因是，“十二五”期间广西节能环保政策落实到位，经济发展处于相对稳定健康的发展态势。

二、广西能值生态承载力分析

（一）2015 年广西能值生态承载力

能值生态足迹模型中的能值生态承载力计算公式显示，将上述 5 种有效能分别乘以对应的能值转换率，就可以得到与之相对应的太阳能值（见表 7－7）。表 7－7 中的太阳辐射能、风能、雨水势能、雨水化学能都来自地球外部，是由太阳能转化而来的，而地球旋转能则来自地球内部，所以为了避免重复计算，用前 4 种能值中最大的一种能值加上最后一种能值，就得到广西的总能值。从表 7－7 可以看出，2015 年广西可更新资源总能值为 3.51E+22sej 与 9.99E+21sej 的和，即 4.51E+22sej。人均能值为总能值与人口数的比，2015 年广西总人口为 4796 万人，人均能值为 4.51E+22sej 与 4.80E+06 万人的比值，即 9.40E+14sej/人。根据 Odum 等的研究成果可知，全球平均能值密度为 3.10E+14sej/hm^2，并根据公式（3－12）可以计算出 2015 年广西人均能值生态承载力为 3.03E+00hm^2/人，其中扣除 12% 生物多样性保留用地后的可利用人均能值生态承载力为 2.67E+00hm^2/人。

表 7－7　2015 年广西的人均太阳能值及人均能值生态承载力

类型	有效能（J）	能值转换率（sej/J）	太阳能值（sej）	人均能值（sej/人）	人均能值生态承载力（hm^2/人）
太阳辐射能	1.21E+21	1.00E+00	1.21E+21	2.52E+13	8.13E-02
风能	1.84E+18	6.63E+02	1.22E+21	2.55E+13	8.21E-02
雨水势能	3.61E+18	8.89E+03	3.21E+22	6.69E+14	2.15E+00
雨水化学能	2.27E+18	1.54E+04	3.51E+22	7.32E+14	2.36E+00
地球旋转能	3.45E+17	2.90E+04	9.99E+21	2.08E+14	6.71E-01
能值生态承载力			4.51E+22	9.40E+14	3.03E+00
扣除 12% 生物多样性保留用地					3.64E-01
可利用能值生态承载力					2.67E+00

（二）1993—2015 年广西能值生态承载力

广西区域面积 23.76 万平方千米，平均海拔 800 米，1993—2015 年的人口和降水量见表 7－8。用与上述 2015 年广西能值生态承载力相同的计算思路和方法，逐一计算出 1993—2015 年广西可更新资源的太阳能值，见表 7－9。从计算结果中可以看出，1993—2015 年广西的太阳辐射能、风能、地球旋转能都未发生变化，变化的只有雨水势能和雨水化学能。这是因为该时期广西的区域面积、海拔都没有变化，只有每年降水量不一样，从而导致雨水势能和雨水化学能每年的计算结果不一样，即降水量大的年份雨水势能和雨水化学能就大，反之就小。

表 7－8　1993—2015 年广西的人均能值及区域能值密度

年份	年降水量（mm）	人口（万人）	可更新资源总能值（sej）	人均能值（sej/人）	区域能值密度（sej/hm^2）
1993	1250	4438	3.27E+22	7.36E+18	1.37E+15
1994	1748	4493	4.17E+22	9.28E+18	1.75E+15
1995	1173	4543	3.13E+22	6.88E+18	1.32E+15
1996	1185	4589	3.15E+22	6.86E+18	1.32E+15
1997	1490	4633	3.70E+22	7.99E+18	1.56E+15

续表

年份	年降水量（mm）	人口（万人）	可更新资源总能值（sej）	人均能值（sej/人）	区域能值密度（sej/hm²）
1998	1276	4675	3.31E+22	7.08E+18	1.39E+15
1999	1232	4713	3.23E+22	6.86E+18	1.36E+15
2000	1359	4750	3.46E+22	7.29E+18	1.46E+15
2001	1988	4788	4.60E+22	9.61E+18	1.94E+15
2002	1319	4822	3.39E+22	7.03E+18	1.43E+15
2003	1432	4857	3.59E+22	7.40E+18	1.51E+15
2004	906	4889	2.64E+22	5.40E+18	1.11E+15
2005	1446	4660	3.62E+22	7.77E+18	1.52E+15
2006	1159	4719	3.10E+22	6.57E+18	1.31E+15
2007	1848	4768	4.35E+22	9.12E+18	1.83E+15
2008	1625	4816	3.94E+22	8.19E+18	1.66E+15
2009	1546	4856	3.80E+22	7.83E+18	1.60E+15
2010	1301	4610	3.36E+22	7.28E+18	1.41E+15
2011	1671	4645	4.03E+22	8.67E+18	1.70E+15
2012	1693	4682	4.07E+22	8.69E+18	1.71E+15
2013	1695	4719	4.07E+22	8.63E+18	1.71E+15
2014	1639	4754	3.97E+22	8.35E+18	1.67E+15
2015	1937	4796	4.51E+22	9.40E+18	1.90E+15

同样，从计算结果中可以看出，1993—2015 年广西的雨水化学能均高于雨水势能，因此该时期广西的可更新资源总能值都是由当年的雨水化学能和地球旋转能相加所得。

表 7-9　1993—2015 年广西可更新资源的太阳能值　　单位：sej

年份	太阳辐射能	风能	雨水势能	雨水化学能	地球旋转能
1993	1.21E+21	1.22E+21	2.07E+22	2.27E+22	9.99E+21
1994	1.21E+21	1.22E+21	2.89E+22	3.17E+22	9.99E+21
1995	1.21E+21	1.22E+21	1.94E+22	2.13E+22	9.99E+21
1996	1.21E+21	1.22E+21	1.96E+22	2.15E+22	9.99E+21
1997	1.21E+21	1.22E+21	2.47E+22	2.7E+22	9.99E+21

续表

年份	太阳辐射能	风能	雨水势能	雨水化学能	地球旋转能
1998	1.21E+21	1.22E+21	2.11E+22	2.31E+22	9.99E+21
1999	1.21E+21	1.22E+21	2.04E+22	2.23E+22	9.99E+21
2000	1.21E+21	1.22E+21	2.25E+22	2.46E+22	9.99E+21
2001	1.21E+21	1.22E+21	3.29E+22	3.6E+22	9.99E+21
2002	1.21E+21	1.22E+21	2.18E+22	2.39E+22	9.99E+21
2003	1.21E+21	1.22E+21	2.37E+22	2.6E+22	9.99E+21
2004	1.21E+21	1.22E+21	1.5E+22	1.64E+22	9.99E+21
2005	1.21E+21	1.22E+21	2.39E+22	2.62E+22	9.99E+21
2006	1.21E+21	1.22E+21	1.92E+22	2.1E+22	9.99E+21
2007	1.21E+21	1.22E+21	3.06E+22	3.35E+22	9.99E+21
2008	1.21E+21	1.22E+21	2.69E+22	2.95E+22	9.99E+21
2009	1.21E+21	1.22E+21	2.56E+22	2.8E+22	9.99E+21
2010	1.21E+21	1.22E+21	2.15E+22	2.36E+22	9.99E+21
2011	1.21E+21	1.22E+21	2.77E+22	3.03E+22	9.99E+21
2012	1.21E+21	1.22E+21	2.8E+22	3.07E+22	9.99E+21
2013	1.21E+21	1.22E+21	2.81E+22	3.07E+22	9.99E+21
2014	1.21E+21	1.22E+21	2.71E+22	2.97E+22	9.99E+21
2015	1.21E+21	1.22E+21	3.21E+22	3.51E+22	9.99E+21

由表7－9中的5种可更新资源可以计算出1993—2015年广西的可更新资源总能值，再和当年人口数量相除，即可得到每年的人均能值。人均能值除以区域面积即得到每年的区域能值密度，见表7－8。从中可以看出，1993—2015年广西的人均能值及区域能值密度具有一定的波动性，主要因为每年的可更新资源总能值处于波动无规律状态。同时，1993—2015年广西的区域能值密度均高于全球平均能值密度，最大值出现在2015年，为1.90E+15 sej/hm^2，最小值是2004年的1.11E+15 sej/hm^2。

根据表7－8中已计算出的1993—2015年广西可更新资源的人均太阳能值以及全球平均能值密度，就可计算出1993—2015年广西各类型生物生产性土地面积，即总能值生态承载力，再扣除生物多样性保留的12%用地后，可得到人均能值生态承载力。1993—2015年，广西人均能值生态承载力的计算结果见表 7 - 10。

表 7 - 10　1993—2015 年广西人均能值生态承载力

年份	全球平均能值密度 (sej/hm²)	总能值生态承载力 (hm²)	人均能值生态承载力 (hm²/人)
1993	3. 10E + 14	1. 05E + 08	2. 09E + 00
1994	3. 10E + 14	1. 34E + 08	2. 63E + 00
1995	3. 10E + 14	1. 01E + 08	1. 95E + 00
1996	3. 10E + 14	1. 01E + 08	1. 94E + 00
1997	3. 10E + 14	1. 19E + 08	2. 26E + 00
1998	3. 10E + 14	1. 07E + 08	2. 01E + 00
1999	3. 10E + 14	1. 04E + 08	1. 94E + 00
2000	3. 10E + 14	1. 12E + 08	2. 07E + 00
2001	3. 10E + 14	1. 48E + 08	2. 72E + 00
2002	3. 10E + 14	1. 09E + 08	1. 99E + 00
2003	3. 10E + 14	1. 16E + 08	2. 10E + 00
2004	3. 10E + 14	8. 51E + 07	1. 53E + 00
2005	3. 10E + 14	1. 17E + 08	2. 20E + 00
2006	3. 10E + 14	9. 99E + 07	1. 86E + 00
2007	3. 10E + 14	1. 4E + 08	2. 59E + 00
2008	3. 10E + 14	1. 27E + 08	2. 32E + 00
2009	3. 10E + 14	1. 22E + 08	2. 22E + 00
2010	3. 10E + 14	1. 08E + 08	2. 06E + 00
2011	3. 10E + 14	1. 3E + 08	2. 46E + 00
2012	3. 10E + 14	1. 31E + 08	2. 46E + 00
2013	3. 10E + 14	1. 31E + 08	2. 45E + 00
2014	3. 10E + 14	1. 28E + 08	2. 37E + 00
2015	3. 10E + 14	1. 45E + 08	2. 67E + 00

从表 7 - 10 中可以看出，1993—2015 年广西人均能值生态承载力呈现波动变化，总体趋势有所上升。在 2001 年出现最大值，为 2. 72E + 00hm²/人；其次是 2015 年的 2. 67E + 00hm²/人；2004 年最小，仅为 1. 53 E + 00hm²/人。由于可更新资源总能值和降水量直接相关，而各年份广西人口数量变化不

大，所以如果当年雨水丰沛降水量较高，则相应的可更新资源总能值就比较大，人均能值生态承载力也比较大。

从更深层次分析，1993—2015年广西能值生态承载力呈现波动的年际变化的原因是，一方面广西社会经济发展过程中过度依赖和消耗自然资源，且对自然资源粗放的利用方式导致环境污染日趋严重，使广西生态系统难以承受；另一方面，依靠自然资源环境自身的修复功能，广西生态环境可以在一定程度上自我恢复，这就使广西生态系统的承受能力既有下降，又有所恢复。同时，自“十二五”规划以来，广西在国家五大发展理念推动下，不断加大对生态文明建设的重视程度，在一定程度上减少了社会经济发展对生态系统的破坏，并采取措施进一步提高了自然生态环境的自我修复能力。

三、广西能值生态盈亏分析

根据1993—2015年广西的人均能值生态承载力和人均能值生态足迹计算结果，通过利用各个年份的人均能值生态承载力减去相应年份的人均能值生态足迹，就可以计算出当年广西的生态盈亏。1993—2015年广西生态盈亏的计算结果见表7-11。

表7-11　1993—2015年广西生态盈亏　　单位：hm^2/人

年份	人均能值生态足迹	人均能值生态承载力	生态盈亏
1993	1.61E+00	2.09E+00	4.74E-01
1994	1.45E+00	2.63E+00	1.18E+00
1995	2.19E+00	1.95E+00	-2.38E-01
1996	2.72E+00	1.94E+00	-7.76E-01
1997	2.16E+00	2.26E+00	1.04E-01
1998	2.47E+00	2.01E+00	-4.66E-01
1999	2.59E+00	1.94E+00	-6.41E-01
2000	2.64E+00	2.07E+00	-5.71E-01
2001	2.08E+00	2.72E+00	6.49E-01
2002	3.00E+00	1.99E+00	-1.01E+00

续表

年份	人均能值生态足迹	人均能值生态承载力	生态盈亏
2003	3. 16E +00	2. 10E +00	-1. 06E +00
2004	3. 86E +00	1. 53E +00	-2. 32E +00
2005	3. 29E +00	2. 20E +00	-1. 09E +00
2006	4. 13E +00	1. 86E +00	-2. 26E +00
2007	3. 09E +00	2. 59E +00	-5. 03E -01
2008	3. 51E +00	2. 32E +00	-1. 19E +00
2009	4. 25E +00	2. 22E +00	-2. 03E +00
2010	5. 71E +00	2. 06E +00	-3. 65E +00
2011	5. 11E +00	2. 46E +00	-2. 65E +00
2012	5. 45E +00	2. 46E +00	-2. 98E +00
2013	5. 69E +00	2. 45E +00	-3. 25E +00
2014	6. 02E +00	2. 37E +00	-3. 65E +00
2015	5. 27E +00	2. 67E +00	-2. 60E +00

为了更直观地表示 1993—2015 年广西人均能值生态足迹、人均能值生态承载力和生态盈亏的动态变化趋势，笔者分别绘制了图 7 -2 和图 7 -3。

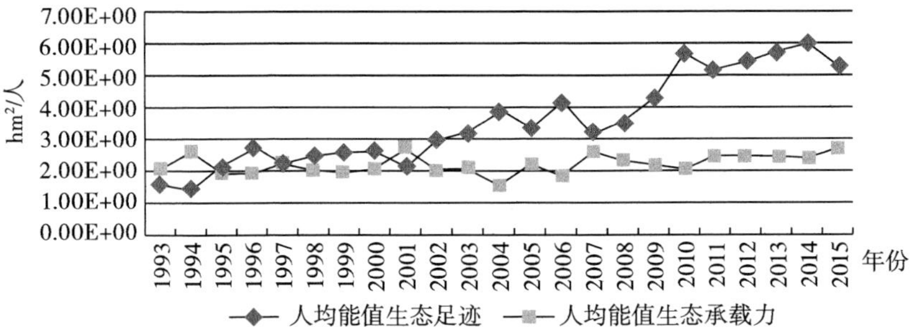

图 7 -2　1993—2015 年广西人均能值生态足迹和人均能值生态承载力的动态变化

从图 7 -2 中可以看出，1993—2015 年广西人均能值生态足迹处于波动上升态势，而人均能值生态承载力虽然也处于波动状态，但整体相对平稳，变化不大，从而导致广西的生态赤字越来越严重。从图 7 -3 中可以看出，1993—2015 年广西大多处于生态赤字，且赤字程度不断加强。人均能值生态足迹大于人均能值生态承载力，说明广西社会经济发展所需要的自然资源量超过了广西自然生态环境所能供给的产品与服务量，生态经济系统处于不可持续发展状态。从 2002 年开始，广西就一直处于生态赤字状态，由 2002 年的 -1.01E+00hm²/人，增加到 2014 年的 -3.65E+00hm²/人。2015 年，广西生态赤字略有下降，为 -2.60E+00hm²/人。

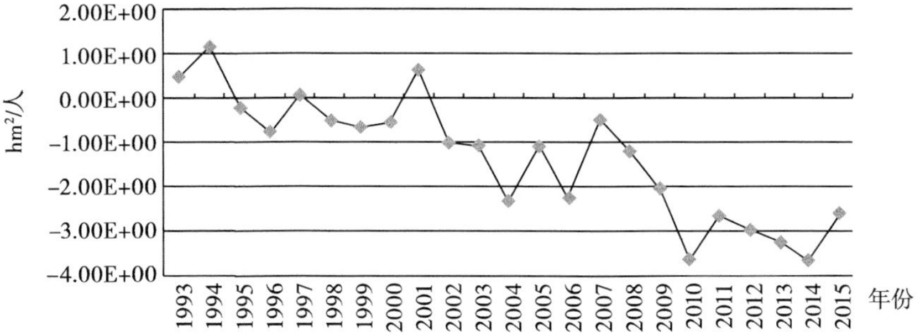

图 7-3　1993—2015 年广西生态盈亏的动态变化

四、广西可持续发展指数分析

（一）广西生态压力指数

根据生态压力指数计算公式，计算得到 1993—2017 年广西生态压力指数，其动态变化如图 7-4 所示。从图中可以看出，1993—2017 年广西的生态压力指数总体呈上升趋势，除了 1994 年和 2001 年广西生态压力指数分别为 0.5831 和 0.7747，显示广西生态经济系统为较安全状态外，其余年份均为不安全状态，且有 5 年处于重度不安全状态，尤其自 2010 年以来，除了 2015 年生态压力指数为 1.9756 属于重度不安全外，广西生态系统均处于极度不安全状态。这表明近年来广西社会经济发展为当地资源环境造成了非常大的压力。

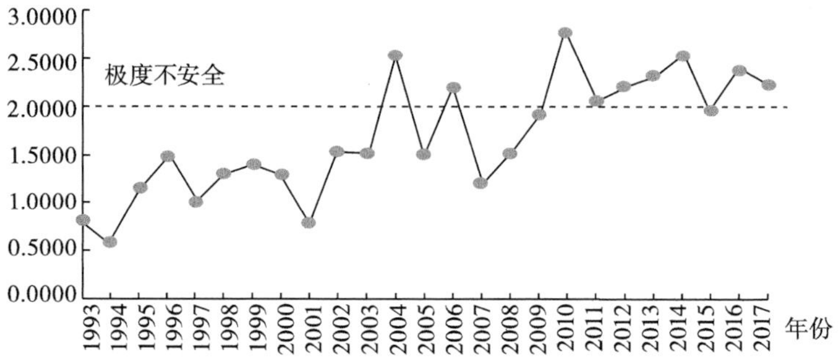

图7－4　1993—2017年广西生态压力指数的动态变化

（二）广西生态可持续指数

根据生态可持续指数计算公式，计算得到1993—2017年广西生态可持续指数，其动态变化如图7－5所示。从图中可以看出，1993—2017年广西的生态可持续指数总体呈下降趋势。除了1993年、1994年和2001年生态持续指数显示为广西生态经济发展处于弱可持续状态外，其余年份均为不可持续状态，且2004年、2010年、2014年和2016年均为强不可持续状态。这表明如果广西不改变近年来的经济社会发展模式，其生态系统将受到严重破坏，最终将制约当地经济社会发展。

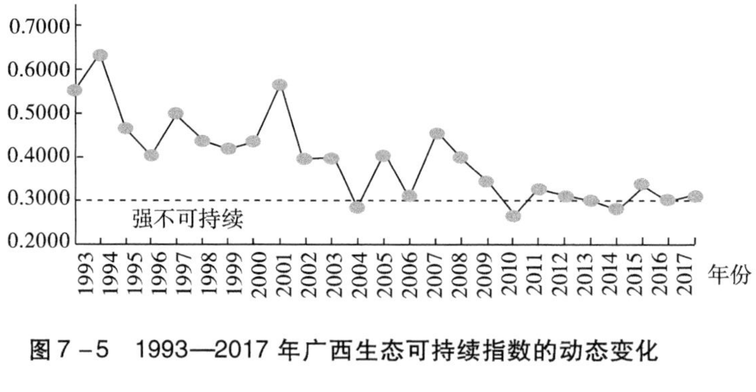

图7－5　1993—2017年广西生态可持续指数的动态变化

第四节　基于生态足迹和能值生态足迹的评价结果比较

为了更科学地评价广西可持续发展状况，同时根据数据的可获得性，将上述基于能值生态足迹模型的广西可持续发展评价结果与基于生态足迹模型的2000—2017年广西可持续发展评价结果进行比较，基于两种模型的生态压力指数动态变化如图7－6所示。从图中可以看出，基于生态足迹模型和基于能值生态足迹模型的2000—2017年广西生态压力指数总体上均处于增大趋势，且在2017年处于极度不安全状态，表明上述研究结果符合实际情况。基于能值生态足迹模型的生态压力指数相较于基于生态足迹模型的生态压力指数总体上略偏小且波动性更大：一方面，由于能值生态足迹模型考虑了物质循环，将能量流动纳入探讨人类对物质资源的需求与生态经济系统供给的关系，且能值转换率、能值密度更加稳定，因此结果能更真实地反映广西可持续发展状况；另一方面，因为广西能值生态承载力受不同年份降水量波动的影响较大。值得注意的是，党的十八大提出生态文明战略以来，广西基于能值生态足迹模型的生态压力指数处于相对平稳状态，这与广西积极采取措施保护生态环境的实际情况更加吻合。相应地，基于生态足迹模型和基于能值生态足迹模型的2000—2017年广西生态可持续指数动态变化如图7－7所示。基于两种模型的广西生态可持续指数总体上均处于下降状态，但基于生态足迹模型的生态可持续指数曲线更加平滑，且处于持续下降状态，而基于能值生态足迹模型的生态可持续指数波动性更强，且在党的十八大以来相对平稳。由此可见，利用能值生态足迹模型开展广西可持续发展评价，其结果更符合实际情况，也更加科学。

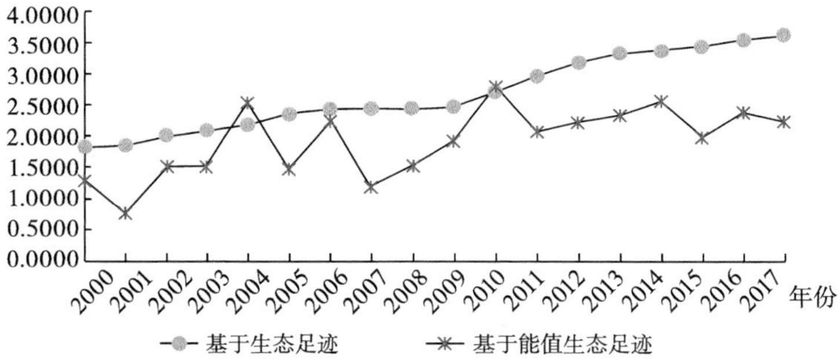

图7-6 基于生态足迹和基于能值生态足迹的2000—2017年广西生态压力指数的动态变化

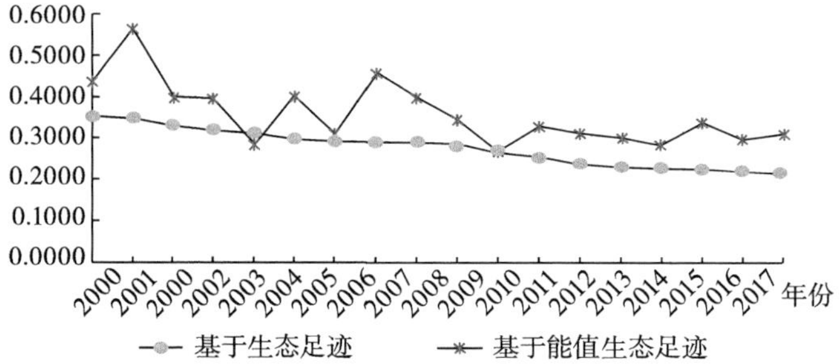

图7-7 基于生态足迹和基于能值生态足迹的2000—2017年广西生态可持续指数的动态变化

第八章　广西农业生态系统可持续发展评价

第一节　广西农业生态系统边界的界定

本章根据 Odum 提供的能值分析步骤，利用广西农业生态系统 2000—2017 年的统计资料，分析由种植业、畜牧业、林业及渔业组成的大农业生产的能值投入产出状况，利用各能值指标，对农业系统的资源利用及可持续发展状况进行评价。首先确定广西农业生态系统边界。在广西农业生态系统中，能值投入分为四项：一是可更新环境资源，包括太阳辐射能、风能、雨水化学能、雨水势能、地球旋转能；二是不可更新环境资源，包括地表层净能值损失；三是不可更新工业辅助能，包括机械、农电、化肥（氮肥、磷肥、钾肥、复合肥）、农药、农膜、柴油等；四是可更新有机能，包括有机肥、劳动力、畜力、种子等。能值产出分为四项：一是种植业产出，包括粮食作物（谷物、豆类、薯类）和经济作物（棉花、油料、麻类、甘蔗、蔬菜、烟叶）；二是林业产出，包括木材、毛竹和其他林产品（水果、茶叶、橡胶、松脂、生漆、桐油籽、油茶籽、核桃、板栗、白果、八角、桂皮、竹笋干、茴油、桂油）；三是畜牧业产出，包括猪牛羊肉、禽肉、牛奶、禽蛋、蚕茧、蜂蜜等；四是渔业产出，以水产品为主。本章分析数据主要来源于 FAO 统计数据库、wind 数据库和《广西统计年鉴》。

第二节 广西农业生态系统能值投入结构分析

农业生态系统投入能值由可更新环境资源、不可更新环境资源、可更新有机辅助能和不可更新工业辅助能 4 部分组成。为避免重复计算，区域可更新资源能值计算时只选取太阳辐射能、风能、雨水势能、雨水化学能中能值最大的一项能值与地球旋转能加总进行计算。

从表 8-1 中可以看出，2016 年广西农业生态系统能值投入总量 1.04E+23 sej，包括可更新环境资源能值投入量 3.68E+22 sej，不可更新环境资源能值投入量 2.85E+22 sej，不可更新工业辅助能值投入量 2.05E+22 sej，可更新有机能值投入量 1.87E+22 sej。其中，可更新环境资源能值、不可更新环境资源能值、不可更新工业辅助能值、可更新有机能值分别占总能值投入量的 35.2%、27.3%、19.6%、17.9%。

表 8-1 2016 年广西农业生态系统能值投入分析

投入项目	原始数据	能值转换率	太阳能值（sej）
太阳能	1.11E+21 (J)	1.00E+00 (sej/J)	1.11E+21
雨水势能	1.69E+18 (J)	6.63E+02 (sej/J)	1.12E+21
雨水化学能	2.84E+18 (J)	8.89E+03 (sej/J)	2.52E+22
风能	1.79E+18 (J)	1.54E+04 (sej/J)	2.76E+22
地球旋转能	3.16E+17 (J)	2.90E+04 (sej/J)	9.17E+21
可更新环境资源能值投入			3.68E+22
净表土流失能	2.30E+17 (J)	1.24E+05 (sej/J)	2.85E+22
不可更新环境资源能值投入			2.85E+22
氮肥	7.49E+11 (g)	4.62E+09 (sej/g)	3.46E+21
磷肥	3.11E+11 (g)	1.78E+10 (sej/g)	5.54E+21
钾肥	5.90E+11 (g)	2.69E+09 (sej/g)	1.59E+21
复合肥	9.72E+11 (g)	2.80E+09 (sej/g)	2.72E+21
农药	8.57E+10 (g)	1.62E+09 (sej/g)	1.39E+20
农膜	4.84E+10 (g)	6.38E+08 (sej/g)	3.09E+19
机械	1.27E+14 (J)	1.11E+05 (sej/g)	1.41E+19

续表

投入项目	原始数据	能值转换率	太阳能值（sej）
农业用电	3.43E+16（J）	1.60E+05（sej/J）	5.50E+21
燃油（柴）	2.80E+16（J）	5.30E+04（sej/J）	1.48E+21
不可更新工业辅助能值投入			2.05E+22
劳动力	2.70E+16（J）	3.80E+05（sej/J）	1.02E+22
畜力	2.12E+16（J）	1.46E+05（sej/J）	3.10E+21
种子	1.06E+16（J）	2.00E+05（sej/J）	2.12E+21
有机肥	1.20E+17（J）	2.70E+04（sej/J）	3.23E+21
可更新有机能值投入			1.87E+22
总能值投入			1.04E+23

一、系统环境资源能值投入

环境资源能值又名无偿环境资源能值，包括可更新环境资源能值和不可更新环境资源能值两部分。2016 年，广西农业生态系统环境资源投入总量为 6.53E+22 sej，占总能值投入量的 62.5%。而可更新环境资源能值投入占环境资源能值投入的 56.4%，不可更新环境资源能值投入占环境资源能值投入的 43.6%。这表明在广西农业生产过程中，环境资源做出了不小的贡献，系统对自然环境资源依赖性强。净表土流失能占总能值投入的 27.3%，表明广西水土流失较为严重。广西农业资源丰富，在农业生产过程中高效可持续利用这些资源优势，是农业可持续发展的重要保障。

二、系统辅助能值投入

农业生态系统的辅助能值包括不可更新工业辅助能值和可更新有机能值两部分。2016 年，广西农业生态系统辅助能值投入量为 3.92E+22 sej，占总能值投入的 37.5%。其中，不可更新工业辅助能值投入量占辅助能值投入量的 52.3%，可更新有机能值投入量占辅助能值投入量的 47.7%。这说明广西农业还处于传统生产阶段，经济干预较小。在工业辅助能值投入中，化肥投入占比居首位，占 65%，其次是农业用电，占 26.8%，燃油

（柴）占7.2%，农业机械投入仅占0.1%。这说明广西农业生态系统的运行对经济购买能值依赖性较强，尤其是化肥的使用，对农业发展起到至关重要的作用。同时，广西农业机械化程度非常低，这和广西的喀斯特地貌有一定关系。另外，在看到化肥带来可观的产出效益的同时，也要注意到持续地过度依赖不可更新工业辅助值会导致生态环境恶化，成为农业进一步发展的新威胁。在可更新有机能值中，劳动力能值投入占54.8%，有机肥占17.3%，这也说明广西农业生产依旧处于传统农业生产阶段，属劳动密集型生产。另外，随着畜牧业的发展，有机肥的使用具有较大的潜力。

第三节　广西农业生态系统能值产出结构分析

从表8-2中可以看出，2016年广西农业生态系统能值产出量为2.09E+23 sej。其中，种植业产出2.91E+22 sej，占系统总能值产出的13.9%；林业能值产出2.41E+22 sej，占系统总能值产出的11.5%；畜牧业能值产出1.17E+23 sej，占系统总能值产出的55.8%；渔业能值产出3.91E+22 sej，占系统总能值产出的18.7%。可以看出，广西农业生产以畜牧业为主，但种植业、林业和渔业发展较为均衡，呈协调发展的态势。

表8-2　2016年广西农业生态系统能值产出分析

产出项目	原始数据（J）	能值转换率（sej/J）	太阳能值（sej）
谷物	2.20E+17	3.59E+04	7.90E+21
豆类	5.10E+15	8.30E+04	4.24E+20
薯类	3.19E+15	8.30E+04	2.65E+20
棉花	4.18E+13	8.60E+05	3.59E+19
油料	1.82E+16	8.60E+04	1.57E+21
麻类	1.83E+14	8.30E+04	1.52E+19
甘蔗	2.01E+17	8.40E+04	1.69E+22
蔬菜（含菌类）	7.32E+16	2.70E+04	1.98E+21
烟叶	5.13E+13	2.70E+04	1.39E+18
种植业产出			2.91E+22

续表

产出项目	原始数据（J）	能值转换率（sej/J）	太阳能值（sej）
猪肉	5.00E+16	1.70E+06	8.49E+22
牛肉	1.29E+15	4.00E+06	5.15E+21
羊肉	4.60E+14	2.00E+06	9.19E+20
禽肉	7.29E+15	2.00E+06	1.46E+22
牛奶	2.80E+14	1.71E+06	4.79E+20
禽蛋	1.92E+15	1.71E+06	3.28E+21
蜂蜜	1.55E+14	1.71E+06	2.65E+20
蚕茧	4.12E+15	1.71E+06	7.05E+21
畜牧业产出			1.17E+23
水果	6.31E+16	5.30E+04	3.34E+21
茶叶	6.61E+14	2.00E+05	1.32E+20
橡胶	4.69E+10	1.60E+05	7.50E+15
松脂	1.96E+14	1.60E+05	3.14E+19
生漆	1.38E+10	1.60E+05	2.20E+15
油桐籽	2.20E+15	6.90E+05	1.52E+21
油茶籽	5.29E+15	6.90E+05	3.65E+21
核桃	7.01E+13	2.86E+05	2.00E+19
板栗	3.31E+15	2.86E+05	9.48E+20
白果	2.88E+14	2.86E+05	8.23E+19
八角	3.70E+15	2.89E+05	1.07E+21
桂皮	9.84E+14	2.89E+05	2.84E+20
茴油	1.18E+14	2.89E+05	3.41E+19
桂油	3.62E+13	2.89E+05	1.05E+19
竹笋干	7.14E+14	2.70E+04	1.93E+19
木材	3.70E+17	3.49E+04	1.29E+22
毛竹	6.06E+12	3.49E+04	2.11E+17
林业产出			2.41E+22
水产品	1.95E+16	2.00E+06	3.91E+22
渔业产出			3.91E+22
总产出能值			2.09E+23

一、系统种植业产出分析

广西种植业各项产出中，居于前三位的分别是甘蔗、谷物和蔬菜，分别占种植业总产出的58.1%、27.2%和6.8%，这与广西作为全国甘蔗生产第一大省吻合。粮食作物在种植业中只占29.5%，说明广西种植业中以经济作物为主。这是因为棉花和油料等经济作物的能值转换率高，能值高，经济价值就大，创造的效益高，农民种植积极性就高，因此种植面积不断扩大。

二、系统林业产出分析

从表8－2中可以看出，2016年，广西的林业产出为2.41E＋22 sej，占农业生态系统总能值产出的11.5%。其中，53.7%的林业产出来源于木材的产出。这是因为广西用材林，尤其是桉树种植面积大。实施退耕还林工程以来，广西大部分的坡耕地、荒地被种上了桉树，桉树的经济价值高，因此收益就高，是百姓的重要收入来源之一。

三、系统畜牧业产出分析

从表8－2中可以看出，2016年，广西农业生态系统能值产出中畜牧业产出占55.8%，成为广西农业的主要产出。在畜牧业产出中，肉类产出占90.5%左右。在肉类产出中，猪肉占80.4%，其次是禽肉占13.8%，牛肉占4.9%，羊肉占0.9%。牧业产出中，禽蛋占2.8%，蚕茧占6%。广西属于喀斯特地区，耕地数量少且质量不高，促使农村畜牧养殖业快速发展，同样弥补了百姓在种植业上利润的流失。

第四节　能值指标分析

鉴于以上对2016年广西农业生态系统能值投入产出情况的分析，结合研究目的及研究区域实际情况构建相应的能值指标体系，见表8－3。通过对指标体系的分析研究，进一步了解广西农业生态系统的结构和功能，清晰地了解当地环境与资源、社会经济的关系。

表 8－3 2016 年广西农业生态系统能值评价指标体系

序号	指标	表达式	数值
1	可更新环境资源（sej）	R	3.68E+22
2	不可更新环境资源（sej）	N	2.85E+22
3	环境资源总投入（sej）	$I=R+N$	6.53E+22
4	不可更新工业辅助能（sej）	F	2.05E+22
5	可更新有机能（sej）	RI	1.87E+22
6	总辅助能值（sej）	$U=F+RI$	3.92E+22
7	总能值投入量（sej）	$T=I+U$	1.04E+23
8	总能值产出量（sej）	Y	2.09E+23
9	能值自给率（%）	$ESR=I/T$	62.5
10	能值投资率（%）	U/I	60.0
11	工业辅助能比率（%）	F/T	19.6
12	有机辅助能比率（%）	RI/T	17.9
13	购买能值比率（%）	U/T	37.5
14	净能值产出率（%）	Y/U	533.4
15	不可更新资源能值/总能值用量（%）	N/T	27.3
16	人均能值用量（sej/人）	T/人口	2.38E+15
17	能值密度（sej/平方米）	T/面积	4.79E+11
18	环境负载率（%）	$ELR=(U+N)/R$	147.6
19	可持续发展指数	$(Y/U)/ELR$	5.5

一、净能值产出率

净能值产出率是权衡系统生产效率的标准之一，通过该值可以看出研究区域农业生态系统运行的能值利用效率和市场竞争力，这个值越大，说明系统购买能值利用率越高，竞争力越强。从表 8－3 中可以看出，2016 年，广西农业生态系统的净能值产出率为 5.3，净能值产出率大于 1 说明广西农业生态系统的投入产出结构较为合理，运行效率较高，整体功能良好，竞争力较强。当然，这与广西农业生态系统中总辅助能值投入较少有关，其只占到能值总投入的 37.5%。

二、能值自给率

能值自给率反映了系统运行对无偿自然环境资源的依赖程度及经济发展水平。从表 8－3 中可以看出，2016 年，广西农业生态系统能值自给率为 62.5%，可见广西农业生产中，自然环境资源的自给自足能力很强，农业生产对无偿自然环境资源依赖较强。广西降水量丰富，从而环境可更新能值较高，这也是广西农业生态系统能值自给率高的原因。

三、能值投资率

能值投资率反映了农业生态系统对经济购买能值的依赖程度以及对无偿自然环境资源的利用效率。从表 8－3 中可以看出，2016 年，广西农业生态系统能值投资率为 60%。能值投资率小于 1，说明 2016 年广西农业生态系统欠发达，经济购买能值投入不足，尤其是机械、电力投入极少，导致自然环境资源利用不充分。

四、环境负载率

环境负载率一方面可用来权衡系统能值利用技术水平，另一方面反映系统运行中对当地环境造成的压力。从表 8－3 中可以看出，2016 年广西农业生态系统的环境负载率约为 1.5，低于全国平均水平的 2.7。这说明 2016 年广西农业生产活动对本地生态环境造成的压力相对较小，同时广西可以通过改进技术、增加投入，从而更好地利用资源环境，促进农业发展。

五、能值密度

通过能值密度分析，可以看出研究地区经济发展水平和等级，两者呈正比例关系。从表 8 –3 中可以看出，2016 年，广西农业生态系统能值密度是 4. 79E +11 sej/平方米，高于全国平均水平的 1. 32E +11 sej/平方米。

六、人均能值用量

人均能值用量是从能值评价的角度研究人民生活水平和生活质量的高低。从表 8 –3 中可以看出，2016 年，广西人均能值用量是 2. 38E +15 sej/人，低于全国平均能值用量的 4. 25E +15 sej/人，且与美国等发达国家相差甚远。

七、可持续发展指数

可持续发展指数用以评价各类系统的可持续发展水平，指标数值的大小反映了系统不同的发展状态。从表 8 –3 中可以看出，2016 年，广西农业生态系统的可持续发展指数是 5. 5。此值大于 1，而小于 10，说明广西农业生态系统运行效率相对较高，具有活力，处于可持续发展状态。

第五节　广西农业生态系统能值动态分析

基于能值理论及分析方法，计算得出 2000—2017 年广西农业生态系统能值投入产出及其结构变化情况（见表 8 –4、表 8 –5），以及综合能值评价指标量化结果（见表 8 –6）。

表 8 –4　2000—2017 年广西农业生态系统能值投入变化　　单位：sej

	2000 年	2001 年	2002 年	2003 年	2004 年	2005 年
可更新环境资源能值	2. 62E +22	3. 54E +22	2. 58E +22	2. 77E +22	2. 22E +22	3. 12E +22

续表

	2000 年	2001 年	2002 年	2003 年	2004 年	2005 年
不可更新环境资源能值	2. 33E +22	2. 38E +22	2. 35E +22	2. 38E +22	2. 6E +22	2. 68E +22
化肥	8. 79E +21	9. 2E +21	9. 57E +21	9. 84E +21	1. 03E +22	1. 05E +22
农药	7. 12E +19	7. 55E +19	7. 88E +19	8. 06E +19	8. 23E +19	8. 63E +19
农膜	1. 13E +19	1. 21E +19	1. 27E +19	1. 31E +19	1. 34E +19	1. 51E +19
机械	5. 87E +18	6. 2E +18	6. 55E +18	6. 78E +18	7. 25E +18	7. 63E +18
农业用电	1. 7E +21	1. 77E +21	1. 8E +21	1. 8E +21	1. 87E +21	1. 98E +21
燃油（柴）	9. 14E +20	9. 47E +20	1. 06E +21	1. 08E +21	1. 13E +21	1. 19E +21
不可更新工业辅助能值	1. 15E +22	1. 2E +22	1. 25E +22	1. 28E +22	1. 34E +22	1. 38E +22
劳动力	9. 7E +21	9. 7E +21	9. 7E +21	9. 6E +21	9. 45E +21	9. 37E +21
畜力	9. 05E +21	9. 35E +21	9. 29E +21	8. 64E +21	8. 5E +21	7. 36E +21
种子	2. 31E +21	2. 28E +21	2. 28E +21	2. 24E +21	2. 08E +21	2. 05E +21
有机肥	4. 44E +21	4. 44E +21	4. 28E +21	4. 06E +21	4. 03E +21	4. 19E +21
可更新有机能值	2. 55E +22	2. 58E +22	2. 56E +22	2. 45E +22	2. 41E +22	2. 3E +22
总能值投入	8. 65E +22	9. 7E +22	8. 73E +22	8. 89E +22	8. 56E +22	9. 48E +22

	2006 年	2007 年	2008 年	2009 年	2010 年	2011 年
可更新环境资源能值	2. 68E +22	3. 69E +22	3. 56E +22	3. 58E +22	3. 16E +22	3. 85E +22
不可更新环境资源能值	2. 68E +22	2. 65E +22	2. 83E +22	2. 92E +22	2. 92E +22	2. 97E +22
化肥	1. 1E +22	1. 15E +22	1. 15E +22	1. 18E +22	1. 22E +22	1. 25E +22
农药	8. 85E +19	9. 72E +19	1E +20	1. 01E +20	1. 04E +20	1. 07E +20
农膜	1. 6E +19	1. 71E +19	1. 9E +19	2. 12E +19	2. 24E +19	2. 39E +19
机械	8. 04E +18	8. 5E +18	9. 48E +18	1. 02E +19	1. 11E +19	1. 21E +19
农业用电	2. 11E +21	2. 32E +21	2. 54E +21	2. 79E +21	2. 89E +21	3. 24E +21
燃油（柴）	1. 24E +21	1. 28E +21	1. 29E +21	1. 32E +21	1. 35E +21	1. 39E +21
不可更新工业辅助能值	1. 45E +22	1. 52E +22	1. 55E +22	1. 61E +22	1. 66E +22	1. 72E +22
劳动力	9. 38E +21	9. 38E +21	9. 56E +21	9. 64E +21	9. 7E +21	9. 64E +21

续表

	2006 年	2007 年	2008 年	2009 年	2010 年	2011 年
畜力	7. 47E +21	6. 86E +21	6. 43E +21	6. 1E +21	5. 45E +21	4. 77E +21
种子	2. 04E +21	1. 77E +21	1. 8E +21	1. 88E +21	1. 91E +21	1. 99E +21
有机肥	3. 99E +21	3. 11E +21	3. 26E +21	3. 36E +21	3. 35E +21	3. 4E +21
可更新有机能值	2. 29E +22	2. 11E +22	2. 11E +22	5. 24E +21	5. 26E +21	5. 38E +21
总能值投入	9. 09E +22	9. 97E +22	1E +23	8. 63E +22	8. 26E +22	9. 08E +22
	2012 年	2013 年	2014 年	2017 年	2016 年	2017 年
可更新环境资源能值	3. 89E +22	3. 9E +22	3. 81E +22	4. 34E +22	3. 68E +22	3. 94E +22
不可更新环境资源能值	2. 97E +22	2. 98E +22	2. 98E +22	2. 99E +22	2. 85E +22	2. 85E +22
化肥	1. 28E +22	1. 31E +22	1. 32E +22	1. 32E +22	1. 33E +22	1. 34E +22
农药	1. 1E +20	1. 12E +20	1. 17E +20	1. 21E +20	1. 39E +20	1. 17E +20
农膜	2. 53E +19	2. 65E +19	2. 81E +19	2. 95E +19	3. 09E +19	3. 04E +19
机械	1. 28E +19	1. 35E +19	1. 43E +19	1. 52E +19	1. 41E +19	1. 46E +19
农业用电	3. 65E +21	3. 94E +21	4. 39E +21	4. 83E +21	5. 5E +21	5. 96E +21
燃油（柴）	1. 44E +21	1. 48E +21	1. 51E +21	1. 51E +21	1. 48E +21	1. 32E +21
不可更新工业辅助能值	1. 8E +22	1. 86E +22	1. 93E +22	1. 97E +22	2. 05E +22	2. 08E +22
劳动力	9. 75E +21	9. 13E +21	1. 01E +22	1. 03E +22	1. 02E +22	1. 02E +22
畜力	4. 51E +21	4. 13E +21	3. 84E +21	3. 58E +21	3. 1E +21	2. 84E +21
种子	2. 04E +21	2. 07E +21	2. 01E +21	2. 08E +21	2. 12E +21	2. 08E +21
有机肥	3. 46E +21	3. 46E +21	3. 38E +21	3. 35E +21	3. 23E +21	3. 08E +21
可更新有机能值	5. 5E +21	5. 53E +21	5. 39E +21	5. 44E +21	5. 35E +21	5. 16E +21
总能值投入	9. 21E +22	9. 3E +22	9. 26E +22	9. 85E +22	9. 11E +22	9. 39E +22

表 8－5　2000—2017 年广西农业生态系统能值产出变化　　单位：sej

	2000 年	2001 年	2002 年	2003 年	2004 年	2005 年
谷物	7. 88E +21	7. 81E +21	7. 70E +21	7. 60E +21	7. 25E +21	7. 71E +21
豆类	7. 73E +20	7. 30E +20	6. 92E +20	6. 73E +20	6. 43E +20	6. 92E +20

续表

	2000 年	2001 年	2002 年	2003 年	2004 年	2005 年
薯类	2. 36E + 20	2. 25E + 20	2. 17E + 20	2. 09E + 20	2. 03E + 20	2. 16E + 20
棉花	1. 22E + 19	1. 36E + 19	1. 44E + 19	1. 03E + 19	1. 69E + 19	4. 31E + 19
油料	1. 33E + 21	1. 30E + 21	1. 27E + 21	1. 26E + 21	1. 32E + 21	1. 44E + 21
麻类	1. 79E + 19	1. 79E + 19	1. 62E + 19	1. 54E + 19	1. 45E + 19	1. 49E + 19
甘蔗	6. 66E + 21	8. 29E + 21	1. 04E + 22	1. 10E + 22	1. 13E + 22	1. 17E + 22
蔬菜（含菌类）	1. 09E + 21	1. 15E + 21	1. 21E + 21	1. 26E + 21	1. 33E + 21	1. 44E + 21
烟叶	1. 97E + 18	1. 94E + 18	1. 32E + 18	1. 34E + 18	1. 45E + 18	1. 68E + 18
种植业产出	1. 80E + 22	1. 95E + 22	2. 15E + 22	2. 21E + 22	2. 21E + 22	2. 32E + 22
猪肉	7. 41E + 22	7. 86E + 22	8. 33E + 22	8. 76E + 22	5. 50E + 22	6. 32E + 22
牛肉	3. 43E + 21	3. 81E + 21	4. 14E + 21	4. 75E + 21	5. 11E + 21	5. 92E + 21
羊肉	6. 97E + 20	7. 13E + 20	7. 47E + 20	8. 26E + 20	9. 01E + 20	1. 07E + 21
禽肉	6. 03E + 21	6. 55E + 21	7. 37E + 21	8. 31E + 21	9. 04E + 21	1. 03E + 22
牛奶	8. 33E + 19	1. 02E + 20	1. 54E + 20	1. 89E + 20	2. 39E + 20	2. 68E + 20
禽蛋	2. 06E + 21	2. 06E + 21	2. 13E + 21	2. 13E + 21	2. 29E + 21	2. 55E + 21
蜂蜜	1. 04E + 20	1. 10E + 20	1. 19E + 20	1. 17E + 20	1. 33E + 20	1. 86E + 20
蚕茧	5. 51E + 20	1. 04E + 21	1. 38E + 21	1. 63E + 21	2. 00E + 21	2. 76E + 21
畜牧业产出	8. 70E + 22	9. 30E + 22	9. 94E + 22	1. 06E + 23	7. 47E + 22	8. 63E + 22
水果	6. 39E + 20	7. 21E + 20	8. 09E + 20	1. 14E + 21	1. 25E + 21	1. 36E + 21
茶叶	3. 48E + 19	3. 67E + 19	3. 88E + 19	4. 14E + 19	4. 36E + 19	5. 63E + 19
橡胶	6. 58E + 16	5. 40E + 16	5. 43E + 16	5. 03E + 16	3. 89E + 16	3. 18E + 16
松脂	1. 01E + 19	1. 02E + 19	1. 06E + 19	1. 18E + 19	1. 32E + 19	1. 42E + 19
生漆	3. 00E + 15	3. 00E + 15	3. 00E + 15	3. 00E + 15	3. 00E + 15	3. 52E + 15
油桐籽	1. 15E + 21	1. 14E + 21	1. 04E + 21	1. 11E + 21	1. 02E + 21	1. 10E + 21
油茶籽	2. 16E + 21	2. 45E + 21	1. 98E + 21	1. 69E + 21	2. 10E + 21	2. 14E + 21
核桃	2. 35E + 18	2. 43E + 18	2. 09E + 18	1. 80E + 18	2. 47E + 18	3. 06E + 18
板栗	1. 97E + 20	2. 40E + 20	2. 83E + 20	2. 95E + 20	3. 55E + 20	4. 11E + 20
白果	3. 25E + 19	3. 28E + 19	3. 47E + 19	3. 83E + 19	4. 05E + 19	4. 84E + 19
八角	2. 36E + 20	3. 49E + 20	3. 62E + 20	3. 93E + 20	4. 70E + 20	5. 83E + 20
桂皮	1. 27E + 20	1. 18E + 20	1. 27E + 20	1. 14E + 20	1. 36E + 20	1. 55E + 20
茴油	1. 22E + 19	1. 13E + 19	1. 26E + 19	1. 31E + 19	1. 64E + 19	1. 71E + 19
桂油	5. 94E + 18	6. 04E + 18	5. 55E + 18	5. 12E + 18	5. 52E + 18	5. 35E + 18

续表

	2000 年	2001 年	2002 年	2003 年	2004 年	2005 年
竹笋干	9.50E+18	9.84E+18	1.02E+19	9.87E+18	1.04E+19	1.10E+19
木材	1.02E+21	1.30E+21	1.25E+21	1.46E+21	1.73E+21	1.89E+21
毛竹	7.05E+16	7.58E+16	6.70E+16	6.17E+16	7.10E+16	8.70E+16
林业产出	5.64E+21	6.43E+21	5.97E+21	6.32E+21	7.20E+21	7.79E+21
水产品	2.59E+22	2.68E+22	2.76E+22	2.86E+22	1.69E+22	3.07E+22
渔业产出	2.59E+22	2.59E+22	2.59E+22	2.59E+22	2.59E+22	2.59E+22
总产出	1.37E+23	1.45E+23	1.53E+23	1.60E+23	1.30E+23	1.43E+23

	2006 年	2007 年	2008 年	2009 年	2010 年	2011 年
谷物	7.59E+21	7.34E+21	7.33E+21	7.64E+21	7.41E+21	7.42E+21
豆类	6.79E+20	3.87E+20	3.95E+20	4.40E+20	4.07E+20	4.96E+20
薯类	2.08E+20	1.91E+20	1.90E+20	2.22E+20	1.96E+20	2.36E+20
棉花	2.00E+19	2.87E+19	2.87E+19	2.97E+19	2.97E+19	3.26E+19
油料	1.46E+21	7.67E+20	8.51E+20	9.55E+20	1.04E+21	1.14E+21
麻类	1.67E+19	1.62E+19	1.49E+19	1.34E+19	1.66E+19	1.66E+19
甘蔗	1.34E+22	1.75E+22	1.86E+22	1.70E+22	1.61E+22	1.65E+22
蔬菜（含菌类）	1.52E+21	1.36E+21	1.37E+21	1.44E+21	1.52E+21	1.59E+21
烟叶	2.10E+18	1.22E+18	1.47E+18	1.90E+18	1.36E+18	1.48E+18
种植业产出	2.49E+22	2.76E+22	2.88E+22	2.78E+22	2.68E+22	2.74E+22
猪肉	6.71E+22	7.01E+22	7.43E+22	7.90E+22	8.21E+22	8.15E+22
牛肉	6.49E+21	4.10E+21	4.38E+21	4.68E+21	4.80E+21	5.00E+21
羊肉	1.15E+21	7.61E+20	8.18E+20	8.90E+20	9.31E+20	9.06E+20
禽肉	1.14E+22	1.14E+22	1.23E+22	1.28E+22	1.35E+22	1.39E+22
牛奶	3.11E+20	3.47E+20	3.72E+20	4.00E+20	4.07E+20	4.41E+20
禽蛋	2.67E+21	2.38E+21	2.54E+21	2.74E+21	2.84E+21	2.98E+21
蜂蜜	1.47E+20	1.68E+20	1.49E+20	1.51E+20	1.73E+20	1.82E+20
蚕茧	3.68E+21	4.34E+21	4.16E+21	4.19E+21	4.93E+21	5.52E+21
畜牧业产出	9.29E+22	9.36E+22	9.89E+22	1.05E+23	1.10E+23	1.10E+23
水果	1.44E+21	1.53E+21	1.52E+21	1.79E+21	1.94E+21	2.17E+21
茶叶	5.54E+19	6.60E+19	6.40E+19	7.10E+19	7.60E+19	8.62E+19
橡胶	3.81E+16	3.71E+16	1.63E+16	1.79E+16	1.77E+16	9.99E+15
松脂	1.81E+19	2.04E+19	1.98E+19	2.20E+19	2.32E+19	2.50E+19

续表

	2006 年	2007 年	2008 年	2009 年	2010 年	2011 年
生漆	4. 17E + 15	3. 61E + 15	2. 34E + 15	1. 45E + 15	1. 36E + 15	1. 50E + 15
油桐籽	1. 18E + 21	1. 21E + 21	1. 26E + 21	1. 27E + 21	1. 32E + 21	1. 38E + 21
油茶籽	2. 27E + 21	2. 23E + 21	2. 32E + 21	2. 43E + 21	2. 62E + 21	2. 76E + 21
核桃	3. 74E + 18	4. 49E + 18	6. 28E + 18	5. 65E + 18	8. 32E + 18	8. 79E + 18
板栗	4. 74E + 20	5. 52E + 20	5. 11E + 20	5. 60E + 20	6. 54E + 20	6. 54E + 20
白果	5. 86E + 19	6. 29E + 19	6. 38E + 19	6. 91E + 19	7. 05E + 19	7. 29E + 19
八角	6. 08E + 20	6. 43E + 20	6. 62E + 20	7. 18E + 20	7. 60E + 20	8. 00E + 20
桂皮	1. 60E + 20	1. 71E + 20	1. 83E + 20	1. 93E + 20	2. 19E + 20	2. 28E + 20
茴油	1. 68E + 19	1. 74E + 19	1. 84E + 19	1. 99E + 19	2. 27E + 19	2. 52E + 19
桂油	6. 10E + 18	6. 49E + 18	6. 66E + 18	7. 02E + 18	7. 90E + 18	8. 64E + 18
竹笋干	1. 20E + 19	1. 25E + 19	1. 22E + 19	1. 34E + 19	1. 43E + 19	1. 52E + 19
木材	2. 46E + 21	4. 32E + 21	4. 22E + 21	3. 65E + 21	4. 81E + 21	5. 78E + 21
毛竹	9. 44E + 16	9. 78E + 16	1. 15E + 17	1. 18E + 17	1. 32E + 17	1. 44E + 17
林业产出	8. 77E + 21	1. 08E + 22	1. 09E + 22	1. 08E + 22	1. 26E + 22	1. 40E + 22
水产品	3. 20E + 22	2. 66E + 22	2. 70E + 22	2. 83E + 22	2. 98E + 22	3. 12E + 22
渔业产出	2. 59E + 22	2. 59E + 22	2. 59E + 22	2. 83E + 22	2. 98E + 22	3. 12E + 22
总产出	1. 53E + 23	1. 58E + 23	1. 65E + 23	1. 72E + 23	1. 79E + 23	1. 83E + 23
	2012 年	2013 年	2014 年	2017 年	2016 年	2017 年
谷物	7. 77E + 21	7. 93E + 21	7. 99E + 21	7. 91E + 21	7. 90E + 21	7. 22E + 21
豆类	4. 05E + 20	4. 00E + 20	4. 23E + 20	4. 11E + 20	4. 24E + 20	4. 24E + 20
薯类	2. 26E + 20	2. 54E + 20	2. 59E + 20	2. 73E + 20	2. 65E + 20	1. 67E + 20
棉花	3. 17E + 19	2. 87E + 19	4. 31E + 19	4. 31E + 19	3. 59E + 19	1. 44E + 19
油料	1. 24E + 21	1. 30E + 21	1. 39E + 21	1. 47E + 21	1. 57E + 21	1. 47E + 21
麻类	1. 50E + 19	9. 47E + 18	1. 62E + 19	1. 49E + 19	1. 52E + 19	8. 12E + 18
甘蔗	1. 78E + 22	1. 84E + 22	1. 80E + 22	1. 70E + 22	1. 69E + 22	1. 62E + 22
蔬菜（含菌类）	1. 64E + 21	1. 76E + 21	1. 44E + 21	1. 88E + 21	1. 98E + 21	2. 08E + 21
烟叶	1. 75E + 18	1. 93E + 18	1. 73E + 18	1. 42E + 18	1. 39E + 18	1. 27E + 18
种植业产出	2. 91E + 22	3. 01E + 22	2. 96E + 22	2. 90E + 22	2. 91E + 22	2. 76E + 22
猪肉	8. 58E + 22	8. 88E + 22	9. 05E + 22	8. 80E + 22	8. 49E + 22	8. 67E + 22
牛肉	4. 86E + 21	5. 01E + 21	5. 05E + 21	5. 05E + 21	5. 15E + 21	4. 10E + 21
羊肉	9. 16E + 20	9. 02E + 20	9. 02E + 20	9. 02E + 20	9. 19E + 20	9. 31E + 20

续表

	2012 年	2013 年	2014 年	2015 年	2016 年	2017 年
禽肉	1.47E+22	1.46E+22	1.38E+22	1.43E+22	1.46E+22	1.45E+22
牛奶	4.64E+20	4.76E+20	4.81E+20	5.01E+20	4.79E+20	4.02E+20
禽蛋	3.10E+21	3.22E+21	3.15E+21	3.25E+21	3.28E+21	3.43E+21
蜂蜜	2.17E+20	2.24E+20	2.42E+20	2.61E+20	2.65E+20	2.80E+20
蚕茧	5.88E+21	6.02E+21	6.34E+21	6.73E+21	7.05E+21	7.38E+21
畜牧业产出	1.16E+23	1.19E+23	1.21E+23	1.19E+23	1.17E+23	1.18E+23
水果	2.35E+21	2.55E+21	2.77E+21	3.05E+21	3.34E+21	3.37E+21
茶叶	9.58E+19	1.05E+20	1.14E+20	1.24E+20	1.32E+20	1.40E+20
橡胶	1.05E+16	4.68E+16	8.06E+15	5.48E+15	7.50E+15	5.67E+15
松脂	2.67E+19	2.75E+19	2.85E+19	2.85E+19	3.14E+19	3.26E+19
生漆	1.59E+15	1.73E+15	1.64E+15	2.02E+15	2.20E+15	1.98E+16
油桐籽	1.41E+21	1.42E+21	1.50E+21	1.52E+21	1.52E+21	1.56E+21
油茶籽	2.99E+21	3.07E+21	3.24E+21	3.49E+21	3.65E+21	4.11E+21
核桃	1.02E+19	1.09E+19	1.08E+19	1.30E+19	2.00E+19	2.17E+19
板栗	7.37E+20	8.23E+20	8.26E+20	9.02E+20	9.48E+20	9.81E+20
白果	7.58E+19	7.71E+19	7.87E+19	8.06E+19	8.23E+19	7.84E+19
八角	8.71E+20	9.13E+20	9.85E+20	1.03E+21	1.07E+21	1.10E+21
桂皮	2.43E+20	2.66E+20	2.62E+20	2.80E+20	2.84E+20	3.09E+20
茴油	2.59E+19	2.85E+19	3.02E+19	3.17E+19	3.41E+19	3.47E+19
桂油	9.09E+18	9.86E+18	9.28E+18	1.01E+19	1.05E+19	1.06E+19
竹笋干	1.64E+19	1.76E+19	1.93E+19	1.99E+19	1.93E+19	2.07E+19
木材	6.32E+21	8.67E+21	8.72E+21	1.13E+22	1.29E+22	1.44E+22
毛竹	1.55E+17	1.62E+17	1.88E+17	2.58E+17	2.11E+17	2.24E+17
林业产出	1.52E+22	1.80E+22	1.86E+22	2.19E+22	2.41E+22	2.62E+22
水产品	3.28E+22	3.45E+22	3.59E+22	3.74E+22	3.91E+22	3.46E+22
渔业产出	3.28E+22	3.45E+22	3.59E+22	3.74E+22	3.91E+22	3.46E+22
总产出	1.93E+23	2.02E+23	2.05E+23	2.07E+23	2.09E+23	2.06E+23

表 8-6　2000—2017 年广西农业生态系统综合能值评价指标

年份	能值自给率（%）	净能值产出率（%）	能值投资率（%）	环境负载率（%）	可持续发展指数
2000	0.57	3.69	0.75	2.30	1.60

续表

年份	能值自给率（%）	净能值产出率（%）	能值投资率（%）	环境负载率（%）	可持续发展指数
2001	0.61	3.83	0.64	1.74	2.21
2002	0.56	4.01	0.77	2.39	1.68
2003	0.58	4.28	0.72	2.21	1.94
2004	0.56	3.47	0.78	2.86	1.21
2005	0.61	3.90	0.63	2.03	1.92
2006	0.59	4.08	0.70	2.40	1.70
2007	0.64	4.35	0.57	1.70	2.55
2008	0.64	4.50	0.57	1.82	2.47
2009	0.75	8.06	0.33	1.41	5.71
2010	0.74	8.20	0.36	1.62	5.07
2011	0.75	8.10	0.33	1.36	5.96
2012	0.74	8.20	0.34	1.37	5.99
2013	0.74	8.35	0.35	1.38	6.04
2014	0.73	8.29	0.36	1.43	5.80
2015	0.74	8.23	0.34	1.27	6.49
2016	0.72	8.09	0.40	1.48	5.48
2017	0.72	7.94	0.38	1.38	5.74

一、广西农业生态系统能值投入动态分析

从表 8-4 中可以看出，2000—2017 年广西农业系统能值投入总量在波动中呈先增长再下降的趋势，但总体上有所增加，18 年来共计增加了 9%。这是四类能值投入综合作用的结果，其中，可更新环境资源能值投入增加了 50%，不可更新环境资源能值投入增加了 22%，不可更新工业辅助能值投入增加了 81%，但可更新有机能值投入减少了 80%。值得注意的是，在 2000—2017 年广西农业生产过程中，对环境的依赖程度越来越高的同时，大幅度增加了不可更新工业辅助能值的投入，但可更新有机能值投入大幅度减少，这样做不利于广西农业的可持续发展。

更深入地分析发现，在总辅助能投入中，增加最快的是农业用电，增

加了 251%，其次是农膜和机械，分别增加了 169% 和 149%；下降最快的是畜力，下降了 69%，其次是有机肥下降了 31%。这说明广西农业生产正在从传统农业向现代农业过渡，但这个过程应该结合生态环境保护和资源持续利用，发展生态农业。

二、广西农业生态系统能值产出动态分析

从表 8-5 中可以看出，2000—2017 年广西农业生态系统能值产出总体在波动中增加，增长了 50%。2000 年农林牧渔的能值产出量比关系为 13∶5∶64∶8，2017 年农林牧渔的能值产出量比关系为 13∶13∶57∶17。可以看出，广西农业产业结构得到优化，林业得到长足发展，农业系统从以种植业和畜牧业为主导转换为种植业、林业、畜牧业协调发展。但由于广西属于喀斯特地区，一定程度上限制了种植业和林业的发展，所以畜牧业始终占主导地位。

从产出结构来看，各项能值产出的绝对量均有提高。从表 8-5 中可以看出，种植业产出上涨了 53%，主要是受甘蔗和蔬菜大面积扩种导致产量增加的影响，18 年来甘蔗和蔬菜的能值分别增加了 143% 和 91%。与此同时，麻类和烟叶的能值产出分别下降了 55% 和 36%。畜牧业一直稳居广西农业系统能值产出首位，且 2000—2017 年增加了 35%，其中蚕茧增加最快，增加了 12.4 倍，这与广西承接产业转移中的“东桑西移”，大面积扩种桑树来养蚕有关；其次是牛奶的能值产出增加了 3.8 倍，说明广西大力发展畜牧业，尤其近年来大力支持壮牛、水牛奶的生产，效果显著。2000 年以来，畜牧业中各类项目的能值均有所增加，无一减少，说明随着经济社会发展，人们对肉、蛋、奶的需求增加，促使其经济效益增加，提高了人们对畜牧业生产的积极性。2000—2017 年，广西林业发展迅速，林产品能值产出增加了 3.7 倍，在农林牧渔中增长最快。这主要得益于木材的大幅度增长，增长了 13.1 倍，这与广西属于亚热带气候，适宜木材生产，同时广西大力扶持木材生产的各个环节，促进了木材产业的快速发展有关。另外，核桃、生漆和水果也分别增加了 8.3 倍、5.6 倍和 4.3 倍，这主要

因为人们的收入和生活水平提高，更加注重健康和生活质量，对核桃、生漆、水果的需求增加，且广西大力发展现代特色农业，促进了这些农产品的发展。值得注意的是，广西渔业产品能值增加了34%，说明广西进一步利用江、海优势发展渔业，这也符合社会经济发展过程中的市场需求。

三、广西农业生态系统能值评价综合指标分析

（一）净能值产出率

从表8－6中可以看出，2000—2017年广西农业生态系统的净能值产出率增长较快，从2000年的3.69增加到2017年的7.94，18年来呈波动上涨趋挚，总体增加了115.2%。尤其2009年从2008年的4.50提高到了8.06，这主要由于广西政府开始因地制宜，大力调整农业产业结构，促进农业自然资源合理利用，所以产出大幅提高。但也应该看到，目前广西农业生产处于传统的粗放生产状态，投入要素不足且质量不高，如土地资源贫瘠，农民文化素养低，导致生产率低，这将制约广西农业经济发展。

（二）能值投资率

从表8－6中可以看出，2000—2017年广西的能值投资率一直处于波动下降趋势，从2000年的0.75下降到2017年的0.38，总体下降了49.3%。这表明广西农业生态系统欠发达，经济能值投入不足，自然环境资源利用不充分，制约了农业的发展。究其原因，尽管该期间系统的不可更新工业辅助能值投入明显增加，但可更新有机能值投入呈下降趋势，且下降速度较快，最终导致总辅助能下降了30%。因此，广西应该积极增加经济能值投入，尤其是引进现代农业科学技术，提高自然环境资源利用率，促进农业往现代化方向发展。

（三）能值自给率

从表8－6中可以看出，2000—2017年广西农业生态系统的能值自给率总体呈上升趋势，从2000年的0.57上涨到2017年的0.72，上涨了

26.3%。可以看出，广西农业生态系统对当地环境资源依赖程度较高。究其原因，2000—2017年广西农业生态系统的可更新环境资源能值和不可更新环境资源能值投入均有所增加，分别增加了50%和22%。同时，系统的经济能值投入不足也是能值自给率增加的原因。因此，广西农业生产过程中应该积极增加辅助能值，从而高效利用自然资源，促进农业生产效率提高。

（四）环境负载率

从表8-6中可以看出，2000—2017年广西的环境负载率在波动中呈下降趋势，从2000年的2.30下降到2017年的1.38，说明广西农业生态系统对当地环境也造成了一定压力，但压力有所减少。可喜的是，广西农业生态系统环境负载率逐渐低于全国平均水平的2.08，所以增加农业投入的空间还很充足。但在这个过程中应该兼顾生产发展和环境保护，通过调整能值投入结构，适量减少化肥及化石能源投入量，积极引进农业科学技术，提高可更新环境资源的利用率才是可行且可持续的做法。

（五）可持续发展指数

从表8-6中可以看出，广西农业生态系统的可持续发展指数在18年间呈波动上升趋势，且上升幅度较大，从2000年的1.60增加到2017年的5.74，增加了2.59倍。说明广西农业生态系统处于较可持续状态，且趋势逐渐向好。

第六节　基于能值的广西农业生态系统可持续发展评价结果分析

本章采用能值理论及方法，对2016年广西农业生态系统的能值投入产出结构进行了静态分析，并对2000—2017年的能值投入产出变化特征及其与当地环境的关系进行了动态的分析。另外，通过能值综合评价指标对2000—2017年广西农业生态系统的可持续性发展能力进行了定量分析。

从静态的分析结果可以看出，2016 年广西农业生态系统能值总投入为 1.04E +23 sej，能值总产出为 2.09E +23 sej。在各项能值投入中，可更新环境资源能值投入量最大，为 3.68E +22 sej，占能值总投入的 35.2%。在各项能值产出中，畜牧业能值产出最大，为 1.17E +23 sej，占系统能值总产出的 55.8%。通过对 2016 年广西农业生态系统综合评价指标体系的分析，发现广西农业生态系统整体运行良好，对环境造成的压力较小。2016 年，广西农业生态系统的可持续指数是 5.48，处于低程度的可持续发展状态。但农业生产中主要依靠可更新自然资源，辅助能值投入量不足会在一定程度上制约农业发展。

通过动态的分析结果可以看出，2000—2017 年广西农业生态系统的能值投入结构有所优化，自然资源能值和辅助能值总量均有所增加，但辅助能值中可更新有机能值投入大幅度减少，说明一方面对环境依赖程度越来越高，另一方面不可更新工业辅助能值投入大幅增加，这样虽然可以促进广西农业快速发展，但不利于广西农业的可持续发展。2000—2017 年，广西农业生态系统能值产出不断上涨，总体增加了 50%。广西农业生产效率逐渐提高，系统的净能值产出率增加了 115.1%。广西农业生态系统的可持续发展指数从 2000 年的 1.60 增加到 2017 年的 5.74，说明广西农业生态系统处于较可持续状态，系统优化潜力仍然较大。因此，从总体来看，广西农业生态系统发展状态相对较好，但仍需在农业投入、生产效率、发展方式等方面进一步改进，从而促进农业可持续发展。

第九章　广西耕地可持续利用评价

第一节　基于能值生态足迹的广西耕地可持续利用评价

一、评价目的

耕地是人类生存和发展的重要物质基础。广西是农业大省，有“八山一水一分田”之称，耕地资源紧缺。2012 年印发的《广西壮族自治区主体功能区规划》提出，到 2020 年广西城镇化率将达到 55% 以上。随着广西城镇化进程的不断加快，建设用地需求越来越大，不得不占用部分质量较好、区位较优的耕地。即使实现占补平衡，由于新增耕地有一个熟化和培肥地力的过程，总体耕地质量仍呈下降趋势，从而直接对广西粮食安全和社会稳定造成威胁。合理地认识和评价耕地资源的贡献，协调好城镇化发展与耕地可持续利用之间的关系，实现区域可持续发展，是广西城镇化进程中的重要课题之一。2017 年，广西耕地有 438.75 万公顷，人均耕地仅 0.078 公顷，仅为全国平均水平的 80%。因此，本章将能值和生态足迹引入广西耕地利用研究中，定量分析城镇化进程中耕地的价值和可持续利用状况，并找出影响耕地可持续利用的驱动因素，这将对广西各级政府部门的科学决策具有重要的理论和现实意义，同时也可以为其他省区市类似研究提供重要的参考和借鉴价值。

二、评价方法

（一）数据来源

本章利用能值生态足迹法计算广西耕地的能值生态足迹和能值承载力的时间区间是2005—2015年。原始数据包括广西的资源、环境、人口、经济、社会等方面，数据主要来源于中国气象数据网、Wind数据库和《中国统计年鉴》《广西统计年鉴》《广西国民经济和社会发展统计公报》《广西水资源公报》等。由于不同地区、不同年份统计指标不同，且部分地区、部分年份数据缺失，因此只能根据实际获取的相关数据进行计算分析，计算过程中部分数据需要经过处理并在文中注明。

（二）本地参数确定

将耕地所对应的生物资源账户细分为不同的项目，各项目的生产量通过能值生态足迹模型转化为提供这些产品所需的生物生产性土地面积，包括谷物、豆类、薯类、棉花、油料、麻类、甘蔗、蔬菜（含菌类）、烟叶等9个项目。

计算过程中耕地生物资源账户的9个项目的能量折算系数参照骆世明的《农业生态学》一书，能值转换率参考蓝盛芳的《生态经济系统能值分析》一书，具体数值见表9－1。

表9－1　耕地生物资源账户各项目的能量折算系数、能值转换率

土地类型	项目	能量折算系数（J/t）	能值转换率（sej/J）
耕地	谷物	1.55E+10	3.59E+04
耕地	豆类	2.07E+10	8.30E+04
耕地	薯类	4.20E+09	8.30E+04
耕地	棉花	1.67E+10	8.60E+05
耕地	油料	2.64E+10	8.60E+04
耕地	麻类	1.63E+10	8.30E+04
耕地	甘蔗	2.70E+09	8.40E+04

续表

土地类型	项目	能量折算系数（J/t）	能值转换率（sej/J）
耕地	蔬菜（含菌类）	2.50E+09	2.70E+04
耕地	烟叶	1.88E+09	2.70E+04

（三）可持续性利用指数计算

$$sei = \frac{eef}{eef + eec} \qquad (9-1)$$

式中，*sei* 为可持续性利用指数，其值介于 0～1 之间，值越小说明耕地可持续利用能力越好。如果可持续性利用指数等于 0.5，即区域的人均耕地能值生态足迹刚好等于人均耕地能值生态承载力，说明区域耕地利用处于可持续状态的边缘；可持续性利用指数越接近 1，说明区域发展过程中耕地生态环境压力越大，越不可持续利用。

三、评价结果分析

（一）广西耕地能值生态承载力

1. 2015 年广西耕地能值生态承载力

能值生态足迹模型中的耕地能值生态承载力计算公式显示，将太阳辐射能、风能、雨水势能、雨水化学能及地球旋转能 5 种有效能分别乘以对应的能值转换率，就可以得到与之相对应的太阳能值（见表 9－2）。太阳辐射能、风能、雨水势能、雨水化学能都来自地球外部，是由太阳能转化而来的，而地球旋转能来自地球内部，所以为了避免重复计算，用前 4 种能值中最大的一种能值加上最后一种能值，就得到了广西的可更新资源总能值。从表 9－2中可以看出，2015 年广西耕地可更新资源总能值为 6.51E+21sej 与1.85E+21sej的和，即 8.36E+21sej。人均能值为耕地总能值与人口数的比值，2015 年广西总人口为 4796 万人，即人均能值为：8.36E+21sej 与 4.80E+06 的比值，为 1.74E+14sej/人。根据 Odum 等的研究成果可知，全球平均能值密度为 3.10E+14sej/hm^2，并根据公式（3－12）可以计算出 2015 年广西耕地总人均能值生态承载力为5.62E-01hm²/人。其中，扣除12%生物多样性保留用地后的可利用耕地人均能值生态承载力为4.95E-01 hm²/人。

表9-2　2015年广西的耕地人均太阳能值及人均耕地能值生态承载力

类型	有效能（J）	能值转换率（sej/J）	太阳能值（sej）	人均能值（sej/人）	人均能值生态承载力（hm²/人）
太阳辐射能	2.24E+20	1.00E+00	2.24E+20	4.67E+12	1.51E-02
风能	3.42E+17	6.63E+02	2.26E+20	4.72E+12	1.52E-02
雨水势能	6.68E+17	8.89E+03	5.94E+21	1.24E+14	4.00E-01
雨水化学能	4.21E+17	1.54E+04	6.51E+21	1.36E+14	4.38E-01
地球旋转能	6.38E+16	2.90E+04	1.85E+21	3.86E+13	1.25E-01
能值生态承载力			8.36E+21	1.74E+14	5.62E-01
扣除12%生物多样性保留用地					6.74E-02
可利用能值生态承载力					4.95E-01

2. 2005—2015年广西耕地能值生态承载力

2005—2015年，广西的耕地面积见表9-3，广西的人口和降水量见表9-5。用与上述2015年广西耕地能值生态承载力相同的计算思路和方法，逐一计算出2005—2015年广西的耕地可更新资源的太阳能值（见表9-4）。从计算结果可以看出，2005—2015年广西的太阳辐射能、风能、地球旋转能都未发生变化，变化的只有雨水势能和雨水化学能。这是因为该时期广西的耕地面积、海拔都没有变化，只有每年降水量不一样，从而导致雨水势能和雨水化学能每年的计算结果不一样，即降水量大的年份雨水势能和雨水化学能就大，反之就小。

表9-3　2005—2015年广西的耕地面积　　单位：万公顷

年份	2005	2006	2007	2008	2009	2010	2011	2012	2013	2014	2015
总面积	440.8	440.8	421.5	421.8	443.1	442.5	442.2	441.4	441.9	441.0	440.2

同样，从计算结果可以看出，2005—2015年广西耕地的雨水化学能均高于雨水势能，因此该时期广西耕地的可更新资源总能值都是由当年的雨水化学能和地球旋转能相加所得。

表 9-4　2005—2015 年广西的耕地可更新资源的太阳能值　　单位：sej

年份	太阳辐射能	风能	雨水势能	雨水化学能	地球旋转能
2005	2.24E+20	2.27E+20	4.44E+21	4.86E+21	1.85E+21
2006	2.24E+20	2.27E+20	3.56E+21	3.90E+21	1.85E+21
2007	2.15E+20	2.17E+20	5.43E+21	5.94E+21	1.77E+21
2008	2.15E+20	2.17E+20	4.78E+21	5.23E+21	1.77E+21
2009	2.26E+20	2.28E+20	4.77E+21	5.23E+21	1.86E+21
2010	2.25E+20	2.28E+20	4.01E+21	4.39E+21	1.86E+21
2011	2.25E+20	2.27E+20	5.15E+21	5.64E+21	1.86E+21
2012	2.25E+20	2.27E+20	5.21E+21	5.70E+21	1.86E+21
2013	2.25E+20	2.27E+20	5.22E+21	5.71E+21	1.86E+21
2014	2.25E+20	2.27E+20	5.04E+21	5.51E+21	1.85E+21
2015	2.24E+20	2.26E+20	5.94E+21	6.51E+21	1.85E+21

由表 9-4 中的 5 种耕地可更新资源的太阳能值可以计算出 2005—2015 年广西耕地可更新资源总能值，再和当年人口数量相除，即可得到广西每年的人均耕地能值。人均耕地能值除以耕地面积即得到每年的耕地能值密度。从表 9-5 中可以看出，2005—2015 年广西的人均耕地能值及耕地能值密度具有一定的波动性，主要因为每年的可更新资源总能值处于波动无规律状态。同时，2005—2015 年广西的耕地能值密度均高于全球平均能值密度，最大值出现在 2015 年，为 1.90E+15 sej/hm^2，最小值是 2006 年的 1.31E+15 sej/hm^2。

表 9-5　2005—2015 年广西的人均耕地能值及耕地能值密度

年份	年降水量（mm）	人口（万人）	可更新资源总能值（sej）	人均能值（sej/人）	区域能值密度（sej/hm^2）
2005	1446	4660	6.72E+21	1.44E+14	1.52E+15
2006	1159	4719	5.75E+21	1.22E+14	1.31E+15
2007	1848	4768	7.71E+21	1.62E+14	1.83E+15
2008	1625	4816	7.00E+21	1.45E+14	1.66E+15
2009	1546	4856	7.09E+21	1.46E+14	1.60E+15
2010	1301	4610	6.25E+21	1.36E+14	1.41E+15

续表

年份	年降水量（mm）	人口（万人）	可更新资源总能值（sej）	人均能值（sej/人）	区域能值密度（sej/hm²）
2011	1671	4645	7.50E+21	1.61E+14	1.70E+15
2012	1693	4682	7.56E+21	1.61E+14	1.71E+15
2013	1695	4719	7.57E+21	1.60E+14	1.71E+15
2014	1639	4754	7.37E+21	1.55E+14	1.67E+15
2015	1937	4796	8.36E+21	1.74E+14	1.90E+15

根据表9-5中已计算出的2005—2015年广西耕地可更新资源的人均太阳能值以及全球平均能值密度，就可计算出2005—2015年广西耕地生物生产性土地面积，即耕地总能值生态承载力，再扣除生物多样性保留所需的12%的用地后，可得到耕地的人均能值生态承载力。2005—2015年，广西人均耕地能值生态承载力的计算结果见表9-6。

表9-6　2005—2015年广西人均耕地能值生态承载力

年份	全球平均能值密度（sej/hm²）	总人均能值生态承载力（hm²/人）	扣除12%的人均能值生态承载力（hm²/人）
2005	3.10E+14	4.65E-01	4.09E-01
2006	3.10E+14	3.93E-01	3.46E-01
2007	3.10E+14	5.22E-01	4.59E-01
2008	3.10E+14	4.69E-01	4.13E-01
2009	3.10E+14	4.71E-01	4.14E-01
2010	3.10E+14	4.37E-01	3.85E-01
2011	3.10E+14	5.21E-01	4.58E-01
2012	3.10E+14	5.21E-01	4.58E-01
2013	3.10E+14	5.18E-01	4.56E-01
2014	3.10E+14	5.00E-01	4.40E-01
2015	3.10E+14	5.62E-01	4.95E-01

从表9-6中可以看出，2005—2015年广西人均耕地能值生态承载力呈现波动变化，总体趋势有所上升。在2015年出现最大值，为4.95E-01 hm²/人；其次是2007年的4.59E-01hm²/人；2006年最小，仅为

3.46E-01hm²/人。由于耕地可更新资源总能值和降水量直接相关，而各年份广西人口数量变化不大，所以如果当年雨水丰沛降水量较高，则相应的耕地可更新资源总能值就比较大，人均耕地能值生态承载力也比较大。

从更深层次分析，2005—2015 年广西耕地能值生态承载力呈现波动的年际变化的原因是，一方面广西社会经济发展过程中对耕地的依赖程度比较大，使广西生态系统难以承受；另一方面，依靠耕地的自然资源环境自身的修复功能，广西耕地生态环境可以在一定程度上自我恢复，这就使广西耕地生态系统的承受能力既有下降，又有所上升。同时，自“十二五”规划以来，广西在国家五大发展理念推动下，不断加大对生态文明建设的重视程度，在一定程度上减少了社会经济发展对耕地生态系统的破坏，并采取措施进一步提高了耕地自然生态环境的自我修复能力，所以 2011 年以来，广西耕地能值生态承载力都相对较高。

（二）广西耕地能值生态足迹

1. 2015 年广西耕地能值生态足迹

用 2015 年广西耕地账户中 9 个项目的消费量，乘以各自的能量折算系数，分别得到各个项目的有效能，再用各个项目的有效能乘以各自的能值转换率就可以计算出各个项目的太阳能值。用 9 个项目的太阳能值再除以 2015 年广西的人口数量，就可以得到各个项目的人均能值，最后用各个项目的人均能值除以 2015 年广西的区域能值密度 1.90E+15 sej/hm²，就得到 9 个项目的人均耕地能值生态足迹（见表 9-7）。

表 9-7　2015 年广西耕地类型（9 个项目）的人均能值生态足迹

项目	有效能（J）	能值转换率（sej/J）	太阳能值（sej）	人均能值（sej/人）	人均能值生态足迹（hm²/人）
谷物	2.20E+17	3.59E+04	7.91E+21	1.65E+14	8.69E-02
豆类	4.95E+15	8.30E+04	4.11E+20	8.56E+12	4.51E-03
薯类	3.29E+15	8.30E+04	2.73E+20	5.70E+12	3.00E-03
棉花	5.01E+13	8.60E+05	4.31E+19	8.98E+11	4.73E-04
油料	1.71E+16	8.60E+04	1.47E+21	3.06E+13	1.61E-02

续表

项目	有效能（J）	能值转换率（sej/J）	太阳能值（sej）	人均能值（sej/人）	人均能值生态足迹（hm^2/人）
麻类	1.79E+14	8.30E+04	1.49E+19	3.10E+11	1.63E-04
甘蔗	2.03E+17	8.40E+04	1.70E+22	3.55E+14	1.87E-01
蔬菜（含菌类）	6.97E+16	2.70E+04	1.88E+21	3.92E+13	2.07E-02
烟叶	5.26E+13	2.70E+04	1.42E+18	2.96E+10	1.56E-05

将表9-7中2015年广西耕地的人均能值生态足迹进行加总，即可得到广西耕地的总能值生态足迹。将2015年广西耕地总能值生态足迹和2015年广西人口数量相除，得到2015年广西的人均耕地能值生态足迹，为3.19E-01hm^2/人（见表9-8）。

表9-8　2015年广西耕地类型的人均能值生态足迹

土地类型	总能值生态足迹（hm^2）	人均能值生态足迹（hm^2/人）
耕地	1.53E+07	3.19E-01

2. 2005—2015年广西耕地能值生态足迹

根据2015年广西人均耕地能值生态足迹的计算方法，通过广西2005—2015年耕地资源账户9个项目的生产量，即可得到2005—2015年广西耕地人均能值生态足迹，见表9-9。

表9-9　2005—2015年广西耕地人均能值生态足迹

年份	太阳能值（sej）	人均能值（sej/人）	人均能值生态足迹（hm^2/人）
2005	2.32E+22	4.99E+14	3.27E-01
2006	2.49E+22	5.28E+14	4.05E-01
2007	2.76E+22	5.80E+14	3.17E-01
2008	2.88E+22	5.98E+14	3.60E-01
2009	2.78E+22	5.72E+14	3.57E-01
2010	2.68E+22	5.81E+14	4.11E-01
2011	2.74E+22	5.90E+14	3.48E-01

续表

年份	太阳能值（sej）	人均能值（sej/人）	人均能值生态足迹（hm^2/人）
2012	2.91E+22	6.21E+14	3.63E-01
2013	3.01E+22	6.37E+14	3.72E-01
2014	2.96E+22	6.23E+14	3.73E-01
2015	2.90E+22	6.05E+14	3.19E-01

从表9-9中可以看出，2005—2015年广西耕地的人均能值生态足迹变化幅度相对比较稳定。最大值出现在2010年的4.11E-01 hm^2/人，最小值为2007年的3.17E-01 hm^2/人，差距较小。这说明，广西在城镇化进程中对耕地的保护工作较为扎实，且效果稳定。

（三）广西耕地能值生态盈亏

根据2005—2015年广西的人均耕地能值生态承载力和人均耕地能值生态足迹计算结果，通过利用各个年份的人均耕地能值生态承载力减去相应年份的人均耕地能值生态足迹，就可以计算出当年广西的耕地能值生态盈亏。2005—2015年广西耕地能值生态盈亏的计算结果见表9-10。

表9-10　2005—2015年广西耕地能值生态盈亏　　单位：hm^2/人

年份	人均能值生态足迹	人均能值生态承载力	能值生态盈亏
2005	3.27E-01	4.09E-01	8.19E-02
2006	4.05E-01	3.46E-01	-5.87E-02
2007	3.17E-01	4.59E-01	1.43E-01
2008	3.60E-01	4.13E-01	5.23E-02
2009	3.57E-01	4.14E-01	5.69E-02
2010	4.11E-01	3.85E-01	-2.60E-02
2011	3.48E-01	4.58E-01	1.10E-01
2012	3.63E-01	4.58E-01	9.52E-02
2013	3.72E-01	4.56E-01	8.37E-02
2014	3.73E-01	4.40E-01	6.74E-02
2015	3.19E-01	4.95E-01	1.76E-01

为了更直观地表示2005—2015年广西人均耕地能值生态足迹、人均耕地能值生态承载力和耕地能值生态盈亏的动态变化趋势，笔者绘制了图9-1。

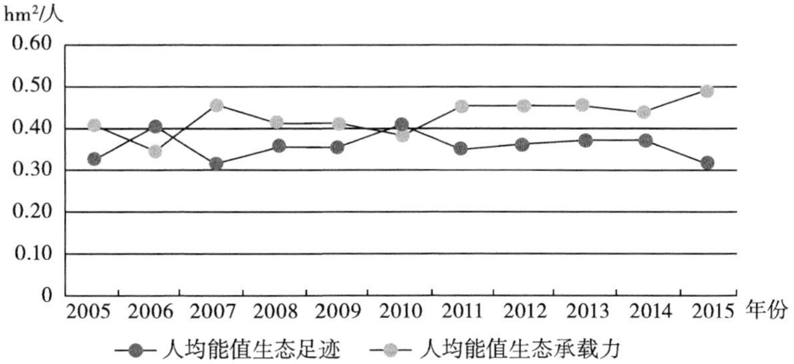

图9-1　2005—2015年广西人均耕地能值生态足迹和人均耕地能值生态承载力的动态变化

从图9-1中可以看出，2005—2015年广西耕地的人均能值生态足迹具有一定的波动，但没有明显上升趋势。2005年广西人均耕地能值生态足迹为3.27E-01 hm^2/人，2015年为3.19E-01 hm^2/人。而广西人均耕地能值生态承载力处于一定波动上升态势，由2005年的4.09E-01 hm^2/人上升到2015年的4.95E-01hm^2/人，上升了21.03%。并且，除了2006年和2010年以外，2005—2015年广西耕地基本都处于能值生态盈余状态，说明广西城镇化进程中耕地可持续利用水平较高。但值得注意的是，尽管广西耕地大多处于能值生态盈余状态，但盈余数额较小，如2008年广西耕地能值生态盈余仅为5.23E-02 hm^2/人。

（四）广西耕地可持续性利用指数分析

根据前文中计算的广西人均耕地能值生态足迹和人均耕地能值生态承载力即可计算广西耕地可持续性利用指数。为了方便比较，笔者制作了2005—2015年广西耕地的可持续性利用指数，见表9-11。

表 9 - 11　2005—2015 年广西耕地可持续性利用指数

年份	人均能值生态足迹（hm^2/人）	人均能值生态承载力（hm^2/人）	可持续性利用指数
2005	3. 27E - 01	4. 09E - 01	0. 44
2006	4. 05E - 01	3. 46E - 01	0. 54
2007	3. 17E - 01	4. 59E - 01	0. 41
2008	3. 60E - 01	4. 13E - 01	0. 47
2009	3. 57E - 01	4. 14E - 01	0. 46
2010	4. 11E - 01	3. 85E - 01	0. 52
2011	3. 48E - 01	4. 58E - 01	0. 43
2012	3. 63E - 01	4. 58E - 01	0. 44
2013	3. 72E - 01	4. 56E - 01	0. 45
2014	3. 73E - 01	4. 40E - 01	0. 46
2015	3. 19E - 01	4. 95E - 01	0. 39

为了更直观地表达，笔者制作了 2005—2015 年广西耕地可持续性利用指数趋势图，如图 9 - 2 所示。

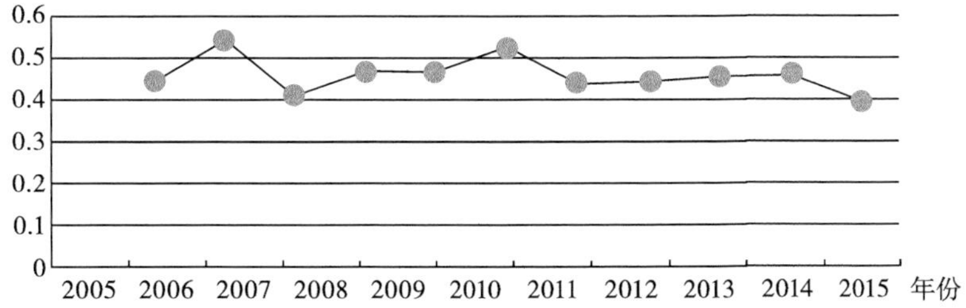

图 9 - 2　2005—2015 年广西耕地的可持续性利用指数趋势

从图 9 - 2 中可以看出，2005—2015 年广西耕地的可持续性利用指数呈波动下降趋势，由 2005 年的 0. 44 下降到 2015 年的 0. 39，说明广西耕地的可持续性利用趋于较好状态发展。但值得注意的是，2005—2015 年广西耕地的可持续性利用指数均在 0. 5 左右，说明广西的人均耕地能值生态承载力与人均耕地能值生态足迹相当，在城镇化进程中必须高度重视耕地的可持续性利用，否则很有可能导致耕地破坏，如 2006 年和 2010 年广西耕地的可持续性利用指数分别为0.54和0.52，均高于0.5，说明2006年和2010年广西的耕地处于不可持续利用状态。

（五）广西耕地能值生态足迹变化的社会经济驱动因素分析

由于本部分的样本时间序列为11年，选择的影响因素为9个，通过多种方法对比和向专家咨询，为了更准确、更真实地反映研究结果，驱动因素分析采用偏最小二乘回归方法。根据上文计算的2005—2015年广西的人均耕地能值生态足迹数据，选择相关社会经济影响因素指标，通过专业的偏最小二乘回归分析软件SIMCA－P11.5构建PLS模型，进行广西人均耕地能值生态足迹的社会经济影响因素的回归分析。

1. 人均耕地能值生态足迹的影响因素选择

影响区域人均耕地能值生态足迹的因素复杂多样，根据广西经济社会发展的实际情况、环境保护和资源利用现状、区域人口消费型特征、外部宏观经济发展大环境，选取可能对广西人均耕地能值生态足迹有影响的9个因素进行定量分析。这9个因素分别是GDP（*gdp*）、第一产业GDP（*gdp*1）、第二产业GDP（*gdp*2）、第三产业GDP（*gdp*3）、常住人口（*pop*）、城镇化率（*urbrate*）、城镇居民人均消费支出（*city*）、农村居民人均消费支出（*rural*）、全社会固定资产投资总额（*fai*）。

表9－12 2005—2015年广西各类经济指标的价格指数

（按可比价格计算，以上年为100）

年份	GDP（gdp）	第一产业GDP（gdp1）	第二产业GDP（gdp2）	第三产业GDP（gdp3）	消费	全社会固定资产投资（fai）
2005	113.2	107.1	118.4	111.3	102.4	101.4
2006	113.5	106.5	119.3	112.1	101.3	101.2
2007	115.1	105.5	120.8	114.6	106.1	102.3
2008	112.8	104.9	117.4	111.8	107.8	107.9
2009	113.9	105.2	117.7	113.8	97.9	97.9
2010	114.2	104.6	120.5	111.1	103.0	103.0
2011	112.3	104.8	116.4	110.5	105.9	106.2

续表

年份	GDP (gdp)	第一产业 GDP (gdp1)	第二产业 GDP (gdp2)	第三产业 GDP (gdp3)	消费	全社会固定资产投资 (fai)
2012	111.3	105.6	114.2	109.8	103.2	100.6
2013	110.2	104.1	111.6	110.9	102.2	100.1
2014	108.5	103.9	110.1	108.1	102.1	101.6
2015	108.1	104.0	108.1	109.7	102.0	101.5

为了消除价格因素的影响，根据表 9－12 中的 2005—2015 年广西 6 个经济指标因素的价格指数对该时期广西的 GDP、第一产业 GDP、第二产业 GDP、第三产业 GDP 和消费、全社会固定资产投资进行平减处理。6 个因素的平减处理均以 2005 年为基期，首先计算出以 2005 年为基期的 2005—2015 年广西各类指标的价格指数（见表 9－13），再根据广西平减处理后的价格指数对广西的统计指标数据进行平减处理。

表 9－13　平减处理后 2005—2015 年的广西各类经济指标的价格指数（以 2005 年为 100）

年份	GDP (gdp)	第一产业 GDP (gdp1)	第二产业 GDP (gdp2)	第三产业 GDP (gdp3)	消费	全社会固定资产投资 (fai)
2005	100.0	100.0	100.0	100.0	100.0	100.0
2006	113.5	106.5	119.3	112.1	101.3	101.2
2007	130.6	112.4	144.1	128.5	107.5	103.5
2008	147.4	117.9	169.2	143.6	115.9	111.7
2009	167.8	124.0	199.1	163.4	113.4	109.3
2010	191.7	129.7	240.0	181.6	116.8	112.6
2011	215.3	135.9	279.3	200.7	123.7	119.6
2012	239.6	143.5	319.0	220.3	127.7	120.3
2013	264.0	149.4	356.0	244.3	130.5	120.4
2014	286.5	155.2	391.9	264.1	133.2	122.3
2015	309.7	161.4	423.6	289.8	135.9	124.1

2. 最小二乘回归分析

（1）数据处理及系统检验。根据《广西统计年鉴》获得 2005—2015

年广西 GDP、第一产业 GDP、第二产业 GDP、第三产业 GDP、常住人口、城镇化率、城镇居民人均消费支出、农村居民人均消费支出、全社会固定资产投资总额（见表 9-14）。

表 9-14　2005—2015 年广西各类指标的原始统计数据

年份	GDP（亿元）	第一产业 GDP（亿元）	第二产业 GDP（亿元）	第三产业 GDP（亿元）	常住人口（万人）	城镇化率（%）	城镇居民人均消费支出（元）	农村居民人均消费支出（元）	全社会固定资产投资总额（亿元）
2005	3984	913	1511	1561	4660	34	7033	2350	1661
2006	4746	1032	1879	1835	4719	35	6792	2414	2199
2007	5823	1241	2425	2157	4768	36	8151	2747	2940
2008	7021	1454	3038	2530	4816	38	9627	2985	3756
2009	7759	1458	3382	2919	4856	39	10352	3231	5237
2010	9570	1675	4512	3383	4610	40	11490	3455	7058
2011	11721	2047	5675	3998	4645	42	12848	4211	7991
2012	13035	2172	6247	4615	4682	44	14244	4934	9809
2013	14450	2291	6731	5428	4719	45	14470	6035	11908
2014	15673	2413	7325	5934	4754	46	15045	6675	13843
2015	16803	2566	7695	6542	4796	47	16321	7582	16228

根据表 9-14 进行各类经济指标平减处理后得到 2005—2015 年广西 GDP、第一产业 GDP、第二产业 GDP、第三产业 GDP、常住人口、城镇化率、城镇居民人均消费支出、农村居民人均消费支出、全社会固定资产投资总额（见表 9-15）。

表 9-15　平减之后的 2005—2015 年广西各类指标数据

年份	GDP（亿元）	第一产业 GDP（亿元）	第二产业 GDP（亿元）	第三产业 GDP（亿元）	常住人口（万人）	城镇化率（%）	城镇居民人均消费支出（元）	农村居民人均消费支出（元）	全社会固定资产投资总额（亿元）
2005	3984	913	1511	1561	4660	34	7033	2350	1661
2006	4182	969	1575	1637	4719	35	6702	2382	2173
2007	4458	1105	1683	1679	4768	36	7582	2556	2840

续表

年份	GDP（亿元）	第一产业GDP（亿元）	第二产业GDP（亿元）	第三产业GDP（亿元）	常住人口（万人）	城镇化率（%）	城镇居民人均消费支出（元）	农村居民人均消费支出（元）	全社会固定资产投资总额（亿元）
2008	4765	1233	1795	1761	4816	38	8308	2576	3363
2009	4623	1176	1698	1786	4856	39	9130	2850	4791
2010	4993	1292	1880	1863	4610	40	9839	2959	6268
2011	5445	1506	2032	1993	4645	42	10389	3405	6681
2012	5441	1514	1959	2095	4682	44	11157	3864	8153
2013	5473	1533	1891	2222	4719	45	11089	4625	9893
2014	5471	1555	1869	2247	4754	46	11293	5010	11323
2015	5426	1590	1816	2258	4796	47	12011	5580	13078

将上文计算的2005—2015年广西人均耕地能值生态足迹作为Y，9个影响因素均作为X，导入SIMCA－P 11.5软件。SIMCA－P系统进行自动拟合，通过比较，将广西人均耕地能值生态足迹的PLS成分个数优化为5个。

选择5个PLS后，所有广西人均耕地能值生态足迹的样本点都分布在椭圆内，不存在特异点，说明模型不需要改动。

2005—2015年广西的人均耕地能值生态足迹计算值与通过偏最小二乘法分析的拟合值比较接近，说明目前模型的拟合效果较好，可以进行下一步分析。

通过偏最小二乘法分析获得的广西人均耕地能值生态足迹影响因素的重要性程度排序为：常住人口 > 第二产业GDP > 农村居民人均消费支出 > 第一产业GDP > 全社会固定资产投资总额 > 城镇居民人均消费支出 > 第三产业GDP > GDP > 城镇化率。

（2）回归方程构建及分析。根据回归分析得到广西人均耕地能值生态足迹的偏最小二乘回归方程系数，构建回归方程为：

$$y = 11.5443 + 0.83107gdp - 4.8644gdp1 + 0.42322gdp2 + 4.397gdp3 - 0.2984pop + 3.2822urbrate - 2.2827city - 5.255rural + 3.2701fai \quad (9-2)$$

各影响因素的相关系数的绝对值大小排序为：农村居民人均消费支出 > 第一产业 GDP > 第三产业 GDP > 城镇化率 > 全社会固定资产投资总额 > 城镇居民人均消费支出 > GDP > 常住人口 > 第二产业 GDP。其中，GDP、第二产业 GDP、第三产业 GDP、城镇化率和全社会固定资产投资总额与广西人均耕地能值生态足迹呈正相关，而第一产业 GDP、常住人口、城镇居民人均消费支出和农村居民人均消费支出与广西人均耕地能值生态足迹呈负相关。

从回归方程来看，广西第二产业和第三产业的发展，将增加广西的人均耕地能值生态足迹，其中第二产业和第三产业每增加 1 亿元，将使广西的人均耕地能值生态足迹分别增加 0.4322 hm^2/人和 4.397 hm^2/人。而广西第一产业发展和农村居民人均消费支出增加，将减少广西的人均耕地能值生态足迹。其中，广西第一产业每增加 1 亿元，将使广西的人均耕地能值生态足迹减少 4.8644 hm^2/人；农村居民人均消费支出每增加 1 元，将使广西的人均耕地能值生态足迹减少 5.255 hm^2/人。这说明在广西城镇化进程中，如果要保证广西耕地的可持续利用，就需要调整广西第二、三产业发展，调整社会固定资产投资结构。

（六）广西耕地生态足迹预测

区域耕地的可持续性利用是一个动态的过程。为了准确把握广西耕地利用的可持续性，本部分采用长时间序列分析。在分析了广西城镇化进程中耕地的可持续性利用指数的历史、现状基础上，对广西未来几年的人均耕地能值生态足迹进行预测。预测方法是采用 SPSS 软件对 2005—2015 年广西的人均耕地能值生态足迹进行线性相关分析，预测结果见表 9 - 16。

表 9 - 16　2005—2020 年广西人均耕地能值生态足迹预测结果

年份	人均能值生态足迹（hm^2/人）
2005	0.3273
2006	0.4048
2007	0.3167

续表

年份	人均能值生态足迹（hm^2/人）
2008	0.3604
2009	0.3575
2010	0.4109
2011	0.3482
2012	0.363
2013	0.3718
2014	0.3726
2015	0.3189
2016	0.3585
2017	0.3584
2018	0.3584
2019	0.3583
2020	0.3582

从表 9－16 中可以看出，2005—2020 年广西的人均耕地能值生态足迹呈微弱上升趋势。2015 年广西的人均耕地能值生态足迹为 0.3189 hm^2/人，到 2020 年增加到 0.3582 hm^2/人，增长了 12.32%。这说明按照 2005—2015 年的发展态势，广西未来的人均耕地能值生态足迹将一直呈上升状态，在其人均耕地能值生态承载力相对稳定的情况下，广西耕地未来可能处于生态赤字状态，也就是说，如果不采取有效措施保护耕地生态环境，未来几年广西城镇化进程中耕地将处于不可持续利用状态。

第二节　基于生态足迹的广西耕地可持续利用评价

一、评价目的

本节采用生态足迹模型，选择素有“八山一水一分田”之称、人地矛盾突出，但又是国家重要生态安全屏障的广西，研究其从 2003 年到 2017 年这 15 年间耕地生态压力指数和可持续指数的动态变化情况，探讨广西耕地生态安全面临的问题和对策，以促进耕地资源的合理、可持续利用，从而推动广西可持续发展。

二、评价方法

采用国际通用的生态足迹模型开展广西耕地可持续利用评价，首先根据生态足迹模型计算广西耕地人均生态足迹、人均生态承载力、生态盈亏、生态压力指数和生态可持续指数，再根据计算结果进行深入分析。

为了尽可能全面体现广西耕地资源特点，我们根据广西统计年鉴的分类和实际核算需求，选择谷物、豆类、薯类、棉花、油料、麻类、甘蔗、蔬菜和烟叶等9类消费项目计算广西耕地生态足迹。采用 Wackrtnagel 等提出的耕地均衡因子 2.82，全球平均产量以 1993 年 FAO 统计数据库为准，即谷物、豆类、薯类、棉花、油料、麻类、甘蔗、蔬菜和烟叶的全球平均产量分别为 2744 kg/hm^2、1856 kg/hm^2、12607 kg/hm^2、1000 kg/hm^2、1856 kg/hm^2、1500 kg/hm^2、18000 kg/hm^2、18000 kg/hm^2 和 1548 kg/hm^2。

（一）数据来源

利用生态足迹模型对广西耕地进行可持续利用评价的时间区间是 2003—2017 年。原始数据主要来源于 FAO 统计数据库、Wind 数据库和《中国统计年鉴（2004—2018）》《广西统计年鉴（2004—2018）》《广西国民经济和社会发展统计公报（2004—2018）》。部分数据经过计算处理并在文中注明。

（二）耕地生态压力指数

$$EPI = ef/ec \tag{9-3}$$

式中，EPI 为耕地生态压力指数，其结果越小越好，介于 0 ~ 0.5 之间表明耕地生态系统处于安全状态，在 0.5 ~ 0.8 时为较安全状态，在 0.8 ~ 1 时为轻度不安全状态，在 1 ~ 1.5 时为中度不安全状态，在 1.5 ~ 2 时为重度不安全状态，在 2 以上为极度不安全状态。

（三）耕地生态可持续指数

$$ESI = ec/(ef + ec) \quad (9-4)$$

式中，ESI 为耕地生态可持续指数，其结果介于 0 ~ 1 之间，值越大说明区域耕地生态可持续发展能力越好。值在 0.7 以上表示强可持续，介于0.5 ~ 0.7 之间表示弱可持续，在 0.3 ~ 0.5 时表示弱不可持续，在 0.3 以下为强不可持续。

三、评价结果分析

（一）广西耕地利用变化及特征

为了有效开展广西耕地可持续利用评价，首先需要全面了解广西耕地利用的数量和质量变化状况。2003—2017 年广西耕地资源利用状况见表 9 - 17。从 2003 年到 2017 年，广西总人口由 4857 万人增加到 4885 万人，增长了 0.58%，其间人口波动加大，最少的年份为 2010 年的 4610 万人。城镇化率快速增长，由 2003 年的 29.06% 增长为 2017 年的 49.21%，增长率为 69.34%。在耕地非农化和耕地开发整理的双重作用下，广西耕地总面积先降后升，由 2003 年的 440.79 万公顷下降至 421.75 万公顷之后缓慢上升至 2017 年的 438.92 万公顷，但总体仍减少 0.42%。与此对应，伴随着人口总体的增加，人均耕地面积由 2003 年的 0.0908 公顷下降到 2017 年的 0.0899 公顷，下降 0.99%。有效灌溉面积由 2003 年的 151.67 万公顷增加到 2017 年的 166.99 万公顷，上涨了 10.1%。粮食单产增加较快，从 2003 年的 4222 千克/公顷，增加到 2017 年的 4931 千克/公顷，总体增长了 16.79%。

表 9 - 17　2003—2017 年广西耕地资源利用状况

年份	人口（万人）	城镇化率（%）	耕地面积（万 hm^2）	人均耕地面积（hm^2）	有效灌溉面积（万 hm^2）	粮食单产（kg/hm^2）
2003	4857	29.06	440.79	0.0908	151.67	4222
2004	4889	31.70	440.79	0.0902	151.60	3983
2005	4660	33.62	440.79	0.0946	151.98	4254

续表

年份	人口（万人）	城镇化率（%）	耕地面积（万 hm^2）	人均耕地面积（hm^2）	有效灌溉面积（万 hm^2）	粮食单产（kg/hm^2）
2006	4719	34.64	440.79	0.0934	151.92	4393
2007	4768	36.24	421.47	0.0884	152.23	4680
2008	4816	38.16	421.75	0.0876	152.14	4691
2009	4856	39.20	421.75	0.0869	152.21	4770
2010	4610	40.00	421.75	0.0915	152.30	4614
2011	4645	41.80	421.75	0.0908	152.92	4653
2012	4682	43.53	421.75	0.0901	1583.30	4838
2013	4719	44.81	421.75	0.0894	158.64	4947
2014	4754	46.01	441.94	0.0930	160.00	5002
2015	4796	47.06	440.23	0.0918	161.88	4984
2016	4838	48.08	439.51	0.0908	164.61	5031
2017	4885	49.21	438.92	0.0899	166.99	4931

值得注意的是，虽然在土地整理、农技创新、农业资金投入加大等基础上，广西粮食单产提高较快，但与国家平均水平相比还有较大差距。如图 9－3 所示，从横向比较，不同年份的广西粮食单产比国家平均水平低 110～575 千克/公顷；从纵向比较，2003—2017 年全国粮食单产增加 1174 千克/公顷，增长率为 27.1%，而广西仅分别为 709 千克/公顷和 16.79%。

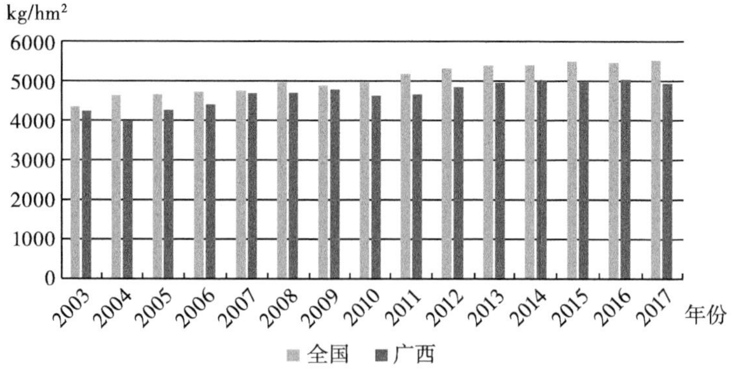

图 9－3　2003—2017 年广西粮食单产与全国的情况对比

2003—2017 年广西人均耕地面积和全国的比较如图 9 - 4 所示。从总体来看，除了 2010 年、2011 年、2012 年和 2013 年外，全国人均耕地面积均大于广西，2017 年全国人均耕地面积均比广西多 0. 0071 公顷。15 年间，在工业化、城镇化背景下，全国人均耕地面积减少了 3. 56%，这个比率高于广西的减少幅度。

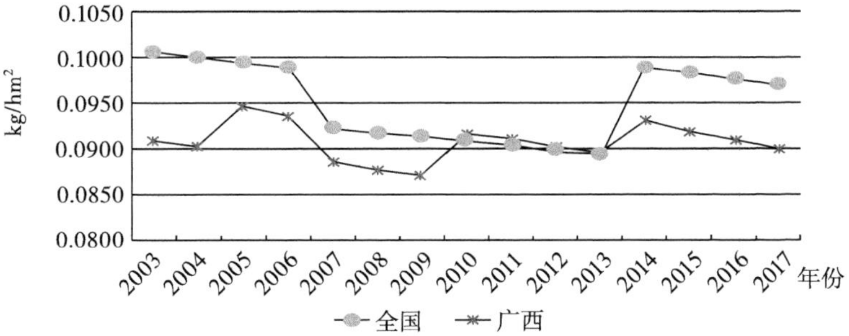

图 9 - 4　2003—2017 年广西人均耕地面积与全国的情况对比

2003—2017 年广西的人均粮食占有量与全国的比较如图 9 - 5 所示。15 年间，全国人均粮食占有量不断增加，由 341. 7 千克增加到 477. 21 千克，增幅为 39. 66%，而广西的人均粮食占有量不仅没有增加，反而下降了 7. 05%。总体上看，2003—2017 年全国的人均粮食占有量均高于广西，且差距越来越大，由 2003 年的 38. 4 千克增加到 2017 年的 195. 3 千克。

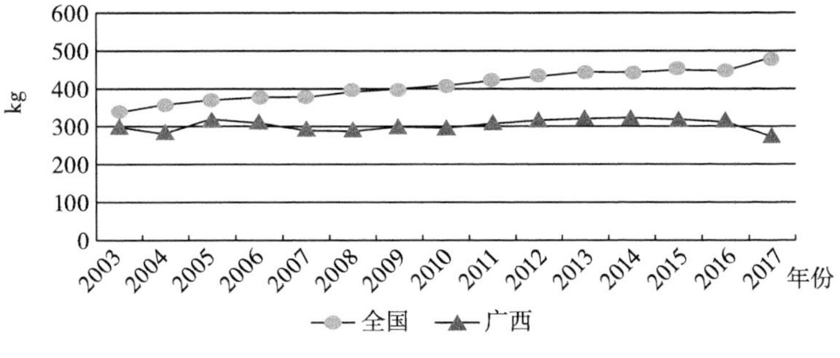

图 9 - 5　2003—2017 年广西人均粮食占有量与全国的情况对比

（二）广西耕地生态盈亏

根据公式（3－1）、（3－2）和（3－3）分别计算2003—2017年广西耕地人均生态足迹、耕地人均生态承载力和耕地生态盈亏，并制作其变化趋势图，如图9－6所示。2003—2017年广西耕地人均生态足迹呈动态上升趋势，由2003年的0.5401公顷/人上升到2017年的0.6321公顷/人，增加17.03%，年增长量为0.0066公顷/人，最大值为2013年的0.6916公顷/人。2003—2017年广西耕地人均生态承载力处于波动下降的态势，15年间仅减少0.99%，最小值为2008年的0.3608公顷/人，最大值为2010年的0.3954公顷/人。2003—2017年广西耕地的人均生态足迹均大于人均生态承载力，导致广西耕地一直处于生态赤字状态，且由于广西耕地人均生态承载力相对稳定而人均生态足迹不断增加，使广西耕地生态赤字不断加剧。耕地生态赤字由2003年的0.1663公顷/人增加到2017年的0.262公顷/人，15年间增加57.54%，最严重的生态赤字发生在2014年，为0.3092公顷/人。

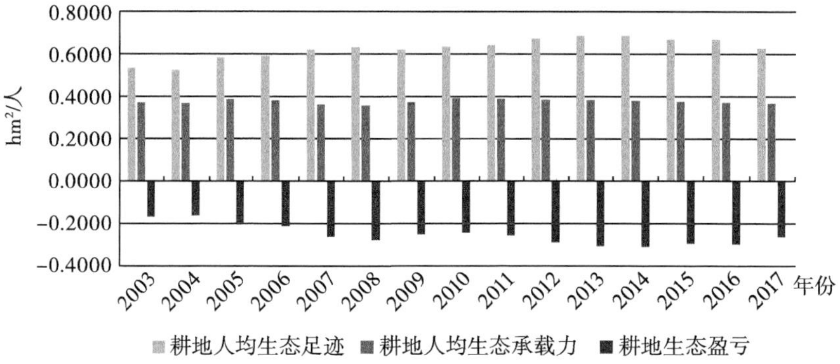

图9－6　2003—2017年广西耕地生态盈亏变化

（三）广西耕地生态压力指数和生态可持续指数

根据公式（9－2）和（9－3）分别计算2003—2017年广西耕地生态压力指数和广西耕地生态可持续指数，分别如图9－7和图9－8所示。2003—2017年广西耕地生态压力指数表现为波动上升曲线，由2003年的

1.4448 上升到 2017 年的 1.7077，上涨 18.2%，年均上涨 0.0188。15 年间，广西耕地生态压力指数均大于 0.8，表明耕地利用的生态压力大，耕地生态系统处于不安全状态，且除了 2003 年和 2004 年为中度不安全外，其余 13 年均为重度不安全状态。

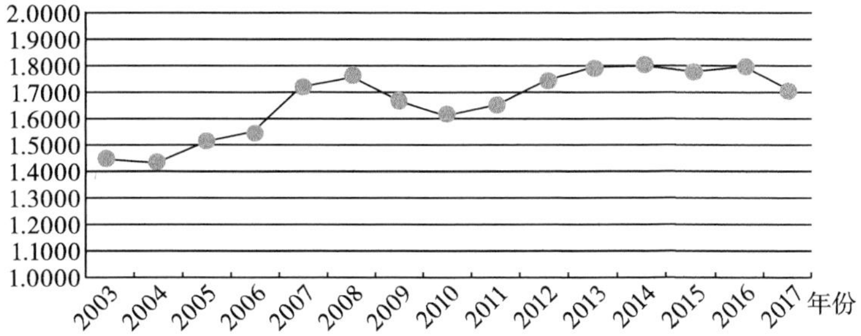

图 9-7　2003—2017 年广西耕地生态压力指数变化

2003—2017 年的 15 年间，广西耕地生态可持续指数均在 0.5 以下，在0.3 ~0.5 时，均处于弱不可持续状态。广西耕地生态可持续指数呈“两降两升”态势，但总体上有所下降，由 2003 年的 0.4090 下降到 2017 年的 0.3693，降幅为 9.71%，年均下降 0.0028，其中最大值为 2004 年的 0.4118，最小值为 2014 年的 0.356。

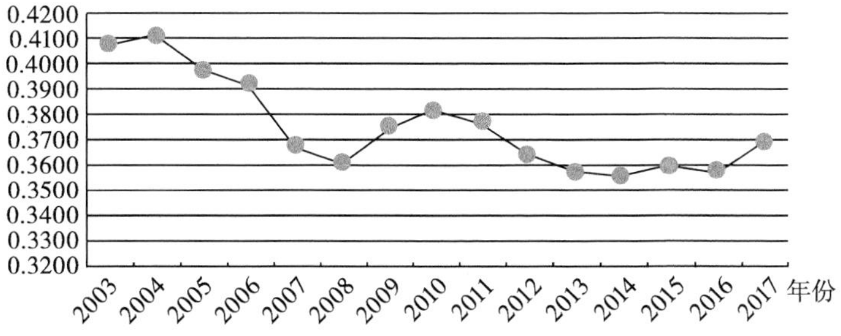

图 9-8　2003—2017 年广西耕地生态可持续指数变化

根据基于生态足迹的 2003—2017 年广西耕地可持续利用评价结果可知，广西耕地生态系统处于生态赤字、重度不安全、弱不可持续状态，且不断加剧。原因在于：一是随着城镇化、工业化快速推进，广西经济进入快车道，一方面将部分耕地转为建设用地，另一方面积极进行农田综合开发，虽然耕地占用问题得到一定缓解，耕地数量只是小幅度下降，但耕地质量难以保障，且耕地数量和质量均低于全国平均水平。二是广西作为典型的人多地少、生态环境脆弱的喀斯特地区，耕地人均生态承载力空间较小的现状难以改变。同时，由于社会经济发展、人口数量增加、农产品消费需求日益增强，耕地人均生态足迹逐渐增加，导致有限的耕地资源难以满足生产、生活需要，耕地生态赤字不断加剧。三是广西经济发展和生产生活以粗放式、资源消耗为主，耕地占优补差等现象明显，导致对耕地资源的供给不足以支撑社会经济发展需要，耕地利用的生态压力大，大多处于重度不安全状态。四是广西耕地生态系统脆弱，加上农业产业结构不合理，高消耗低产出的生产方式导致广西耕地人均生态足迹快速增加，耕地可持续利用状况较差。由广西的具体情况可见，耕地生态系统现状不容乐观，如果不积极采取措施加以调整，这种重度不安全、不可持续的态势将进一步恶化，将会给区域粮食安全、生态安全带来严峻挑战，进而严重制约广西社会经济发展。

第三节　基于生态足迹的南宁耕地可持续利用评价

一、评价目的

南宁作为广西的省会，其耕地可持续利用对整个广西耕地可持续利用具有重要影响。南宁位于广西西南部，属亚热带风区，阳光充足，雨量充沛，2018 年平均降水量达 1291 毫米，全市森林覆盖率达 48.73%。南宁总面积 2.21 万平方千米，管辖 15 个县、区、开发区、127 个乡镇、1385 个村委。2018 年末，南宁户籍人口 770.82 万人，其中户籍农业人口 450.53 万人，占比 61.78%，在全国省会城市里南宁的农业人口比重最大，也高于自治区内的柳州、北海、防城等市。同时，2018 年末南宁常住人口 725.41 万人。其中，乡村人口 272.79 万人，占比 37.6%；城镇常住人口 452.62 万人，城镇化率为 62.4%。但南宁的隆安、马山、上林城三县的镇化率只有30%，即使在六县中城镇化水平最高的武鸣县也只有40.76%，大大低于全国、全区的城镇化水平。2018年末，南宁耕地面积68.12万公顷，人均0.094公顷，比全国人均0.087公顷略高，不足世界平均水平一半。但2018年南宁城市建成区面积311平方千米，是2000年的1.61倍。随着城镇化率提高，南宁建设用地的扩张占用了大量农用地，使农用地的总数量下降。虽然后备资源开发利用在一定程度上弥补了耕地消耗量，但封山育林、开垦荒地等工作又使未利用地数量缩减，预计未来几年内南宁的农用地仍会有所减少，建设用地将持续增长，未利用地会随着开发利用的加强进一步减少。因此，开展南宁耕地可持续利用研究对促进广西可持续发展具有重要意义。

二、评价方法

（一）数据来源

本节数据主要来源于《广西统计年鉴》《南宁市统计年鉴》等公开的统计资料。根据广西和南宁的统计资料核算南宁的资源生产总量、出口总量和年终库存总量，从而获得南宁各产品的消费总量数据，计算出总的生态足迹后再除以南宁总人口，得到南宁人均耕地生态足迹。

（二）耕地可持续指数计算

由于生态足迹、生态承载力都是绝对数字，所以不能真正反映一个地区耕地利用的程度，不能进行不同地区的比较。为此，本节引入生态可持续指数的概念，表示耕地可持续利用的程度。生态可持续指数是指一定区域的生态可持续供给（生态承载力）满足人类生态需求（生态足迹）的程度。用公式表示为：

$$ESI = \frac{ec}{ef + ec} \tag{9-5}$$

式中，ESI 介于1～0之间，当 ESI 等于0.5时，生态承载力与生态足迹两者处于平衡状态，是耕地可持续发展与不可持续发展的临界点；当 ESI 趋近于1时，生态承载力大大超过生态足迹，即耕地能够提供的可再生资源量大大超过人类从耕地获取的资源量，耕地利用可持续发展程度很高；当*ESI*趋近于0时，生态足迹大大超过耕地的生态承载能力，人类从耕地获取的资源量远远超出耕地能够提供的可再生资源量，表明耕地处于极度不可持续状态。

三、评价结果分析

（一）南宁耕地生态足迹

根据《南宁市统计年鉴2014年》的统计数据，列出2013年南宁耕地各种生物资源消费量，依据全球平均产量计算出各种生物资源总的生态足迹，进而计算得到人均生态足迹（见表9－18）。

表9－18　2013年南宁耕地生物资源的生态足迹

分类	全球平均产量（kg/hm^2）	消费量（kg）	总的足迹（hm^2）	人均足迹（hm^2/人）
稻谷	2744	1501880000	547332.3615	0.079130
玉米	2744	453989000	165447.8863	0.023919
豆类	1856	31169000	16793.6422	0.002428
薯类	12607	30431000	2413.8177	0.000349
油料	1856	89797000	48382.0043	0.006995
麻类	1500	462000	308.0000	4.452880
甘蔗	18000	15062914000	836828.5556	0.120984
蔬菜	18000	3209555000	178308.6111	0.025779
瓜果	18000	687853000	38214.0556	0.005525
高粱	1000	394000	394.0000	5.696210
木薯	2744	485505000	176933.3090	0.025580

按照2013年南宁人均耕地生态足迹的计算过程，计算出2004—2013年南宁耕地的人均生态足迹，乘以相应的均衡因子后加以汇总，得出每年的人均耕地生态足迹。

南宁的人均耕地生态足迹总体处于上升趋势，耕地生态足迹从2004年的0.641017 hm^2/人增长到2013年的0.814211 hm^2/人，增幅为26.99%，这说明南宁在城镇化进程中随着城镇人口增加，对主要生活必需品如粮食、蔬菜等的消费也日益增加。

（二）南宁耕地生态承载力

依据生态承载力的计算方法，即可得到人均生态承载力。在计算生态承载力时，需要扣除12%的生态承载力面积用来保护生物多样性，最后得到人均可利用生态承载力面积。所以，按照2013年南宁人均耕地生态承载力的计算方法，可以计算出2004—2013年南宁的人均耕地承载力（见表9-19）。

表9-19 2004—2013年南宁人均耕地生态承载力

年份	人均耕地生态承载力（hm^2/人）	人均耕地生态足迹（hm^2/人）	生态盈亏（hm^2/人）	耕地生态可持续指数
2004	0.47962	0.641017	-0.161397	0.427988724
2005	0.47802	0.625045	-0.147025	0.433356149
2006	0.46972	0.632362	-0.162642	0.426211480
2007	0.46392	0.640120	-0.176200	0.420202167
2008	0.45901	0.726062	-0.267052	0.387326677
2009	0.44584	0.650788	-0.204948	0.406555368
2010	0.44066	0.636691	-0.196031	0.409021758
2011	0.42551	0.694429	-0.268919	0.379940336
2012	0.41821	0.741984	-0.323774	0.360465577
2013	0.41327	0.814211	-0.400941	0.336681382

生态盈亏是以人均耕地生态承载力和人均生态足迹计算结果为依据，按照生态盈亏公式计算得出，而耕地生态可持续指数也是依据公式(9-5)得出的结果。

南宁人均耕地生态承载力呈下降趋势，从2004年的0.47962 hm^2/人下降到2013年的0.41327 hm^2/人，减少了0.06635 hm^2/人，降幅为13.82%，这说明南宁人口数量的增加给耕地带来了很大的压力。其主要原因：一是人口数量在不断增加，同时耕地面积的增加很困难，而人口数量与生态承载力是成反比的，耕地面积供给的增加速度跟不上人口的增长速度，从而导致生态环境承受着越来越大的压力；二是城镇化进程的加快，导致越来越多的耕地被用于城市建设，耕地面积有所减少，且耕地质量不断下降；三是居民为了谋取个人利益，非法利用耕地修建房屋，导致人均耕地承载力逐年下降。

（三）南宁耕地可持续利用能力

南宁的耕地利用状况属于生态赤字，总体呈加剧趋势，从 2004 年的 0.161397 hm^2/人到 2013 年的 0.400941 hm^2/人，增加了 0.239544 hm^2/人，增幅为 148.39%，这说明随着人口的增长和建设用地的增加使耕地的生态赤字不断增加。其主要原因：一是生态赤字和人均耕地生态足迹呈正相关，而与人均耕地承载力呈负相关；二是南宁土地利用结构不够合理，耕地质量下降、面积减少、后备资源不足、污染严重等。

南宁耕地生态可持续指数与生态赤字趋势保持一致：在 2004 年耕地虽处于不可持续发展状态，但是处于相对较好的阶段，随着时间的推移，耕地的生态可持续发展状态越来越差。2004—2013 年，生态可持续指数降低速度较快，从 0.428 降到 0.337，下降 21.33%，这说明南宁耕地处于不可持续发展状态。

通过分析生态足迹模型可以发现，2004—2013 年南宁城镇化进程中，人均耕地生态足迹与人均耕地承载力之间的差距不断拉大，这表明南宁城镇化进程中耕地压力不断加大。耕地面积不断减少的同时，也存在后备耕地资源不足，耕地退化、污染以及水土流失严重等问题。耕地是人们赖以生存的物质基础，是国民经济和社会发展的宝贵资源及重要的生产要素，随着经济的发展，更应该重视耕地保护，为后代造福。因此，南宁市政府应积极重视耕地面积减少的问题，在城镇化不断推进的同时，通过加大耕地和基本农田保护宣传力度、完善耕地和基本农田保护各项制度等方式，稳定耕地面积，保证耕地质量，推进耕地集约利用。

第十章 广西集中连片特困地区可持续发展评价

第一节 评价概述

一、评价背景

20 世纪 90 年代以来，广西经济增长快速，城镇化进程明显加快，常住人口城镇化率从 1990 年的 15.10% 增加到 2018 年的 50.22%，目前正处于城镇化发展高速期。经济高速发展的同时，生态系统安全越来越受到人们的关注。可持续发展理论认为，生态经济系统必须协调发展，即生态系统是人类可持续发展的基础，只有将人类活动控制在生态系统的承载力范围之内，人类社会才可能实现可持续发展。《中国农村扶贫开发纲要(2011—2020 年)》把桂西、桂西南、桂西北大石山区纳入广西集中连片特困地区，作为国家扶贫攻坚的主战场。广西集中连片特困地区是典型的以传统农业和农村经济为主的喀斯特地区，生态环境先天脆弱，灾害承受能力相对较低，是新时期扶贫攻坚的“硬骨头”。随着扶贫攻坚工程的推进，虽然总体上解决了贫困人口的温饱问题，经济发展速度逐渐加快，但各种资源环境问题也日渐显现。党的十八大把生态文明建设纳入“五位一体”的布局，这给扶贫工作提出了更高要求。处理好广西集中连片特困地区经济社会发展与自然环境保护的关系，做到“实事求是、因地制宜、分类指导、精准扶贫”，落实好“十三五”时期扶贫开发工作，实现区域可持续发展，既是广西扶贫开发进程中的重要课题之一，也是本章的研究目的。

二、评价意义

本章将生态足迹模型与能值理论有机结合，并根据广西集中连片特困地区实际情况进行改进，在一定程度上弥补了传统生态足迹理论的不足；将广西连片贫困地区的可持续发展作为研究对象，并进行长时间序列分析，在一定程度上拓展了研究尺度，也为其他连片贫困地区生态经济系统可持续发展研究提供了思路、方法借鉴；通过理论分析、现状分析、驱动因素分析、趋势预测，再提出对策建议的研究框架，丰富和发展了贫困地区可持续发展的研究体系。

在定量把握广西集中连片特困地区扶贫开发对生态环境的影响及其发展趋势后，找出阻碍该区域可持续发展的影响因素并对未来几年生态足迹变化趋势进行预测的基础上提出科学可行的对策建议，可为政府开展生态文明视角下的扶贫开发、可持续发展工作提供决策参考，具有现实意义。

三、评价目标

（1）定量分析广西集中连片特困地区在扶贫开发过程中可持续发展的现状和历史演变。

（2）探析广西集中连片特困地区可持续发展的驱动因素。

（3）预测未来广西集中连片特困地区发展的可持续性。

（4）对广西集中连片特困地区在扶贫开发过程中可持续发展提出具体建议，为生态文明视角下集中连片特困地区的扶贫开发提供政策参考。

四、评价内容

（1）广西集中连片特困地区概况。通过资料收集和实地调研，分析广西集中连片特困地区的自然概况，包括区域面积、海拔、人口，从 GDP 总值、三大产业 GDP 和人均 GDP、农业生产情况、城镇化发展状况、财政收支状况等方面阐述广西集中连片特困地区的社会经济概况。

（2）广西集中连片特困地区能值生态足迹及能值生态承载力分析。在说明计算所需的数据来源和参数选取的基础上，根据 46 个子项目计算 1993—2015 年广西的能值生态足迹、能值生态承载力和生态盈亏，并以隆安县、马山县和上林县为例，进行 2004—2013 年广西集中连片特困地区能值生态足迹计算及动态分析、2004—2013 年广西集中连片特困地区能值生态承载力计算及动态分析、2004—2013 年广西集中连片特困地区生态盈亏计算及动态分析，并在此基础上开展广西、广西集中连片特困地区可持续性发展指数分析。

（3）广西集中连片特困地区人均能值生态足迹变化的社会经济驱动因素分析。首先，介绍利用 SIMCA - P11.5 软件进行偏最小二乘回归方法，进行驱动因素分析的原理。其次，进行 GDP、第一产业 GDP、第二产业 GDP、第三产业 GDP、常住人口和财政收入 6 个因素进行分析之前的平减处理。最后，分别对隆安县、马山县和上林县的人均能值生态足迹变化的社会经济驱动因素进行分析，对各因素的重要性进行排序，并构建回归方程。

（4）广西集中连片特困地区人均能值生态足迹预测。根据上述研究结果，采用 SPSS 软件对隆安县、马山县和上林县的人均能值生态足迹进行线性回归分析预测，并根据预测结果进行深入分析。

（5）广西集中连片特困地区可持续发展对策建议。根据研究结果得出主要结论，并对广西集中连片特困地区可持续发展提出对策建议，如优化产业结构，走绿色低碳发展道路；调整能源结构，开发推广新型清洁能源；加强宣传教育，培养居民环境保护意识；优化区域布局，提高土地使用效率；加强生态文明建设，促进区域可持续发展等。

五、评价思路

本章的基本思路是“提出问题—分析问题—解决问题”。通过研究能值理论和生态足迹模型的国内外文献，根据拟定的研究思路和方法开展研究工作、实地调研，建立可持续发展的能值生态足迹评价模型，对研究区域进行现状评价、驱动因素分析和趋势预测，提出有针对性的对策措施。

第二节　广西集中连片特困地区概况

2011 年，中央扶贫开发工作会议和《中国农村扶贫开发纲要（2011—2020 年）》指出，今后一个时期，国家把滇桂黔石漠化区列入全国 14 个连片特困地区之一。滇桂黔石漠化片区涉及云南、广西、贵州三省（区）的 15 个地（市、州）、91 个县（市、区），是全国 14 个片区中扶贫对象最多、民族人口最多、所辖县数最多、民族自治县最多的片区，被列为国家今后十年扶贫攻坚的主战场。广西有南宁、柳州、桂林、百色、河池、来宾和崇左 7 个市的 29 个县被列入全国集中连片特困地区的滇桂黔石漠化区，其分布见表 10－1。需要说明的是，2002 年以前大新县、宁明县、龙州县、天等县、马山县、隆安县、上林县属于南宁地区，南宁地区撤销后，大新县、宁明县、龙州县、天等县划归崇左市，马山县、隆安县、上林县划归南宁市。忻城县 2002 年之前属于柳州地区，柳州地区撤销后划归来宾市。龙胜各族自治县、资源县 1998 年之前属于桂林地区，桂林地区撤销后划归桂林市。

表 10－1　广西集中连片特困地区分布

序号	地级市	国家级贫困县
1	南宁市	上林县、马山县、隆安县
2	柳州市	融安县、三江侗族自治县、融水苗族自治县
3	桂林市	龙胜各族自治县、资源县
4	百色市	田阳县、德保县、靖西市、那坡县、凌云县、乐业县、田林县、隆林各族自治县、西林县
5	河池市	环江毛南族自治县、东兰县、巴马瑶族自治县、凤山县、都安瑶族自治县、大化瑶族自治县、罗城仫佬族自治县
6	来宾市	忻城县
7	崇左市	大新县、天等县、宁明县、龙州县

一、自然概况

广西集中连片特困地区总面积 8.19 万平方千米，占广西总面积的 34.6%，主要集中在百色市和河池市的贫困地区，分别占片区总面积的 33.24% 和 24.73%，其次是崇左市和柳州市，分别占比 13.33% 和 12.15%（见表 10－2）。该片区海拔高度介于 98～973 米之间，平均海拔 333 米，降水量丰富但储水能力非常差，属于生态环境非常脆弱的喀斯特地貌地区。2014 年该片区总人口 1055.73 万人，占广西总人口的 19.28%，主要集中的百色市的 9 个国家级贫困县市人口，占广西集中连片特困地区总人口的 54.7%，其次是河池市的 7 个国家级贫困县人口，占整个片区的 19.74%。

表 10－2　2014 年广西集中连片特困地区自然概况

国家级贫困县		行政区域面积（km^2）	海拔（m）	总人口（万人）
南宁市	隆安县	2306	40.50	98
	马山县	2345	55.30	168
	上林县	1871	48.90	116
柳州市	融安县	2900	32.10	122
	融水苗族自治县	4638	50.10	123
	三江侗族自治县	2417	38.30	198
桂林市	龙胜各族自治县	2538	17.80	141
	资源县	1954	17.50	409
百色市	田阳县	2373	34.80	110
	德保县	2580	36.60	635
	靖西市	3326	65.50	740
	那坡县	2223	21.30	794
	凌云县	2057	21.90	439
	乐业县	2633	17.20	973
	田林县	5524	25.50	278
	西林县	2997	15.60	725
	隆林各族自治县	3518	42.20	587

续表

国家级贫困县		行政区域面积（km^2）	海拔（m）	总人口（万人）
河池市	凤山县	1738	21.50	485
	东兰县	2437	30.20	286
	罗城仫佬族自治县	2692	37.80	336
	环江毛南自族治县	4553	37.60	213
	巴马瑶族自治县	1976	28.30	253
	都安瑶族自治县	4116	71.10	161
	大化瑶族自治县	2750	46.20	172
来宾市	忻城县	2541	41.50	139
崇左市	宁明县	3704	43.60	162
	龙州县	2311	26.50	129
	大新县	2747	37.40	225
	天等县	2159	45.30	438

数据来源：广西统计局。

二、社会经济概况

尽管广西集中连片特困地区占广西总面积的 34.6%，占总人口的 19.28%，但该片区经济发展却处于比较明显的落后状态。2014 年，该片区 GDP 总值 14390344 万元，仅占广西 GDP 总量的 9.18%，其中一、二、三产业分别为 3951129 万元、6267139 万元和 4221801 万元，分别占广西一、二、三产业的比重为 16.37%、8.56% 和 7.11%。从人均 GDP 来看，广西 29 个国家级贫困县中，有 21 个县的人均 GDP 低于 2 万元/人，其中最低的是河池市的都安瑶族自治县，仅为 0.67 万元/人，人均 GDP 最高的是龙州县，为 3.50 万元/人，高于广西平均水平的 3.31 万元/人。值得注意的是，桂林两个县的人均 GDP 都较高，分别是 2.95 万元/人和 3.34 万元/人（见表 10－3）。

表 10－3 2014 年广西集中连片特困地区国内生产总值 单位：万元

国家级贫困县	GDP 总值	人均 GDP	第一产业 GDP	第二产业 GDP	第三产业 GDP
隆安县	559688	1.83	227009	179017	158004
马山县	452923	1.13	153176	124657	175182
上林县	450224	1.28	184126	100927	164388
融安县	527126	1.81	198157	198157	176897
融水苗族自治县	660707	1.61	151326	318663	190718
三江侗族自治县	373132	1.23	160070	94391	118671
龙胜各族自治县	525801	3.34	100261	287159	138381
资源县	443476	2.95	96622	222560	124294
田阳县	1037735	3.24	224011	579268	234456
德保县	635552	2.09	97328	408762	129474
靖西市	1299197	2.54	144789	910401	244007
那坡县	197267	1.26	66386	55263	75618
凌云县	245978	1.30	72110	100500	73351
乐业县	174318	1.15	62008	41967	70360
田林县	323064	1.41	122748	86779	113512
西林县	186494	1.31	82170	35361	68964
隆林各族自治县	452553	1.29	96700	196279	159573
凤山县	164814	1.00	51574	39902	73338
东兰县	206351	0.95	64687	51065	90600
罗城仫佬族自治县	369745	1.21	140824	91312	137609
环江毛南自族治县	388684	1.41	165230	93817	129637
巴马瑶族自治县	264916	1.16	93541	72879.68	98495
都安瑶族自治县	354649	0.67	122464	79573	152612
大化瑶族自治县	446730	1.22	82268	238257	126205
忻城县	515500	1.62	176105	173497	165898
宁明县	950806	2.76	276883	453020	220903
龙州县	780320	3.50	212437	336283	231601
大新县	938986	3.11	198537	517057	223392
天等县	463608	1.41	127582	180365	155661

数据来源：广西统计局。

2014 年，广西集中连片特困地区耕地面积和农作物种植面积分别为 1165053 公顷和 1067095 公顷，分别占广西总量的 26.4% 和 17.25%，表明该片区的非耕地不太适宜种植农作物。该片区的农作物主要以粮食为主，其播种面积占广西总量的 28.53%，由于土质及水资源等自然条件差，所以产量不高，片区粮食总产量 293.81 万吨，仅占广西粮食总产量的 19.15%。广西集中连片特困地区年人均粮食占有量仅 0.28 吨，远低于《国家粮食安全中长期规划纲要（2008—2020 年）》提出的我国居民人均粮食消费量为 0.39 吨的标准（见表 10－4）。

表 10－4　2014 年广西集中连片特困地区农业生产情况

国家级贫困县	耕地面积（hm^2）	农作物种植面积（hm^2）	粮食作物播种面积（hm^2）	粮食总产量（万吨）	人均粮食占有量（t/人）
隆安县	62404.00	71520	37300	16.85	0.41
马山县	46185.00	58922	40300	18.33	0.33
上林县	48229.00	60461	38700	18.71	0.38
融安县	26908.00	43610	20800	10.19	0.31
融水苗族自治县	55808.00	47804	23900	11.90	0.23
三江侗族自治县	20672.02	26036	14000	6.94	0.18
龙胜各族自治县	17851.00	21134	10800	6.58	0.36
资源县	16586.00	21753	9279	5.75	0.33
田阳县	49096.30	58457	23900	12.23	0.35
德保县	40262.00	40042	26800	10.66	0.29
靖西市	68733.00	73955	52900	23.61	0.36
那坡县	27431.00	25308	17300	6.56	0.31
凌云县	16533.00	22029	14800	5.31	0.24
乐业县	25177.00	18195	12000	5.30	0.30
田林县	24961.17	35524	21200	9.91	0.38
西林县	22080.00	23688	14700	5.82	0.37
隆林各族自治县	50879.00	32914	22900	9.29	0.22
凤山县	14001.00	22014	17500	4.28	0.20
东兰县	14001.00	24461	15780	5.62	0.18
罗城仫佬族自治县	44890.00	57512	2676	11.44	0.30

续表

国家级贫困县	耕地面积（hm^2）	农作物种植面积（hm^2）	粮食作物播种面积（hm^2）	粮食总产量（万吨）	人均粮食占有量（t/人）
环江毛南自族治县	59714.00	46520	23460	12.88	0.35
巴马瑶族自治县	18851.46	41272	17732	6.03	0.21
都安瑶族自治县	30839.00	62569	44819	12.49	0.18
大化瑶族自治县	25361.00	35729	5589	7.42	0.16
忻城县	71865.00	2687	72961	10.92	0.26
宁明县	85044.49	17000	74759	7.15	0.16
龙州县	64967.90	12679	68695	5.18	0.19
大新县	68945.47	27100	56574	12.05	0.32
天等县	46776.96	36200	72961	14.41	0.32

数据来源：广西统计局。

2014 年，广西集中连片特困地区城镇人口和乡村人口分别为 134.7 万人和 913.4 万人，城镇化率仅 12.85%，尤其河池市的东兰县，城镇化率仅 6.95%，属于片区城镇化水平最低的国家级贫困县，最高的是隆林各族自治县，为 21.56%，但仍然远低于广西 46.01% 的平均城镇化水平。从片区所涉及的 7 个地级市来看，除了百色市的 9 个县平均城镇化率为 15.03% 外，其他 6 个地级市的国家级贫困县城镇化率均在 15% 以下（见表 10－5）。

表 10－5　2014 年广西集中连片特困地区城镇化发展状况

国家级贫困县	总人口（万人）	城镇人口（万人）	乡村人口（万人）	城镇化率（%）
隆安县	40.50	4.50	36.00	11.11
马山县	55.30	4.30	51.00	7.78
上林县	48.90	7.20	41.70	14.72
融安县	32.10	5.00	27.10	15.58
融水苗族自治县	50.10	6.10	44.00	12.18
三江侗族自治县	38.30	2.90	35.40	7.57
龙胜各族自治县	17.80	2.50	15.30	14.04
资源县	17.50	2.20	15.30	12.57
田阳县	34.80	4.90	29.90	14.08
德保县	36.60	7.00	29.60	19.13

续表

国家级贫困县	总人口（万人）	城镇人口（万人）	乡村人口（万人）	城镇化率（%）
靖西市	65.50	8.40	57.10	12.82
那坡县	21.30	2.60	18.70	12.21
凌云县	21.90	4.20	17.70	19.18
乐业县	17.20	1.80	15.40	10.47
田林县	25.50	2.50	23.00	9.80
西林县	15.60	2.50	13.10	16.03
隆林各族自治县	42.20	9.10	33.10	21.56
凤山县	21.50	2.80	18.70	13.02
东兰县	30.20	2.10	28.10	6.95
罗城仫佬族自治县	37.80	5.60	32.20	14.81
环江毛南自族治县	37.60	5.50	32.10	14.63
巴马瑶族自治县	28.30	3.20	25.10	11.31
都安瑶族自治县	71.10	5.10	66.00	7.17
大化瑶族自治县	46.20	9.20	37.00	19.91
忻城县	41.50	3.00	38.50	7.23
宁明县	43.60	5.50	38.10	12.61
龙州县	26.50	3.30	23.20	12.45
大新县	37.40	3.70	33.70	9.89
天等县	45.30	8.00	37.30	17.66

数据来源：广西统计局。

2014 年，广西集中连片特困地区财政收入 968605.5 万元，占广西总量的 6.81%，且人均财政收入 917 元，远低于广西人均 2598 元的水平，进一步说明该片区经济发展滞后，其中人均财政收入最低的是凤山县，仅 367 元/人。但该片区财政支出 5435540 万元，占广西总量的 15.62%，且人均财政支出 5149 元，远高于其人均财政收入，表明该片区经济社会发展得到政府高度重视，发展潜力巨大，其中龙胜各族自治县人均财政支出最多，为 7924 元/人，高于广西平均水平的 6356 元/人（见表 10-6）。

表 10－6　2014 年广西集中连片特困地区财政收支状况

国家级贫困县	财政收入（万元）	人均财政收入（元/人）	财政支出（万元）	人均财政支出（元/人）
隆安县	51260	1234	167652	4037
马山县	21115	380	186069	3347
上林县	24358	495	201544	4095
融安县	39588	1215	138885	4261
融水苗族自治县	35540	697	245813	4820
三江侗族自治县	17133	436	170252	4328
龙胜各族自治县	30092	1663	143404	7924
资源县	24623	1393	122613	6935
田阳县	70349	1988	216025	6106
德保县	55734	1513	192486	5225
靖西市	94816	1440	336929	5117
那坡县	18865.5	885	152491	7151
凌云县	10846	489	153523	6920
乐业县	10614	610	126788	7292
田林县	15641	600	170460	6541
西林县	8890	563	123738	7834
隆林各族自治县	23250	561	197269	4757
凤山县	7899	367	160176	7438
东兰县	13160	427	182373	5922
罗城仫佬族自治县	17126	451	210177	5537
环江毛南自族治县	15243	411	188438	5082
巴马瑶族自治县	21144	750	158843	5637
都安瑶族自治县	36566	521	291062	4145
大化瑶族自治县	39933	867	201969	4386
忻城县	24703	579	162216	3799
宁明县	85233	1936	245326	5573
龙州县	59707	2215	209033	7753
大新县	55807	1475	205475	5431
天等县	39370	873	174511	3869

数据来源：广西统计局。

第三节 评价结果分析

本章利用改进能值生态足迹法计算广西集中连片特困地区生态足迹和承载力的时间区间是1993—2015年。原始数据包括广西及广西集中连片特困地区所涉及的国家级贫困县的资源、环境、人口、经济、社会等方面，数据主要来源于中国气象数据网、Wind数据库和《中国统计年鉴》《广西统计年鉴》《广西国民经济和社会发展统计公报》《广西水资源公报》《南宁统计年鉴》。由于不同地区、不同年份统计指标不同，且部分地区、部分年份数据缺失，因此只能根据实际获取的相关数据进行计算分析。需要说明的是，计算中缺失的部分县降水量数据由该县所在的地级市的对应年份平均降水量代替。计算过程中部分数据需要经过处理并在文中注明。

一、广西集中连片特困地区能值生态足迹

由于能值生态足迹模型计算所需要的指标量大，且县域数据统计口径不一致、许多地方年份数据或者某些指标数据缺失，为了保持研究的连续性和准确性，真实地反映区域可持续发展现状，因此本章对广西集中连片特困地区中南宁市的隆安县、马山县和上林县开展了基于能值生态足迹的可持续发展研究，根据数据的可获得性，研究时限为2004—2013年，从而把这3个县的研究结果扩展到整个广西集中连片特困地区，同时也为今后开展国家各个片区的可持续发展研究奠定基础。

（一）隆安县能值生态足迹

笔者采用上文中计算1993—2015年广西人均能值生态足迹的方法来完成2004—2013年隆安县人均能值生态足迹的测算，其中将生物资源账户和能源账户各个项目的人均能值生态足迹归纳为耕地、草地、林地、水域、化石能源地和建设用地等六大类型生态生产性土地的人均能值生态足迹，计算结果见表10－7。

表 10－7　2004—2013 年隆安县各类型土地的人均能值生态足迹

单位：hm²/人

年份	耕地	草地	林地	水域	化石能源地	建设用地
2004	8.12E－01	4.42E－01	8.29E－02	2.26E－01	3.27E－01	2.17E－01
2005	6.06E－01	1.80E＋00	1.59E－01	2.12E－01	3.33E－01	1.65E－01
2006	6.04E－01	1.88E＋00	2.13E－01	2.21E－01	3.39E－01	1.63E－01
2007	7.62E－01	2.03E＋00	2.98E－01	2.58E－01	4.89E－01	2.32E－01
2008	5.87E－01	2.15E＋00	2.43E－01	1.57E－01	2.66E－01	1.56E－01
2009	6.87E－01	2.55E＋00	3.43E－01	2.40E－01	3.37E－01	2.01E－01
2010	3.83E－01	2.17E＋00	1.31E－01	2.01E－01	2.64E－01	2.03E－01
2011	3.84E－01	2.20E＋00	2.19E－01	2.32E－01	6.05E－01	3.29E－01
2012	4.73E－01	2.50E－00	2.62E－01	1.77E－01	5.58E－01	4.01E－01
2013	4.05E－01	1.95E＋00	4.07E－01	2.23E－01	4.78E－01	4.94E－01

从图 10－1 中可以看出，2004—2013 年隆安县生态足迹占比最大的是草地，其次是耕地和化石能源地，水域的变化对隆安县人均能值生态足迹的影响最小。

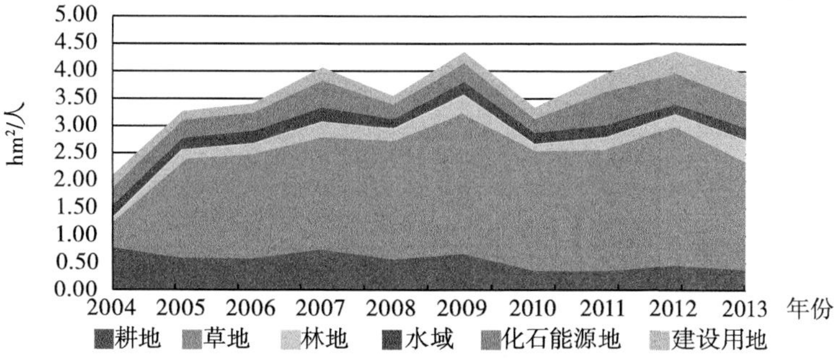

图 10－1　2004—2013 年隆安县能值生态足迹构成

从图 10－2 中可以看出，2004—2013 年隆安县六大类生态生产性土地中，耕地的人均能值生态足迹平均每年的增长十分缓慢，甚至总体出现负增长，为－50.08%，主要因为隆安县的耕地面积十分有限，且在经济社会发展过程中对耕地采取了有效的保护措施。水域的人均能值生态足迹基本保持不变。草地的人均能值生态足迹在总生态足迹中占有较高的比例，且增长快速，近 10 年来增加了 341.57%，主要因为隆安县的草地面积较多。林地的人均能值生态足迹增加了 390.31%，这主要因为隆安县发展过程中加大了对林产品的消耗。化石能源地和建设用地不仅占有很大的比重而且逐年增加，主要因为人口逐年增长对能源的消耗量激增，能源结构的不合理加剧了对能源的使用程度，同时汽车数量的逐年增多也给隆安县的生态环境带来巨大的压力。另外，城镇化进程中对于建设用地的需求量逐年增加。

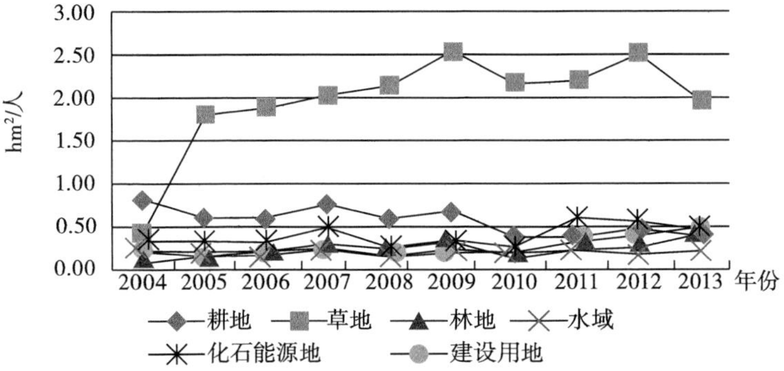

图 10－2　2004—2013 年隆安县六大类生态生产性土地的人均能值生态足迹变化

从具体年份来看，2004 年隆安县六大类生态生产性土地的人均能值生态足迹大小排序是：林地 > 耕地 > 草地 > 化石能源地 > 水域 > 建设用地，但到 2013 年隆安县六大类生态生产性土地的人均能值生态足迹大小排序是：草地 > 建设用地 > 化石能源地 > 林地 > 耕地 > 水域。这说明 10 年来，隆安县对森林资源保护工作落到了实处且成果显著，尽管林产品消耗增长迅速，但其比重下降明显。同时，隆安县严格落实耕地保护制度，其耕地人均能值生态足迹的占比从 2004 年的第二位降到了 2013 年的第五位，仅高于水域。需要注意的是，建设用地的人均能值生态足迹占比变化明显，由 2004 年的第六位上升到 2013 年的第一位，说明随着城镇化建设的加速，经济社会发展对电力的需求量增长快速，且需要大量的建设用地。化石能源地的人均能值生态足迹的占比在 2013 年仅次于建设用地，排第二位。由此可以看出，整个能源账户在隆安县人均能值生态足迹中占有主要位置，这是因为隆安县在经济社会发展过程中，对能源的消耗和依赖程度越来越大，这需要引起各方重视。

如图 10－3 所示，2004—2013 年隆安县人均能值生态足迹呈上升趋势，由 2004 年的 2.11hm^2/人增加到 2013 年的 3.96hm^2/人，增幅达 87.68%，说明隆安县在社会经济发展过程中，对资源的依赖程度越来越大，最大值为 2012 年的 4.37hm^2/人。说明 2012 年后隆安县采取了有效措施，控制了社会经济发展过程中对资源的消耗程度，人均能值生态足迹增长态势得到有效抑制。

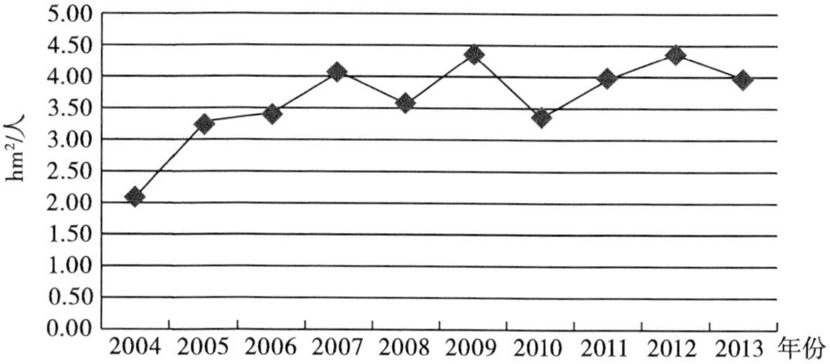

图 10－3　2004—2013 年隆安县人均能值生态足迹变化

（二）马山县能值生态足迹

笔者采用上文中计算隆安县人均能值生态足迹的方法来完成2004—2013 年马山县人均能值生态足迹的测算，其中将生物资源账户和能源账户各个项目的人均能值生态足迹归纳为耕地、草地、林地、水域、化石能源地和建设用地等六大类型生态生产性土地的人均能值生态足迹，计算结果见表 10－8。

表 10－8　2004—2013 年马山县各类型土地的人均能值生态足迹

单位：hm^2/人

年份	耕地	草地	林地	水域	化石能源地	建设用地
2004	1.88E－01	5.83E－01	2.70E－03	1.55E－01	6.90E－02	6.99E－02
2005	1.65E－01	1.74E＋00	4.43E－03	1.41E－01	7.56E－02	5.72E－02

续表

年份	耕地	草地	林地	水域	化石能源地	建设用地
2006	1.61E-01	1.81E+00	3.81E-03	1.43E-01	1.13E-01	6.90E-02
2007	2.12E-01	1.97E+00	6.13E-03	1.68E-01	1.55E-01	6.30E-02
2008	1.67E-01	1.51E+00	4.04E-03	9.94E-02	1.13E-01	7.59E-02
2009	2.15E-01	1.75E+00	7.56E-03	1.50E-01	1.61E-01	1.06E-01
2010	1.60E-01	1.90E+00	8.70E-02	1.24E-01	1.41E-01	1.11E-01
2011	1.54E-01	1.48E+00	1.48E-01	1.38E-01	1.44E-01	1.35E-01
2012	2.04E-01	1.69E+00	1.37E-01	1.05E-01	1.13E-01	8.49E-02
2013	1.83E-01	1.32E+00	8.81E-02	1.33E-02	5.59E-02	1.95E-01

从图 10-4 中可以看出，2004—2013 年马山县生态足迹占比最大的是草地，其次是耕地、化石能源地和水域，林地和建设用地的变化对马山县人均能值生态足迹的影响较小。

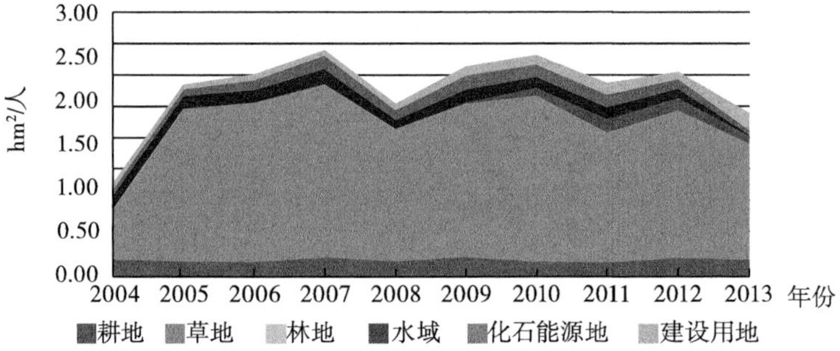

图 10-4 2004—2013 年马山县能值生态足迹构成

从图 10-5 中可以看出，草地的人均能值生态足迹呈先大幅增长再略微下降的趋势，且在总能值生态足迹中占有较高的比例，主要因为马山县从 2004 年开始大力发展畜牧业，发展过程给草地生态系统带来了非常大的压力，从 2007 年开始政府虽然从可持续发展理念出发开展畜牧业的绿色转型升级，起到了一定效果，但不是很明显。2004—2013 年马山县耕地、林地、水域、化石能源地和建设用地的人均能值生态足迹平均每年的增长十分缓慢，且都基本保持不变，说明马山县在近 10 年的发展过程中严格执行了对耕地、水域保护制度，使耕地、水域面积得到了有效保护。另外，马山县近 10 年来在工业化、城镇化进程中，随着人口数量的增长，没有过度依赖能源和电力，一方面因为经济发展相对缓慢，另一方面因为马山县近 10 年来都比较重视生态环境保护，走了一条较好的绿色低碳型发展道路。值得注意的是，近 10 年来马山县林地的人均能值生态足迹增加了 3157.86%，增长非常快速，说明马山县近年来的发展对林产品的消耗巨大，必须重视对林业资源的保护。

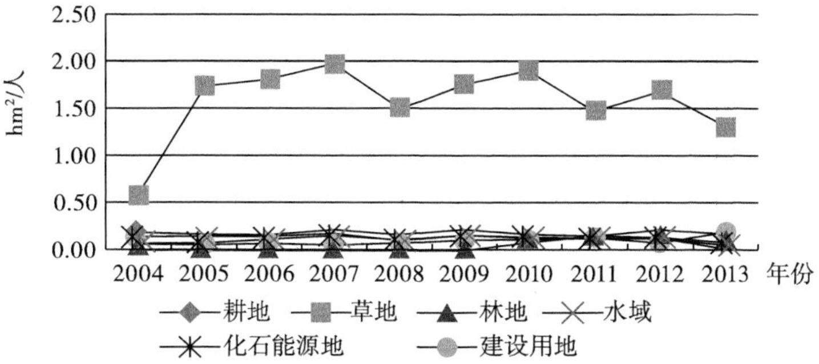

图 10-5　2004—2013 年马山县六大类生物生产性土地的人均能值生态足迹变化

从具体年份来看，2004 年马山县六大类生态生产性土地的人均能值生态足迹大小排序是：草地 > 耕地 > 水域 > 建设用地 > 化石能源地 > 林地，但到 2013 年马山县六大类生态生产性土地的人均能值生态足迹大小排序是：草地 > 建设用地 > 耕地 > 林地 > 化石能源地 > 水域。这说明 10 年来，马山县大力发展畜牧产业，对畜牧产品的消耗一直保持高位，但对耕地保护政策落实到市场，农产品消耗有所减少。在水域开发方面，马山县对水产品的生产和消耗大量缩减，水域的人均能值生态足迹占比从 2004 年的第三位降到 2013 年的第六位，说明马山县进行了产业转移，水产业不是其经济发展的主要产业。相反，近年来马山县大力开发林业，林产品生产消耗量增加快速。需要说明的是，在 10 年的发展过程中，马山县化石能源地和建设用地的人均能值生态足迹占比变化不大。从生物资源账户和能源账户来看，2004 年马山县能源账户的人均能值生态足迹占比是 13.01%，到 2013 年其占比也只有 13.52%，说明马山县在经济社会发展过程中没有过度依赖能源，并在城镇化进程中没有一味追求城镇建设面积，建设用地控制合理。

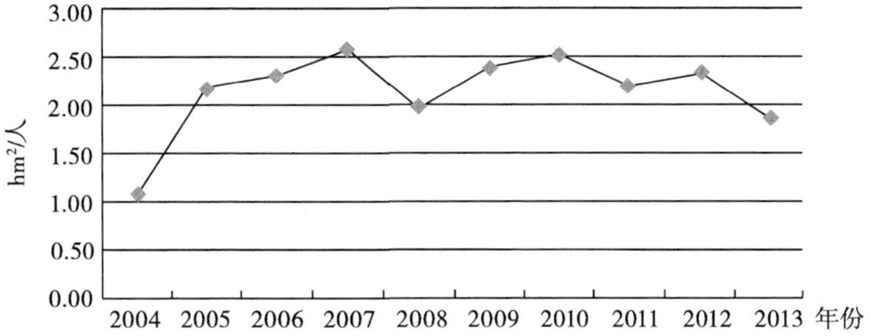

图 10-6　2004—2013 年马山县人均能值生态足迹变化

从图 10-6 中可以看出，2004—2013 年马山县人均能值生态足迹虽然有所上升，但趋势较为平缓，且属于先上涨后略有下降的趋势。从总体来看，由 2004 年的 1.07hm²/人增加到 2013 年的 1.86hm²/人，增加 73.83%，说明马山县在社会经济发展过程中，对资源的依赖程度越来越大。但值得注意的是，马山县人均能值生态足迹的最大值出现在 2007 年，为 2.58hm²/人，2007 年以后均处于波动下降趋势，说明 2007 年之后马山县采取了有效措施控制了在社会经济发展过程中对资源的消耗程度，使人均能值生态足迹增长态势得到了有效抑制。

（三）上林县能值生态足迹

笔者采用上文中计算马山县人均能值生态足迹的方法来完成 2004—2013 年上林县人均能值生态足迹的测算，其中将耕地、草地、林地、水域、化石能源地和建设用地等六大类型土地的人均能值生态足迹，计算结果见表 10-9。

表 10-9　2004—2013 年上林县各类型土地的人均能值生态足迹

单位：hm²/人

年份	耕地	草地	林地	水域	化石能源地	建设用地
2004	3.65E-01	6.05E-01	1.79E-02	2.30E-01	3.13E-02	4.66E-03
2005	3.25E-01	1.89E+00	2.47E-02	2.15E-01	5.90E-02	5.93E-02

续表

年份	耕地	草地	林地	水域	化石能源地	建设用地
2006	3.32E-01	2.00E+00	2.51E-02	2.27E-01	1.11E-01	3.07E-02
2007	4.15E-01	2.29E+00	2.87E-02	2.90E-01	2.81E-01	1.79E-01
2008	3.82E-01	1.69E+00	2.15E-02	1.90E-01	2.23E-01	2.42E-01
2009	4.20E-01	2.32E+00	3.29E-02	2.90E-01	3.14E-01	2.00E-01
2010	1.59E-01	1.93E+00	9.59E-02	2.42E-01	2.99E-01	1.18E-01
2011	3.03E-01	2.03E+00	1.34E-01	2.68E-01	2.46E-01	1.59E-01
2012	3.69E-01	2.24E+00	1.67E-01	2.03E-01	1.77E-01	8.23E-02
2013	3.09E-01	1.85E+00	1.13E-01	2.60E-01	1.38E-01	1.75E-01

从图10-7中可以看出，2004—2013年上林县生态足迹占比最大的是草地，其次是耕地和化石能源地，林地的变化对上林县人均能值生态足迹的影响最小。

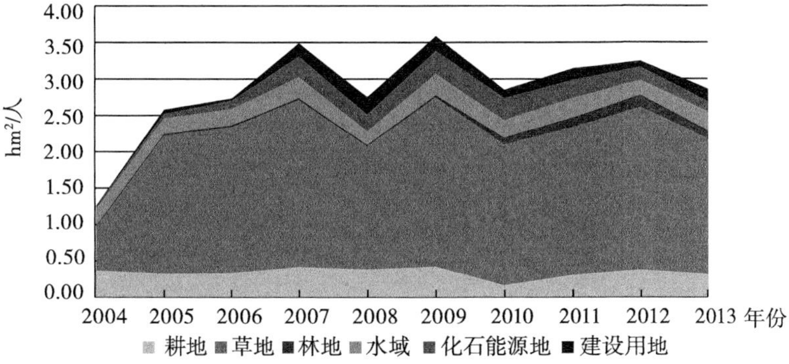

图10-7　2004—2013年上林县能值生态足迹构成

从图10-8中可以看出，2004—2013年上林县在经济社会发展过程中，草地的人均能值生态足迹呈先大幅增长再略微下降的趋势，且在总能值生态足迹中占有较高的比例，主要因为上林县从2004年开始大力发展畜牧业，在发展过程中给草地生态系统带来了非常大的压力，所以草地的人均能值生态足迹的最大值出现在2009年，为2.32hm^2/人。从2009年开始政府从可持续发展理念出发开展畜牧业的绿色转型升级，起到了一定效果，但不是很明显。2004—2013年上林县耕地的人均能值生态足迹占比不大，且总体呈较少趋势，由 2004 年的 3.65hm^2/人减少到 2013 年的 3.09hm^2/人，减少了 15.34%，说明上林县在近 10 年的发展过程中严格执行了耕地制度。但值得注意的是，2004—2013 年上林县林地、化石能源地和建设用地的人均能值生态足迹虽然占比不大，但增加非常明显，分别增加了 532.81%、339.40% 和 3655.09%。这说明上林县在近 10 年的发展过程中对资源的消耗程度严重，尤其在城镇化建设过程中，对电力的消耗激增，当地政府必须引起重视，采取有效措施加以抑制。

从具体年份来看，2004 年上林县六大类生态生产性土地的人均能值生态足迹大小排序是：草地 > 耕地 > 水域 > 化石能源地 > 林地 > 建设用地，但到 2013 年上林县六大类生态生产性土地的人均能值生态足迹大小排序是：草地 > 耕地 > 水域 > 建设用地 > 化石能源地 > 林地。这说明 10 年来，上林县大力发展畜牧产业，对畜牧产品的消耗一直保持高位，同时大力发展农业，在经济发展过程中对农产品的生产消费量较大，导致耕地的人均能值生态足迹的占比一直排第二位。另外，上林县还非常重视对水产品的开发，水域的人均能值生态足迹仅次于耕地，一直排第三位。需要注意的是，随着城镇化进程加快，上林县的建设用地人均能值生态足迹增加迅速。从生物资源账户和能源账户来看，2004 年上林县能源账户的人均能值生态足迹占比只有 2.87%，但到 2013 年其占比就增加到 11.00%，占比增长明显，说明上林县在经济社会发展过程中大量依赖能源，并在城镇化进程中城镇建设用地扩展迅速。

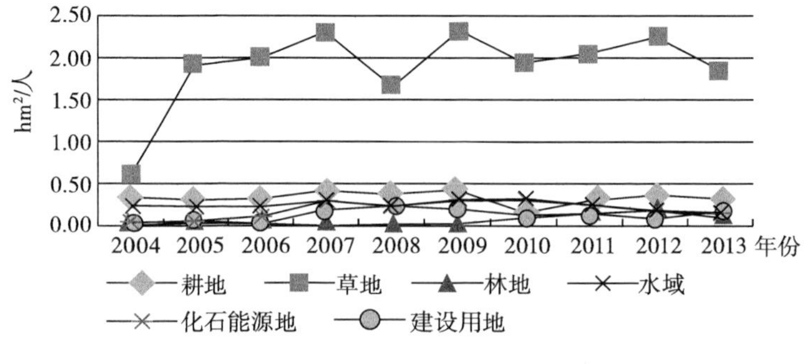

图 10－8　2004—2013 年上林县六大类生态生产性土地的人均能值生态足迹

从图 10 - 9 中可以看出，2004—2013 年上林县人均能值生态足迹虽然有所上升，但趋势较为平缓。从总体来看，由 2004 年的 1. 25hm²/人增加到 2013 年的 2. 85hm²/人，增加 128%，说明上林县在社会经济发展过程中，对资源的依赖程度越来越大。但值得注意的是，上林县人均能值生态足迹的最大值出现在 2009 年，为 3. 58hm²/人，2009 年以来人均能值生态足迹总体有所下降，但相对平缓，下降幅度不明显，截至 2013 年，下降了 20. 38%。

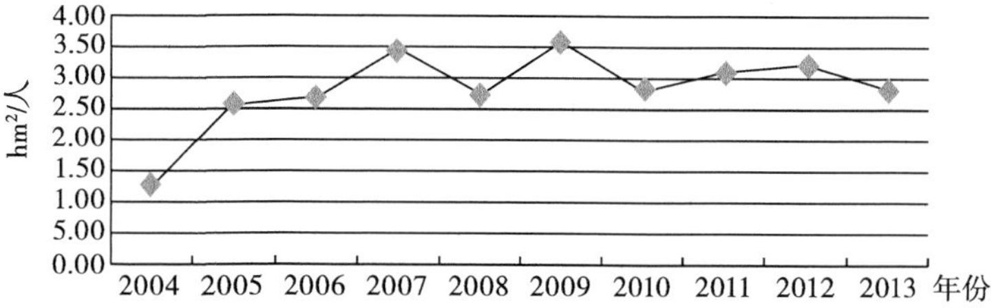

图 10 - 9　2004—2013 年上林县人均能值生态足迹变化

二、广西集中连片特困地区能值生态承载力

（一）隆安县能值生态承载力

笔者采用上文中计算 1993—2015 年广西能值生态承载力的方法来计算 2004—2013 年隆安县可更新资源的太阳能值，计算结果见表 10 - 10。

表 10 - 10　2004—2013 年隆安县可更新资源的太阳能值　　单位：sej

年份	太阳辐射能	风能	雨水势能	雨水化学能	地球旋转能
2004	1. 17E + 19	1. 19E + 19	1. 78E + 19	1. 59E + 20	9. 7E + 19
2005	1. 17E + 19	1. 19E + 19	2. 2E + 19	1. 97E + 20	9. 7E + 19
2006	1. 17E + 19	1. 19E + 19	2. 28E + 19	2. 04E + 20	9. 7E + 19
2007	1. 17E + 19	1. 19E + 19	1. 98E + 19	1. 77E + 20	9. 7E + 19
2008	1. 17E + 19	1. 19E + 19	3. 2E + 19	2. 86E + 20	9. 7E + 19
2009	1. 17E + 19	1. 19E + 19	1. 9E + 19	1. 69E + 20	9. 7E + 19
2010	1. 17E + 19	1. 19E + 19	2. 71E + 19	2. 42E + 20	9. 7E + 19

续表

年份	太阳辐射能	风能	雨水势能	雨水化学能	地球旋转能
2011	1.17E+19	1.19E+19	1.27E+20	2.2E+20	9.7E+19
2012	1.17E+19	1.19E+19	2.14E+19	1.91E+20	9.7E+19
2013	1.17E+19	1.19E+19	3.09E+19	2.76E+20	9.7E+19

从表 10－10 中可以看出，2004—2013 年隆安县除了雨水势能和雨水化学能以外，其他三种可更新资源的太阳能值都基本保持不变；隆安县每年降水量的不同，导致雨水势能和雨水化学能在各年之间的数值有一定差异；隆安县雨水化学能均高于雨水势能，且雨水化学能的最大值出现在 2008 年，为 2.86E＋20 sej，最小值出现在 2004 年，为 1.59E＋20sej。

表 10－11　2004—2013 年隆安县人均能值生态承载力

年份	太阳能值（sej）	区域能值密度（sej/hm^2）	人均能值生态承载力（hm^2/人）
2004	2.56E+20	1.11E+15	1.96E+00
2005	2.94E+20	1.27E+15	2.23E+00
2006	3.01E+20	1.31E+15	2.26E+00
2007	2.74E+20	1.19E+15	2.02E+00
2008	3.83E+20	1.66E+15	2.79E+00
2009	2.66E+20	1.16E+15	1.91E+00
2010	3.39E+20	1.47E+15	2.39E+00
2011	3.17E+20	1.38E+15	2.22E+00
2012	2.88E+20	1.25E+15	1.99E+00
2013	3.73E+20	1.62E+15	2.55E+00

从表 10－11 中可以看出，2004—2013 年隆安县的太阳能值、区域能值密度和人均能值生态承载力一直处于变化的状态。其中，区域能值密度为区域太阳能值除以区域面积，可以看出，隆安县的区域能值密度虽然有波动，但总体变化不大，且均高于全球平均能值密度。为了更形象地描述变化状态，笔者绘制了 2004—2013 年隆安县人均能值生态承载力折线图，如图 10－10 所示。

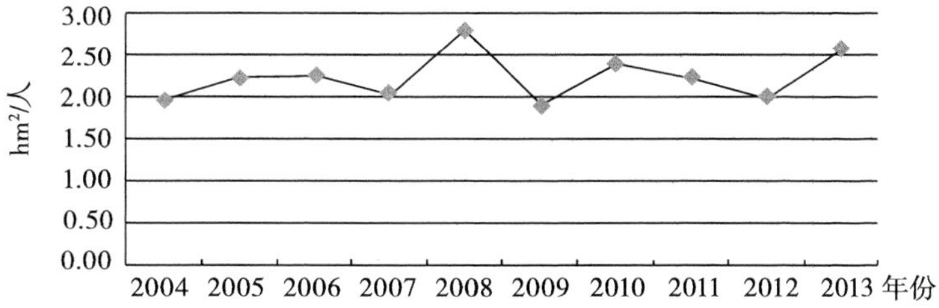

图 10－10　2004—2013 年隆安县人均能值生态承载力折线图

从图 10－10 中可以看出，2004—2013 年隆安县人均能值生态承载力相对比较平稳。在 2008 年隆安县的人均能值生态承载力达到了最高值，主要因为隆安县这两年的降水量比较高，导致可更新资源的总能值变大。最低值出现在 2009 年，为 1.91E＋00hm^2/人，主要因为人类产生的环境污染和破坏生态环境导致的生态承载力下降，但是环境本身的自我调节能力在一段时间内可以恢复，所以在下降过后，2010 年、2013 年隆安县人均能值生态承载力均出现回升。截至 2013 年，隆安县人均能值生态承载力为 2.55E＋00hm^2/人。

（二）马山县能值生态承载力

笔者采用上文中计算隆安县可更新资源的太阳能值的方法来计算 2004—2013 年马山县可更新资源的太阳能值，计算结果见表 10－12。

表 10－12　2004—2013 年马山县可更新资源的太阳能值　　单位：sej

年份	太阳辐射能	风能	雨水势能	雨水化学能	地球旋转能
2004	1.19E＋19	1.21E＋19	3.11E＋19	1.62E＋20	9.86E＋19
2005	1.19E＋19	1.21E＋19	3.84E＋19	2E＋20	9.86E＋19
2006	1.19E＋19	1.21E＋19	3.98E＋19	2.07E＋20	9.86E＋19
2007	1.19E＋19	1.21E＋19	3.46E＋19	1.8E＋20	9.86E＋19
2008	1.19E＋19	1.21E＋19	5.58E＋19	2.91E＋20	9.86E＋19
2009	1.19E＋19	1.21E＋19	3.3E＋19	1.72E＋20	9.86E＋19
2010	1.19E＋19	1.21E＋19	4.72E＋19	2.46E＋20	9.86E＋19
2011	1.19E＋19	1.21E＋19	1.29E＋20	2.24E＋20	9.86E＋19

续表

年份	太阳辐射能	风能	雨水势能	雨水化学能	地球旋转能
2012	1.19E+19	1.21E+19	3.73E+19	1.94E+20	9.86E+19
2013	1.19E+19	1.21E+19	5.39E+19	2.81E+20	9.86E+19

从表10-12中可以看出，2004—2013年马山县除了雨水势能和雨水化学能以外，其他三种可更新资源的太阳能值都基本保持不变，主要因为马山县每年降水量的不同，导致雨水势能和雨水化学能在各年之间的数值有一定差异；马山县雨水化学能均高于雨水势能，且雨水化学能的最大值出现在2008年，为2.91E+20 sej，最小值出现在2004年，为1.62E+20 sej。

表10-13　2004—2013年马山县人均能值生态承载力

年份	太阳能值（sej）	区域能值密度（sej/hm²）	人均能值生态承载力（hm²/人）
2004	2.61E+20	1.11E+15	1.46E+00
2005	2.99E+20	1.27E+15	1.67E+00
2006	3.06E+20	1.31E+15	1.69E+00
2007	2.79E+20	1.19E+15	1.51E+00
2008	3.89E+20	1.66E+15	2.08E+00
2009	2.71E+20	1.16E+15	1.44E+00
2010	3.45E+20	1.47E+15	1.80E+00
2011	3.23E+20	1.38E+15	1.67E+00
2012	2.93E+20	1.25E+15	1.50E+00
2013	3.79E+20	1.62E+15	1.92E+00

从表10-13中可以看出，2004—2013年马山县的太阳能值、区域能值密度和人均能值生态承载力一直处于变化的状态，但总体变化不大，且马山县的区域能值密度10年来均高于全球平均能值密度。为了更形象地描述变化状态，笔者绘制了2004—2013年马山县人均能值生态承载力折线图，如图10-11所示。

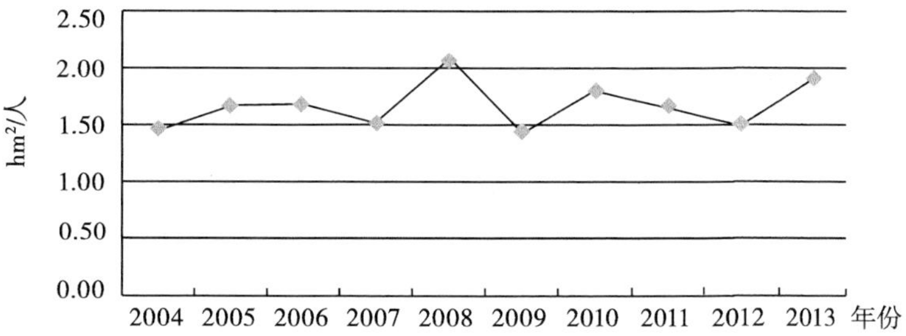

图 10－11　2004—2013 年马山县人均能值生态承载力折线图

从图 10－11 中可以看出，2004—2013 年马山县人均能值生态承载力相对比较平稳。在 2008 年马山县的人均能值生态承载力达到了最高值，主要因为马山县这两年的降水量比较高，导致可更新资源的总能值变大。最低值出现在 2009 年，为 1.44E＋00hm^2/人，主要因为人类产生的环境污染和破坏生态环境导致生态承载力下降，但是环境本身的自我调节能力在一段时间内可以恢复，所以在下降过后，2010 年、2013 年，马山县人均能值生态承载力均出现回升。截至 2013 年，马山县人均能值生态承载力为 1.92E＋00hm^2/人。

（三）上林县能值生态承载力

笔者采用上文中计算马山县可更新资源的太阳能值的方法来计算 2004—2013 年上林县可更新资源的太阳能值，计算结果见表 10－14。

表 10－14　2004—2013 年上林县可更新资源的太阳能值　　单位：sej

年份	太阳辐射能	风能	雨水势能	雨水化学能	地球旋转能
2004	9.25E＋18	9.35E＋18	1.66E＋19	1.26E＋20	7.64E＋19
2005	9.25E＋18	9.35E＋18	2.05E＋19	1.55E＋20	7.64E＋19
2006	9.25E＋18	9.35E＋18	2.13E＋19	1.61E＋20	7.64E＋19
2007	9.25E＋18	9.35E＋18	1.85E＋19	1.4E＋20	7.64E＋19
2008	9.25E＋18	9.35E＋18	2.98E＋19	2.25E＋20	7.64E＋19
2009	9.25E＋18	9.35E＋18	1.77E＋19	1.34E＋20	7.64E＋19
2010	9.25E＋18	9.35E＋18	2.53E＋19	1.91E＋20	7.64E＋19
2011	9.25E＋18	9.35E＋18	1E＋20	1.74E＋20	7.64E＋19

续表

年份	太阳辐射能	风能	雨水势能	雨水化学能	地球旋转能
2012	9.25E+18	9.35E+18	2E+19	1.51E+20	7.64E+19
2013	9.25E+18	9.35E+18	2.88E+19	2.18E+20	7.64E+19

从表10-14中可以看出，2004—2013年上林县除了雨水势能和雨水化学能以外，其他三种可更新资源的太阳能值都基本保持不变，主要因为上林县每年降水量的不同，导致雨水势能和雨水化学能在各年之间的数值有一定差异；上林县雨水化学能均高于雨水势能，且雨水化学能的最大值出现在2008年，为2.25E+20 sej，最小值出现在2004年，为1.26E+20 sej。

表10-15　2004—2013年上林县人均能值生态承载力

年份	太阳能值（sej）	区域能值密度（sej/hm^2）	人均能值生态承载力（hm^2/人）
2004	2.02E+20	1.11E+15	1.25E+00
2005	2.32E+20	1.27E+15	1.40E+00
2006	2.37E+20	1.31E+15	1.42E+00
2007	2.16E+20	1.19E+15	1.27E+00
2008	3.02E+20	1.66E+15	1.79E+00
2009	2.10E+20	1.16E+15	1.23E+00
2010	2.67E+20	1.47E+15	1.55E+00
2011	2.5E+20	1.38E+15	1.44E+00
2012	2.27E+20	1.25E+15	1.32E+00
2013	2.94E+20	1.62E+15	1.70E+00

从表10-15中可以看出，2004—2013年上林县的太阳能值、区域能值密度和人均能值生态承载力一直处于变化的状态，但总体变化不大，且上林县的区域能值密度10年来均高于全球平均能值密度。为了更形象地描述变化状态，笔者绘制了2004—2013年上林县人均能值生态承载力折线图，如图10-12所示。

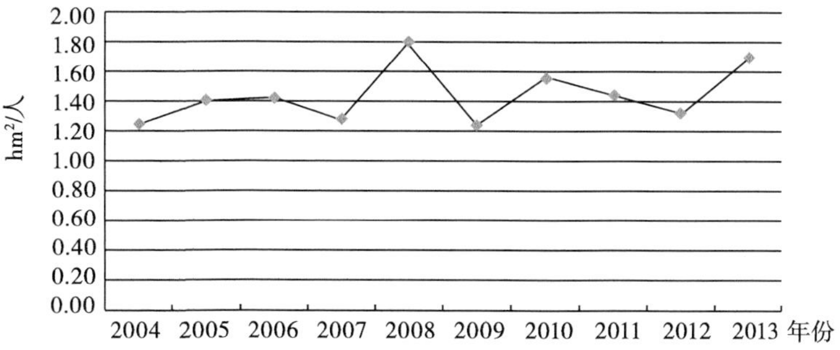

图 10－12　2004—2013 年上林县人均能值生态承载力折线图

从图 10－12 中可以看出，2004—2013 年上林县人均能值生态承载力相对比较平稳。在 2008 年上林县的人均能值生态承载力达到了最高值，主要因为上林县这两年的降水量比较高，导致可更新资源的总能值变大。最低值出现在 2009 年，为 1.23E＋00hm²/人，主要因为人类产生的环境污染和破坏生态环境导致的生态承载力下降，但是环境本身的自我调节能力在一段时间内可以恢复，所以在下降过后，2010 年、2013 年上林县人均能值生态承载力均出现回升。截至 2013 年，上林人均能值生态承载力为 1.70E＋00hm²/人。

从隆安县、马山县和上林县的人均能值生态承载力的计算结果可以看出，广西集中连片特困地区的各个县市人均能值生态承载力大体相当，虽然均高于全球平均值，但由于其处于喀斯特石漠化区域，生态环境脆弱、灾变承受能力弱，所以广西集中连片特困地区的人均能值生态承载力都低于广西平均水平。这进一步说明，在经济社会发展、扶贫开发和城镇化进程中，广西集中连片特困地区需要比其他地方更加重视生态环境保护，确保生态经济系统协调发展，以免陷入“生态环境脆弱—贫困—粗放式发展—生态环境进一步被破坏—更加贫困”的恶性循环中。

三、广西集中连片特困地区生态盈亏

（一）隆安县生态盈亏

生态盈亏是指一个区域内的人均能值生态承载力减去人均能值生态足

迹，如果值为负，就被称为生态赤字，反之为生态盈余。区域生态赤字说明在该区域内实际拥有的生态生产性土地面积无法满足当地社会经济发展的需求。

笔者采用上文中计算1993—2015年广西生态盈余/赤字情况的方法来计算2004—2013年隆安县的生态盈余/赤字情况，计算结果见表10-16。

表10-16　2004—2013年隆安县生态盈亏　　单位：hm^2/人

年份	人均能值生态足迹	人均能值生态承载力	生态盈亏
2004	2.11E+00	1.96E+00	-1.47E-01
2005	3.28E+00	2.23E+00	-1.05E+00
2006	3.42E+00	2.26E+00	-1.16E+00
2007	4.07E+00	2.02E+00	-2.05E+00
2008	3.56E+00	2.79E+00	-7.71E-01
2009	4.35E+00	1.91E+00	-2.44E+00
2010	3.35E+00	2.39E+00	-9.56E-01
2011	3.97E+00	2.22E+00	-1.74E+00
2012	4.37E+00	1.99E+00	-2.38E+00
2013	3.96E+00	2.55E+00	-1.41E+00

从表10-16中可以看出，2004—2013年隆安县一直处于生态赤字的状态。为了更清晰地展现其变化趋势，笔者绘制了2004—2013年隆安县人均能值生态足迹和人均能值生态承载力趋势图，如图10-13所示。

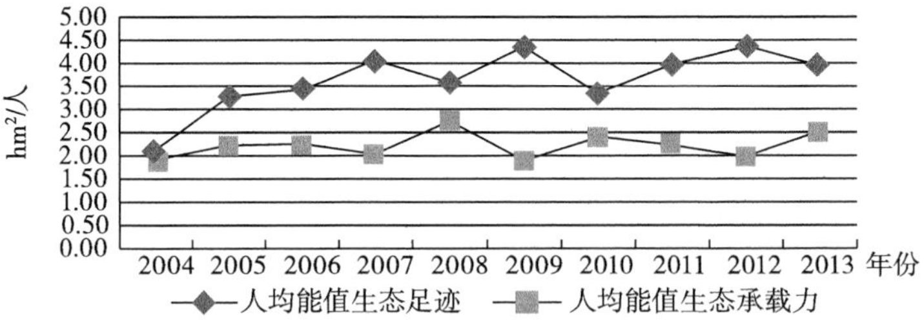

图10-13　2004—2013年隆安县人均能值生态足迹和人均能值生态承载力趋势

从图10-13中可以看出，隆安县近10年的生态赤字虽然有波动，但总体呈现上升的趋势。隆安县生态赤字由2004年的0.147hm^2/人扩大到2013

年的 1.41hm^2/人，扩大了 859.18%。这说明近 10 年，隆安县生态承载力依旧无法满足其经济社会发展的需要，为了保证隆安县域经济健康快速发展，隆安县应该更进一步制定有效措施来改善当前面临的环境和生态上的压力。值得注意的是，隆安县一般人均能值生态足迹较高的年份，其人均能值生态承载力相对较低，而人均能值生态足迹较低的年份，其人均能值生态承载力则相对较高。这说明隆安县较高的人均能值生态足迹破坏了其生态环境的承载能力，所以想要缩小隆安县的生态赤字情况，一方面可以通过发展绿色低碳经济减少生态足迹，另一方面可以想办法增加其生态环境的承载能力，二者相辅相成。

（二）马山县生态盈亏

笔者采用上文中计算隆安县生态盈余/赤字情况的方法来计算 2004—2013 年马山县的生态盈余/赤字情况，计算结果见表 10 - 17。

表 10 - 17　2004—2013 年马山县生态盈亏　　单位：hm^2/人

年份	人均能值生态足迹	人均能值生态承载力	生态盈亏
2004	1.07	1.46	0.396
2005	2.18	1.67	-0.513
2006	2.30	1.69	-0.614
2007	2.58	1.51	-1.070
2008	1.97	2.08	0.114
2009	2.39	1.44	-0.954
2010	2.52	1.80	-0.717
2011	2.20	1.67	-0.537
2012	2.33	1.50	-0.827
2013	1.86	1.92	0.613

从表 10 - 17 中可以看出，2004—2013 年中，除了 2004 年、2008 年和 2013 年，马山县均处于生态赤字的状态。为了更清晰地展现其变化趋势，笔者绘制了 2004—2013 年马山县人均能值生态足迹和人均能值生态承载力趋势图，如图 10 - 14 所示。

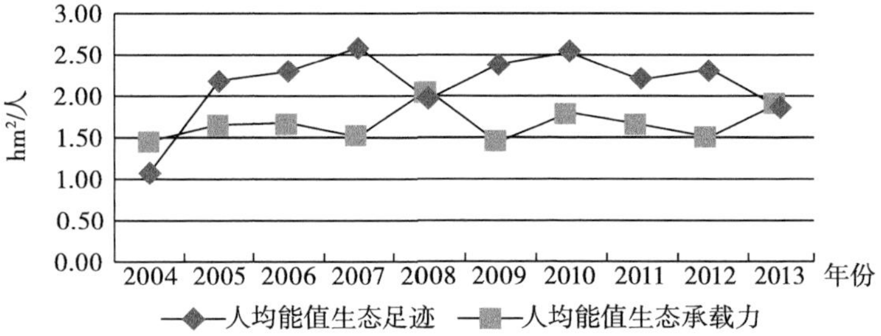

图 10－14　2004—2013 年马山县人均能值生态足迹和人均能值生态承载力趋势

从图 10－14 中可以看出，马山县近 10 年的生态赤字虽有波动，但总体相对平稳。这说明近 10 年，马山县总体的生态承载力依旧无法满足其县经济社会发展的需要，需要制定有效措施来改善当前面临的环境和生态上的压力。马山县的生态赤字最大值出现在 2007 年，为 1.07hm^2/人。值得注意的是，2013 年马山县处于生态盈余状态，其值为 6.13E－02hm^2/人，尽管盈余很少，但这已经是重大突破，在广西整体处于生态赤字的大环境下，这种成绩非常难得，希望能在马山县未来的发展中继续保持。

（三）上林县生态盈亏

笔者采用上文中计算马山县生态盈余/赤字情况的方法来计算 2004—2013 年上林县的生态盈余/赤字情况，计算结果见表 10－18。

表 10－18　2004—2013 年上林县生态盈亏　　单位：hm^2/人

年份	人均能值生态足迹	人均能值生态承载	生态盈亏
2004	1.25	1.25	－0.00884
2005	2.57	1.40	－1.17000
2006	2.72	1.42	－1.31000
2007	3.48	1.27	－2.21000
2008	2.75	1.79	－0.95500
2009	3.58	1.23	－2.35000
2010	2.85	1.55	－1.29000
2011	3.14	1.44	－1.70000

续表

年份	人均能值生态足迹	人均能值生态承载	生态盈亏
2012	3.23	1.32	-1.92000
2013	2.85	1.70	-1.15000

从表 10-18 中可以看出，2004—2013 年上林县一直处于生态赤字的状态。为了更清晰地表现其变化趋势，笔者绘制了 2004—2013 年上林县人均能值生态足迹和人均能值生态承载力趋势图，如图 10-15 所示。

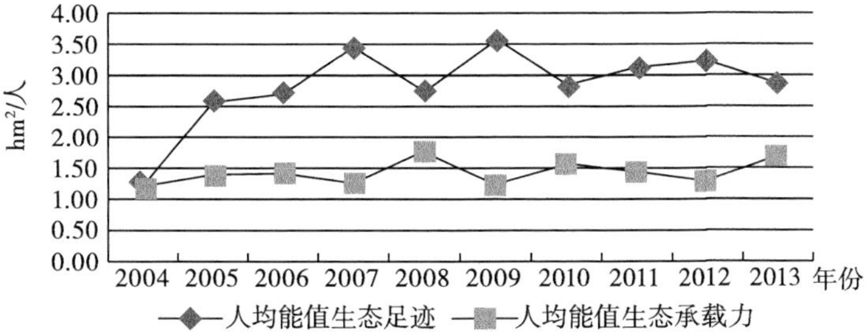

图 10-15　2004—2013 年上林县人均能值生态足迹和人均能值生态承载力趋势

从图 10-15 中可以看出，上林县近 10 年的生态赤字虽有波动，但总体呈现上升的趋势。上林县生态赤字由 2004 年的 0.00884hm²/人扩大到 2013 年的 1.15hm²/人，扩大了 12909.05%。这说明近 10 年，上林县生态承载力依旧无法满足其经济社会发展的需要，导致生态赤字大幅度增加。可喜的是，2013 年上林县的生态赤字相对于 2012 年有所下降，下降了 40.06%。值得注意的是，上林县一般人均能值生态足迹较高的年份，其人均能值生态承载力相对较低，而人均能值生态足迹较低的年份，其人均能值生态承载力则相对较高。这说明上林县较高的人均能值生态足迹破坏了其生态环境的承受能力，所以想要缩小上林县的生态赤字情况，一方面可以通过发展绿色低碳经济减少生态足迹，另一方面可以想办法增加其生态环境的承载能力，二者相辅相成。

四、广西集中连片特困地区可持续性发展指数

（一）可持续性发展指数计算公式

$$sei = \frac{eef}{eef + eec} \qquad (10-1)$$

式中，sei 为可持续性发展指数，其值介于 0 ~ 1 之间，值越小说明区域可持续发展能力越好。如果可持续性发展指数等于 0.5，即区域的人均能值生态足迹刚好等于人均能值生态承载力，说明区域发展处于可持续状态的边缘；可持续性发展指数越接近 1，说明区域发展过程中生态环境压力越大，越不可持续。

（二）可持续性发展指数分析

笔者采用文中广西、隆安县、马山县和上林县的人均能值生态足迹和人均能值生态承载力来计算其可持续性发展指数。为了方便起见，笔者采用 2004—2013 年的数据进行计算和比较分析，计算结果见表 10 - 19 至表 10 - 22。

表 10 - 19　2004—2013 年广西可持续性发展指数

年份	人均能值生态足迹（hm^2/人）	人均能值生态承载力（hm^2/人）	可持续性发展指数
2004	3.86	1.53	0.72
2005	3.29	2.20	0.60
2006	4.13	1.86	0.69
2007	3.09	2.59	0.54
2008	3.51	2.32	0.60
2009	4.25	2.22	0.66
2010	5.71	2.06	0.73
2011	5.11	2.46	0.68
2012	5.45	2.46	0.69
2013	5.69	2.45	0.70

从表 10－19 中可以看出，2004—2013 年广西的可持续性发展指数介于 0. 54 ~0. 73 之间，说明其均处于不可持续的发展状态。

表 10－20　2004—2013 年隆安县可持续性发展指数

年份	人均能值生态足迹（hm^2/人）	人均能值生态承载力（hm^2/人）	可持续性发展指数
2004	2. 11	1. 96	0. 52
2005	3. 28	2. 23	0. 60
2006	3. 42	2. 26	0. 60
2007	4. 07	2. 02	0. 67
2008	3. 56	2. 79	0. 56
2009	4. 35	1. 91	0. 69
2010	3. 35	2. 39	0. 58
2011	3. 97	2. 22	0. 64
2012	4. 37	1. 99	0. 69
2013	3. 96	2. 55	0. 61

从表 10－20 中可以看出，2004—2013 年隆安县的可持续性发展指数介于 0. 52 ~0. 69 之间，说明其均处于不可持续的发展状态。

表 10－21　2004—2013 年马山县可持续性发展指数

年份	人均能值生态足迹（hm^2/人）	人均能值生态承载力（hm^2/人）	可持续性发展指数
2004	1. 07	1. 46	0. 42
2005	2. 18	1. 67	0. 57
2006	2. 30	1. 69	0. 58
2007	2. 58	1. 51	0. 63
2008	1. 97	2. 08	0. 49
2009	2. 39	1. 44	0. 62
2010	2. 52	1. 80	0. 58
2011	2. 20	1. 67	0. 57
2012	2. 33	1. 50	0. 61
2013	1. 86	1. 92	0. 49

从表 10－21 中可以看出，2004—2013 年马山县的可持续性发展指数介于0.42～0.63之间，说明其经济发展均在可持续发展边缘徘徊。

表 10－22　2004—2013 年上林县可持续性发展指数

年份	人均能值生态足迹（hm^2/人）	人均能值生态承载力（hm^2/人）	可持续性发展指数
2004	1.25	1.25	0.50
2005	2.57	1.40	0.65
2006	2.72	1.42	0.66
2007	3.48	1.27	0.73
2008	2.75	1.79	0.61
2009	3.58	1.23	0.74
2010	2.85	1.55	0.65
2011	3.14	1.44	0.69
2012	3.23	1.32	0.71
2013	2.85	1.70	0.63

从表 10－22 中可以看出，2004—2013 年上林县的可持续性发展指数介于0.50～0.74之间，说明其均处于不可持续的发展状态。

为了更清晰地反映广西、隆安县、马山县和上林县可持续性发展指数，笔者绘制了其可持续性发展指数趋势图，如图 10－16 所示。

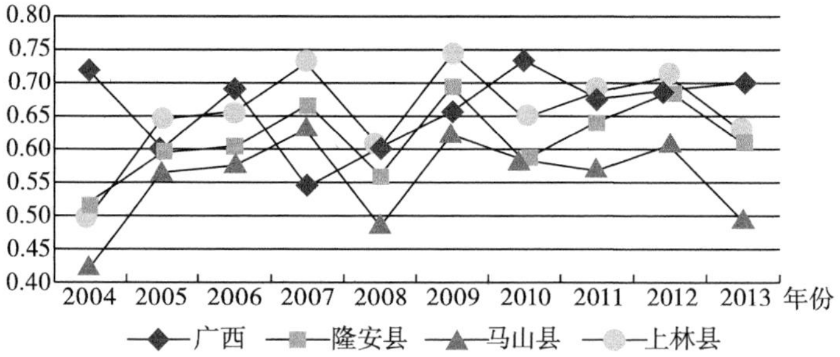

图 10－16　2004—2013 年广西、隆安县、马山县和上林县的可持续性发展指数

从图 10－16 中可以看出，2004—2013 年隆安县、马山县和上林县的可持续性发展指数均有所增加，且总体上三县可持续性发展指数的高低排序是：马山县 < 隆安县 < 上林县。这说明 2004—2013 年三县在社会经济发展过程中对资源的依赖程度越来越大，相对来讲，马山县的生态环保工作效果明显，到 2013 年其可持续性发展指数为 0. 49，处于可持续发展状态。但隆安县和上林县近 10 年的可持续性发展指数均较高，且增加较为明显，分别增加 17. 44% 和 24. 82%，两县的发展均处于不可持续状态。值得注意的是，2013 年隆安县和上林县的可持续性发展指数均有所下降，这说明 2013 年两县的环境保护效果显现。

除此之外，尽管隆安县、马山县和上林县的可持续性发展指数具有比较一致的变化规律，但三县与广西的可持续性发展指数走势不一致。总体来看，广西的可持续性发展指数略高于三县的可持续性发展指数。以 2013 年为例，广西的可持续性发展指数为 0. 70，均高于三县。这说明，相对于广西整体，隆安县、马山县和上林县的社会经济发展与生态环境保护协调较好。

第四节　广西集中连片特困地区能值生态足迹的影响因素分析及预测

一、影响因素分析

由于本部分的样本时间序列为 10 年，选择的影响因素为 6 个，通过多种方法对比和向专家咨询，为了更准确、更真实地反映研究结果，影响因素分析采用偏最小二乘回归方法。根据上文计算的 2004—2013 年隆安县、马山县和上林县的人均能值生态足迹数据，选择相关社会经济影响因素指标，通过专业的偏最小二乘回归分析软件 SIMCA - P 11. 5 构建 PLS 模型，进行三县人均能值生态足迹的社会经济影响因素的回归分析。

（一）人均能值生态足迹的影响因素选择

影响区域人均能值生态足迹的因素复杂多样，根据隆安县、马山县和上林县的经济社会发展的实际情况、环境保护和资源利用现状、区域人口消费型特征、外部宏观经济发展大环境，选取可能对广西集中连片特困地区人均能值生态足迹有影响的 6 个因素进行定量分析。6 个因素分别是 GDP（gdp）、第一产业 GDP（gdp1）、第二产业 GDP（gdp2）、第三产业 GDP（gdp3）、常住人口（pop）和财政收入（*fi*）（见表 10 - 23）。

表 10 - 23　广西各类经济指标的价格指数（按可比价格计算，以上年为 100）

年份	GDP (gdp)	第一产业 GDP (gdp1)	第二产业 GDP (gdp2)	第三产业 GDP (gdp3)	财政收入 (fi)
2004	111. 8	105. 4	117. 1	110. 7	114. 4
2005	113. 2	107. 1	118. 4	111. 3	120. 5
2006	113. 6	106. 5	119. 3	112. 1	119. 3
2007	115. 1	105. 5	120. 7	114. 6	135. 2
2008	112. 8	104. 9	117. 4	111. 8	131. 6
2009	113. 9	105. 2	117. 7	113. 8	125
2010	114. 2	104. 6	120. 5	111. 1	123. 8
2011	112. 3	104. 8	116. 5	110. 5	126. 8
2012	111. 3	105. 6	114. 2	109. 8	117. 3
2013	110. 2	104. 1	111. 6	110. 9	107. 5

为了消除价格因素的影响，根据 2004—2013 年广西以上 5 个经济指标因素的价格指数对隆安县、马山县和上林县该时期的 GDP、第一产业 GDP、第二产业 GDP、第三产业 GDP 和财政收入进行平减处理。5 个因素的平减处理均以 2004 年为基期，首先计算出 2004—2013 年广西各类指标的价格指数，再根据广西平减处理后的价格指数分别对隆安县、马山县和上林县的统计指标数据进行平减处理（见表 10 - 24）。

表 10 - 24　平减处理后的广西各类经济指标的价格指数（以 2004 年为 100）

年份	GDP (gdp)	第一产业 GDP (gdp1)	第二产业 GDP (gdp2)	第三产业 GDP (gdp3)	财政收入 (fi)
2004	100. 0	100. 0	100. 0	100. 0	100. 0
2005	113. 2	107. 1	118. 4	111. 3	120. 5
2006	128. 6	114. 1	141. 3	124. 8	143. 8

续表

年份	GDP（gdp）	第一产业 GDP（gdp1）	第二产业 GDP（gdp2）	第三产业 GDP（gdp3）	财政收入（fi）
2007	148.0	120.3	170.5	143.0	194.4
2008	167.0	126.2	200.2	159.9	255.8
2009	190.2	132.8	235.6	181.9	319.7
2010	217.2	138.9	283.9	202.1	395.8
2011	243.9	145.6	330.7	223.3	501.9
2012	271.4	153.7	377.7	245.2	588.7
2013	299.1	160.0	421.5	271.9	632.9

（二）隆安县能值生态足迹变化社会经济驱动因素分析

1. 数据处理及系统检验

笔者根据《广西统计年鉴》获得了2004—2013年隆安县GDP、第一产业GDP、第二产业GDP、第三产业GDP、常住人口和财政收入的原始统计数据（见表10－25）。

表10－25　2004—2013年隆安县各类指标的原始统计数据

年份	GDP（gdp，万元）	第一产业 GDP（gdp1，万元）	第二产业 GDP（gdp2，万元）	第三产业 GDP（gdp3，万元）	常住人口（pop，万人）	财政收入（fi，万元）
2004	140781	73454	38897	28430	37	8572
2005	180301	79780	50092	50429	37	8074
2006	217967	89099	68896	59971	38	8589
2007	264661	103496	83140	78025	38	10278
2008	326701	136589	100096	90016	39	12144
2009	333623	134206	106277	93140	40	12440
2010	397970	149164	132156	116650	40	15979
2011	488000	193334	170822	123845	41	18102
2012	496441	199881	162922	133638	41	26395
2013	539952	218972	176514	144466	41	29203

根据表10－25进行各类经济指标平减处理后得到2004—2013年隆安县GDP、第一产业GDP、第二产业GDP、第三产业GDP、常住人口和财政

收入数据（见表 10－26）。

表 10－26　平减之后的 2004—2013 年隆安县各类指标数据

年份	GDP（gdp，万元）	第一产业 GDP（gdp1，万元）	第二产业 GDP（gdp2，万元）	第三产业 GDP（gdp3，万元）	常住人口（pop，万人）	财政收入（fi，万元）
2004	140781	73454	38897	28430	37	8572
2005	159277	74491	42307	45309	37	6700
2006	169499	78115	48776	48066	38	5975
2007	178809	86007	48765	54569	38	5288
2008	195678	108205	50009	56311	39	4748
2009	175438	101062	45112	51200	40	3891
2010	183253	107386	46554	57717	40	4037
2011	200097	132811	51652	55454	41	3607
2012	182892	130026	43138	54498	41	4483
2013	180509	136835	41878	53124	41	4614

将上文计算的 2004—2013 年隆安县人均能值生态足迹作为 Y，隆安县 6 个影响因素均作为 X，导入 SIMCA－P 11.5 软件。SIMCA－P 系统进行自动拟合，通过比较，将隆安县人均能值生态足迹的 PLS 成分个数优化为 2 个。

选择 2 个 PLS 后，所有隆安县人均能值生态足迹的样本点都分布在椭圆内，不存在特异点，说明模型不需要改动。

2004—2013 年隆安县的人均能值生态足迹计算值与通过偏最小二乘法分析的拟合值比较接近，说明目前模型的拟合效果较好。

通过偏最小二乘法分析获得的隆安县人均能值生态足迹影响因素的重要性程度排序为：财政收入 > 第三产业 GDP > GDP > 常住人口 > 第一产业 GDP > 第二产业 GDP。这说明要想调整隆安县当前的人均能值生态足迹，首先要从财政收入方面考虑，其次是第三产业发展，最后是社会经济总体发展和人口因素。

2. 回归方程构建及分析

根据回归分析得到隆安县人均能值生态足迹的偏最小二乘回归方程系数，构建回归方程为：

$$y = 5.4279 - 0.0520gdp - 0.0290gdp1 - 0.2402gdp2 + 0.4612gdp3 + 0.1002pop - 0.5064fi \quad (10-2)$$

隆安县各影响因素的相关系数的绝对值大小排序为：财政收入 > 第三产业 GDP > 第二产业 GDP > 常住人口 > GDP > 第一产业 GDP。从回归方程来看，隆安县的财政收入增加有利于减少其人均能值生态足迹，即财政收入每增加 1 万元，隆安县的人均能值生态足迹将减少 0.5064 hm^2/人。同时，隆安县经济增长、第一产业和第二产业发展也有利于减少隆安县人均能值生态足迹，都以每增长 1 万元来看，分别可以减少人均能值生态足迹 0.0520 hm^2/人、0.0290 hm^2/人和 0.2402 hm^2/人。另外，隆安县常住人口增加会导致其人均能值生态足迹增加，常住人口每增加 1 万人，会导致人均能值生态足迹增加 0.1002 hm^2/人，说明人口增加是造成隆安县生态环境压力的主要因素之一。值得注意的是，隆安县第三产业每增收 1 万元，会使隆安县人均能值生态足迹增加 0.4612 hm^2/人。可能的原因是，隆安县在发展第三产业过程中，没有注重对环境的保护，导致资源环境压力增大。

（三）马山县能值生态足迹变化社会经济驱动因素分析

1. 数据处理及系统检验

笔者根据《广西统计年鉴》获得了 2004—2013 年马山县 GDP、第一产业 GDP、第二产业 GDP、第三产业 GDP、常住人口和财政收入的原始统计数据（见表 10－27）。

表 10－27　2004－2013 年马山县各类指标的原始统计数据

年份	GDP（gdp，万元）	第一产业 GDP（gdp1，万元）	第二产业 GDP（gdp2，万元）	第三产业 GDP（gdp3，万元）	常住人口（pop，万人）	财政收入（fi，万元）
2004	132884	55210	37742	39932	51	5229
2005	157783	59312	48785	49686	51	5397
2006	184964	63762	59627	61574	51	6192
2007	218846	80004	65899	72943	52	6916
2008	259773	90440	79536	89797	53	8431
2009	281615	90565	89335	101715	53	10374

续表

年份	GDP（gdp，万元）	第一产业 GDP（gdp1，万元）	第二产业 GDP（gdp2，万元）	第三产业 GDP（gdp3，万元）	常住人口（pop，万人）	财政收入（fi，万元）
2010	316377	103049	96928	116400	54	13816
2011	393711	129209	136370	128131	55	17065
2012	403895	135964	121846	146085	55	24524
2013	429029	147197	119221	162612	56	22459

根据表 10－27 进行各类经济指标平减处理后得到 2004—2013 年马山县 GDP、第一产业 GDP、第二产业 GDP、第三产业 GDP、常住人口和财政收入数据（见表 10－28）。

表 10－28　平减之后的 2004—2013 年马山县各类指标数据

年份	GDP（gdp，万元）	第一产业 GDP（gdp1，万元）	第二产业 GDP（gdp2，万元）	第三产业 GDP（gdp3，万元）	常住人口（pop，万人）	财政收入（fi，万元）
2004	132884	55210	37742	39932	51	5229
2005	139384	55380	41204	44642	51	4479
2006	143834	55901	42213	49351	51	4307
2007	147856	66484	38653	51015	52	3558
2008	155591	71646	39737	56174	53	3296
2009	148089	68199	37921	55913	53	3245
2010	145682	74187	34144	57593	54	3491
2011	161435	88760	41235	57373	55	3400
2012	148797	88447	32262	59574	55	4166
2013	143427	91983	28286	59796	56	3549

将上文计算的 2004—2013 年马山县人均能值生态足迹作为 Y，马山县 6 个影响因素均作为 X，导入 SIMCA－P 11.5 软件。SIMCA－P 系统进行自动拟合，通过比较，将马山县人均能值生态足迹的 PLS 成分个数优化为 4 个。

选择 4 个 PLS 后，所有马山县人均能值生态足迹的样本点都分布在椭圆内，不存在特异点，说明模型不需要改动。

2004—2013 年马山县的人均能值生态足迹计算值与通过偏最小二乘法

分析的拟合值比较接近，说明目前模型的拟合效果较好。

通过偏最小二乘法分析获得的马山县人均能值生态足迹影响因素的重要性程度排序为：财政收入 > 第三产业 GDP > GDP > 第二产业 GDP > 第一产业 GDP > 常住人口。这说明要想调整马山县当前的人均能值生态足迹，首先要从财政收入方面考虑，其次是第三产业发展，最后是社会经济总体发展和第二产业发展。

2. 回归方程构建及分析

根据回归分析得到马山县人均能值生态足迹的偏最小二乘回归方程系数，构建回归方程为：

$$y = 4.8884 - 0.3439gdp - 0.8240gdp1 + 0.5906gdp2 + 1.4168gdp3 + 0.3379pop - 0.0661fi \quad (10-3)$$

马山县各影响因素的相关系数的绝对值大小排序为：第三产业 GDP > 第一产业 GDP > 第二产业 GDP > GDP > 常住人口 > 财政收入。从回归方程来看，马山县的财政收入增加和经济增长、第一产业发展有利于减少其人均能值生态足迹，即都以每增加 1 万元来看，分别可以减少人均能值生态足迹 0.0661hm^2/人、0.3439hm^2/人和 0.8240hm^2/人。这说明马山县经济发展和财政收入不以牺牲生态环境为代价，且农业发展过程中重视生态环境的保护。另外，马山县的第二、三产业发展和常住人口与马山县人均能值生态足迹呈正相关，其中第二、三产业每增加 1 万元，分别导致人均能值生态足迹增加 0.5906hm^2/人和 1.4168hm^2/人。说明如何发展环境友好型的第三产业是马山县经济发展的当务之急，且发展过程中要适当控制人口数量，提高人们的环保意识。

（四）上林县能值生态足迹变化社会经济驱动因素分析

1. 数据处理及系统检验

笔者根据《广西统计年鉴》获得了 2004—2013 年上林县 GDP、第一产业 GDP、第二产业 GDP、第三产业 GDP、常住人口和财政收入的原始统计数据（见表 10-29）。

表 10 - 29　2004—2013 年上林县各类指标的原始统计数据

年份	GDP（gdp，万元）	第一产业 GDP（gdp1，万元）	第二产业 GDP（gdp2，万元）	第三产业 GDP（gdp3，万元）	常住人口（pop，万人）	财政收入（fi，万元）
2004	129171	64180	26501	38490	46	7115
2005	149924	69277	36228	44419	47	6280
2006	173835	78659	44447	50729	47	6978
2007	211052	90289	57277	63485	48	7990
2008	249606	110519	67781	71306	48	10362
2009	261558	110442	69108	82008	48	12727
2010	321686	129634	81794	110258	49	14190
2011	390554	160428	106591	123535	49	16495
2012	403080	166752	97553	138775	49	23830
2013	433883	177700	102441	153742	49	25949

根据表 10 - 29 进行各类经济指标平减处理后得到 2004—2013 年上林县 GDP、第一产业 GDP、第二产业 GDP、第三产业 GDP、常住人口和财政收入数据（见表 10 - 30）。

表 10 - 30　平减之后的 2004—2013 年上林县各类指标数据

年份	GDP（gdp，万元）	第一产业 GDP（gdp1，万元）	第二产业 GDP（gdp2，万元）	第三产业 GDP（gdp3，万元）	常住人口（pop，万人）	财政收入（fi，万元）
2004	129171	64180	26501	38490	46	7115
2005	132442	64684	30598	39909	47	5212
2006	135180	68962	31467	40659	47	4854
2007	142590	75031	33596	44400	48	4111
2008	149502	87553	33864	44607	48	4051
2009	137542	83167	29335	45080	48	3981
2010	148127	93326	28813	54554	49	3585
2011	160141	110206	32230	55315	49	3287
2012	148497	108475	25830	56593	49	4048
2013	145050	111044	24305	56534	49	4100

将上文计算的 2004—2013 年上林县人均能值生态足迹作为 Y，上林县

6 个影响因素均作为 X，导入 SIMCA－P 11.5 软件。SIMCA－P 系统进行自动拟合，通过比较，将上林县人均能值生态足迹的 PLS 成分个数优化为 4 个。

选择 4 个 PLS 后，所有上林县人均能值生态足迹的样本点都分布在椭圆内，不存在特异点，说明模型不需要改动。

2004—2013 年上林县的人均能值生态足迹计算值与通过偏最小二乘法分析的拟合值比较接近，说明目前模型的拟合效果较好。

通过偏最小二乘法分析获得的上林县人均能值生态足迹影响因素的重要性程度排序为：财政收入＞第三产业 GDP＞ GDP ＞常住人口＞第一产业 GDP＞第二产业 GDP。这说明要想调整上林县当前的人均能值生态足迹，首先要从财政收入方面考虑，其次是第三产业发展，最后是社会经济总体发展和人口因素。

2. 回归方程构建及分析

根据回归分析得到上林县人均能值生态足迹的偏最小二乘回归方程系数，构建回归方程为：

$$y = 4.3687 - 0.1961gdp - 0.3197gdp1 + 0.3772gdp2 + 0.8308gdp3 + 0.2153pop - 0.3641fi \quad (10-4)$$

上林县各影响因素的相关系数的绝对值大小排序为：第三产业 GDP＞第二产业 GDP ＞财政收入＞第一产业 GDP＞常住人口＞GDP。从回归方程来看，上林县的财政收入增加和经济增长、第一产业发展有利于减少其人均能值生态足迹，即都以每增加 1 万元来看，分别可以减少人均能值生态足迹 0.3641 hm^2／人、0.1961 hm^2／人和 0.3197 hm^2／人。这说明上林县经济发展和财政收入不以牺牲生态环境为代价，且农业发展过程中重视生态环境的保护。另外，上林县的第二、三产业发展和常住人口与上林县人均能值生态足迹呈正相关，其中第二、三产业每增加 1 万元，分别导致人均能值生态足迹增加 0.3772 hm^2／人和 0.8308 hm^2／人。说明如何发展环境友好型的第二、三产业是上林县经济发展的当务之急。人口增加也是上林县生态环境压力增大的原因之一，因此在经济发展过程中要适当控制人口数量，提高人们的环保意识。

二、预测

区域经济发展的可持续性是一个动态的过程。为了准确把握广西集中连片特困地区经济发展的可持续性，本部分采用长时间序列分析。在分析了隆安县、马山县和上林县经济发展过程中的可持续性发展指标的历史、现状的基础上，对三县未来几年的人均能值生态足迹进行预测。预测方法是采用 SPSS 软件分别对隆安县、马山县和上林县 2004—2013 年的人均能值生态足迹进行线性相关分析，预测结果见表 10－31。

表 10－31　广西集中连片特困地区人均能值生态足迹预测结果

单位：hm^2/人

年份	隆安县	马山县	上林县
2004	2.11	1.07	1.25
2005	3.28	2.18	2.57
2006	3.42	2.30	2.72
2007	4.07	2.58	3.48
2008	3.56	1.97	2.75
2009	4.35	2.39	3.58
2010	3.35	2.52	2.85
2011	3.97	2.20	3.14
2012	4.37	2.33	3.23
2013	3.96	1.86	2.85
2014	5.48	1.40	3.36
2015	5.63	1.38	3.48
2016	5.79	1.35	3.60
2017	5.94	1.33	3.73
2018	6.10	1.31	3.85
2019	6.26	1.28	3.97
2020	6.41	1.26	4.09

（一）隆安县人均能值生态足迹预测

从图 10－17 中可以看出，2004—2020 年隆安县的人均能值生态足迹呈上升趋势。2014 年隆安县的人均能值生态足迹为 5.48hm^2/人，到 2020 年将增加到 6.41hm^2/人，增长 16.97%。这说明按照 2004—2013 年的发展态势，隆安县未来的人均能值生态足迹将一直呈上升状态，在其人均能值生态承载力相对稳定的情况下，隆安县未来的生态赤字还将更加严重。也就是说，如果不采取有效措施保护生态环境，未来几年隆安县的经济发展将更加不可持续。

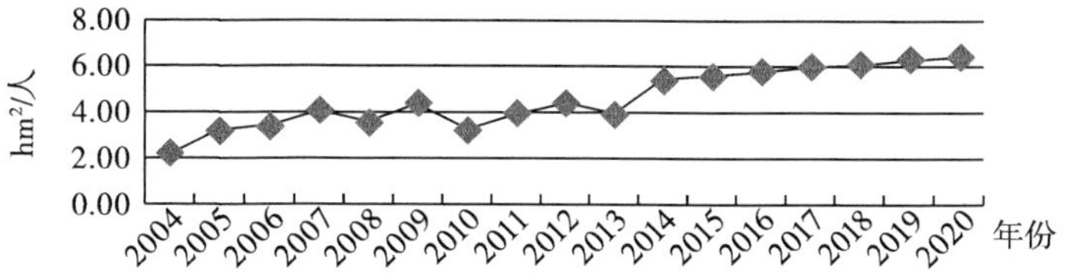

图 10－17　2004—2020 年隆安县人均能值生态足迹变化趋势

（二）马山县人均能值生态足迹预测

从图 10－18 中可以看出，2004—2020 年马山县的人均能值生态足迹呈先上升后下降的趋势。2014 年马山县的人均能值生态足迹为 1.40hm^2/人，到 2020 年将下降到 1.26hm^2/人，下降 10%。这和一直以来马山县的人均能值生态足迹都控制得较好，且 2012 年以来采取了有效措施，走绿色发展道路分不开。这说明按照这样的发展态势，马山县未来的人均能值生态足迹将一直呈下降状态，在其人均能值生态承载力相对稳定的情况下，可以逐渐缩小马山县生态赤字，再达到生态平衡的状态。也就是说，未来几年马山县的经济发展将进入可持续发展状态。

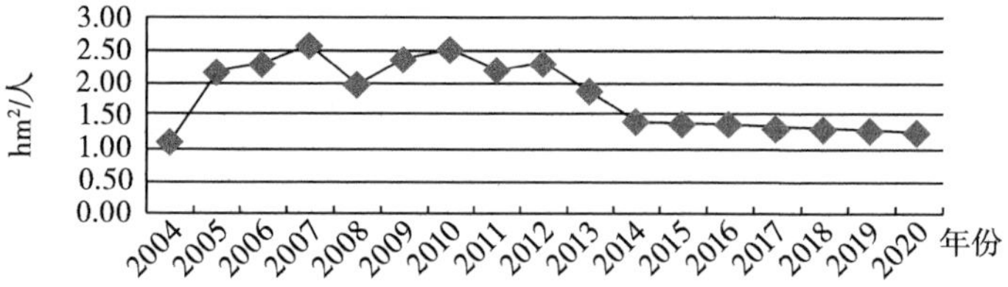

图 10－18　2004—2020 年马山县人均能值生态足迹变化趋势

（三）上林县人均能值生态足迹预测

从图 10－19 中可以看出，2004—2020 年上林县的人均能值生态足迹呈上升趋势。2014 年上林县的人均能值生态足迹为 3.36hm^2/人，到 2020 年将增加到 4.09hm^2/人，增长 21.72%。虽然总体上看，近年来上林县的人均能值生态足迹都比隆安县低，但上林县未来几年人均能值生态足迹的增长速度较快，增长速度高于隆安县。和隆安县的情况相似，上林县未来的人均能值生态足迹将一直呈上升状态，在其人均能值生态承载力相对稳定的情况下，上林县未来的生态赤字还将更加严重。同时，由于上林县的人均能值生态足迹增速高于隆安县，其今后的发展态势将更加不容乐观。也就是说，按照这样的发展态势，如果不采取有效措施保护生态环境，未来几年上林县的经济发展也将更加不可持续。

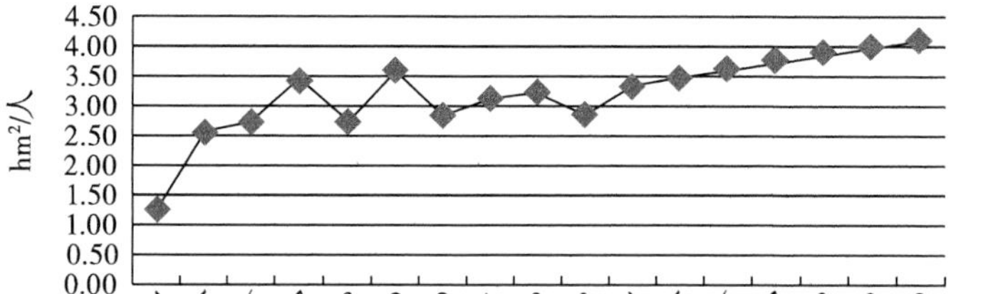

图 10－19　2004—2020 年上林县人均能值生态足迹变化趋势

总体来看，采用能值生态足迹模型对广西集中连片特困地区的人均能值生态足迹、人均能值生态承载力、生态盈亏、可持续性发展指数和人均能值生态足迹的影响因素、人均能值生态足迹预测等分析表明，近年来广西集中连片特困地区经济发展的生态压力虽然小于广西整体水平，但仍然处于生态赤字、不可持续状态。由于广西集中连片特困地区本身生态环境脆弱，且面临更重、更紧迫的经济扶贫开发任务，所以如果未来发展过程中不注重生态经济环境的协调发展，将更容易破坏其资源环境，导致社会经济发展进一步不可持续。可喜的是，其部分贫困地区已经及时作出改变，且效果显著，将在未来发展中走可持续发展道路。

具体来看，近年来广西、隆安县、马山县和上林县的人均能值生态承载力不断变化但总体平稳，各自的人均能值生态足迹都不断增加，导致生态赤字越来越严重，且能源消费增长是各地人均能值生态足迹增加的主要因素之一。1993—2015 年，尽管广西生物资源账户和能源账户的人均能值生态足迹都处于动态上升趋势，但能源账户的人均能值生态足迹上升幅度大于生物资源账户，这是因为在广西工业化、城镇化发展过程中，对生物资源和能源的消耗均有所上升，但相较而言对能源的消耗增长较快。尤其自 2010 年以来，广西能源账户人均能值生态足迹开始超过生物资源账户，且差距逐步拉大。

2004—2013 年隆安县人均能值生态足迹呈上升趋势，由 2004 年的 2. 11hm^2/人增加到 2013 年的 3. 96hm^2/人，增加 87. 67%，说明隆安县在社会经济发展过程中，对资源的依赖程度越来越大。其中草地、林地和化石能源地是导致隆安县人均能值生态足迹增加的主要原因。2004—2013 年隆安县的可持续性发展指数介于 0. 52 ~ 0. 69 之间，均处于不可持续的发展状态。隆安县人均能值生态足迹影响因素的重要性程度排序为：财政收入 > 第三产业 GDP > GDP > 常住人口 > 第一产业 GDP > 第二产业 GDP。常住人口和第三产业发展会增加隆安县人均能值生态足迹。按照这样的发展态势，如果不采取有效措施保护生态环境，未来几年隆安县的经济发展将更加不可持续。

2004—2013 年马山县人均能值生态足迹虽然有所上升，但属于先上涨后略有下降的趋势，说明 2007 年之后马山县采取了有效措施，控制住了社会经济发展过程中对资源的消耗程度，人均能值生态足迹增长态势得到有效抑制，但马山县近年来的发展对林产品的消耗巨大，必须重视对林业资源的保护。2004—2013 年马山县的可持续性发展指数介于 0.42 ~ 0.63 之间，说明其经济发展在可持续发展边缘徘徊。马山县人均能值生态足迹影响因素的重要性程度排序为：财政收入 > 第三产业 GDP > GDP > 第二产业 GDP > 第一产业 GDP > 常住人口。常住人口和第二、三产业发展会增加马山县人均能值生态足迹。按照这样的发展态势，未来几年马山县的经济发展将进入可持续发展状态。

2004—2013 年上林县人均能值生态足迹虽有所上升，但趋势较为平缓。值得注意的是，2004—2013 年上林县林地、化石能源地和建设用地的人均能值生态足迹虽然占比不大，但增加非常明显，分别增加 532.81%、339.40% 和 3655.09%。2004—2013 年上林县的可持续性发展指数介于 0.50 ~ 0.74 之间，均处于不可持续的发展状态。上林县人均能值生态足迹影响因素的重要性程度排序为：财政收入 > 第三产业 GDP > GDP > 常住人口 > 第一产业 GDP > 第二产业 GDP。常住人口和第二、三产业发展会增加上林县人均能值生态足迹。如果不采取有效措施保护生态环境，未来几年上林县的经济发展也将更加不可持续。

第十一章　促进广西可持续发展的对策建议

第一节　加强广西生态文明建设的对策建议

一、加强组织领导，树立生态文明意识

各级政府建立健全党委统一领导，主要领导亲自抓、分管领导具体抓，各部门协调配合、联动的环保工作机制，落实人员和经费，确保各项工作顺利开展；加强环保工作规划实施的定期检查和评估，并与领导政绩考核和干部任用挂钩，逐步建立绿色GDP指标。大力培育生态文化，通过对全区干部群众开展人口资源环境、国情区情教育和生态科普等宣传教育，引导保水、护绿、节能、减废的良好行为习惯，倡导绿色消费、低碳消费的生活模式；以生态文明示范区建设为抓手，树立典型，全面培养生态文明意识。

二、完善政策法规体系，加大环保投入

建立健全环保地方性法规和标准体系，逐步制定、落实资源价格和收费政策，完善生活污水、垃圾集中处置收费制度，适当提高排污费征收标准，采用环境倒逼机制，淘汰落后产能，完善生态补偿机制和绩效考核机制；研究完善《广西饮用水源保护区环境保护管理条例》《广西水污染防治管理条例》等法规和规范性文件，与时俱进制定符合广西实际和需求的污染物排放标准。强化政府环保投入的主体地位，加大资金投入，力争环保投入占同期GDP的2.0%以上；完善财政转移支付制度，重点实现环境

基本公共服务均等化；利用市场机制，鼓励与引导社会和民间资本、外来资本和金融信贷参与生态文明建设。

三、提高环境监管能力，加大执法力度

从基础、保障、人才三个方面提升新时期生态环境监管能力。加强环境监察机构标准化建设，健全重点污染源在线监控系统，提高环境统计和信息处理能力建设，建立信息共享平台；建立经费保障渠道和机制，加强环境质量监督考核；建立和完善企业突发环境事件报告和应急处理制度、特征污染物监测报告制度；加强各级相关行政管理和执法队伍建设，加大环境保护急需人才的引进力度。进一步加大环境保护日常监管和执法检查，提高执法的强制力和威慑力，严厉打击各类环境违法行为，依法处置环境污染和生态破坏事件。

四、增强环保科技支撑，强化集约式发展

加快环保重点实验室、产业基地、科技数据库等基础平台建设；加强专业人才的引进和培养，建设人才“小高地”，开展科学基础理论研究和污染防治及生态经济的关键技术攻关；完善科技推广和服务体系，加强市场培育、产学研合作，提高生态科技成果产出率和转化率。坚持节约优先，大力推广节能、节水、节地、节材，促进资源高效综合利用；发展工业循环经济，加快传统产业的生态化改造和升级，大力培育和发展优势明显的新能源、新材料、生物、节能与环保、医药、海洋等战略性新兴产业，健全用水总量控制和定额管理制度；农业方面，充分利用丰富的农业生物资源和气候资源优势，实行最严格的耕地保护制度和集约用地制度，坚守全区 420.8 万公顷耕地红线，加大土地整理复垦力度；推进尾矿、废石以及冶炼废渣综合利用；充分发挥林业资源大区的优势，加强经济林、速生丰产用材林两大基地建设，促进林产品向高级精深加工转变；大力发展森林旅游、康疗养生和农业休闲旅游等具有广西特色生态旅游产品。

五、加强交流与合作，构建生态环保屏障

扩大广西与国内外的交流与合作，借鉴其环境保护和生态建设的先进理念、管理经验，引进技术和资金；充分发挥中国—东盟博览会、中国—东盟自由贸易区的平台作用，拓宽与东盟农业、林业、环保、旅游、科研开发等领域合作；与东盟建立相关行业协会、企业和科技园区的生态产业合作机制。学习借鉴国内外有益经验，完善生态安全保障体系，推进生态屏障建设，加强水环境污染综合防治，使江河湖海休养生息，严格保护城镇集中式饮用水水源地保护区及备用水源地；推进主要污染物总量减排，控制各类大气污染物排放量；构建生态廊道，恢复、提高生物多样性和生态系统的整体功能；严格落实规划的环境影响评价，从决策源头杜绝环境污染和生态破坏。

六、统筹城乡环保，推进生态示范建设

以建设社会主义新农村、推进城乡经济社会发展一体化为目标，统筹城乡环境保护。强化饮用水水源环境综合整治、“以奖促治”，逐步保障农村饮用水安全；以“城乡清洁工程”“土地整治重大工程”和“城乡风貌改造”为载体，推进农村环境集中连片整治示范；统筹布局、因地制宜，加快乡村生活污水和生活垃圾处理；严防工业污染向农村转移，加快解决农村工矿污染问题。推进生态市、生态县、生态乡镇、生态村创建，深入开展绿色社区、绿色学校等创建活动，建设一批体现广西民族、山水、人文特色的环境教育基地和生态文化教育基地，从而提供丰富的生态文化产品。

第二节　转变广西经济发展方式的对策建议

一、总结成功经验，推进新一轮生态区建设

建设生态区是加强生态文明建设，促进经济发展方式转变的重要抓手。加快实施生态文明示范区的主体功能区规划，加强自然生态系统建设；加强重点生态功能区、自然保护区的保护和管理；坚持生态立区，绿色发展，积极发展绿化苗木、速丰林、花卉、香料等林业优势特色产业，实施“绿满八桂、造林绿化、退耕还林、珠江防护林、沿海防护林、石漠化综合治理和水土保持”等工程，建设桂东北、桂西南、桂中生态功能区，十万大山生态保护区和西江千里绿色走廊；加快建设防灾减灾体系；划定生态保护红线，建立符合主体功能区要求的绩效评价体系；积极开展国家环保模范城市、森林城市和生态市（县）、环境优美乡村等绿色环保系列创建活动，建设优美、宜居广西。

二、强化生态保护，合理利用自然资源

加强生态保护，维护生态平衡是推进生态文明建设促进经济发展方式转变的重要基础。坚持节约优先，大力推广节能、节水、节地、节材，促进资源高效综合利用；加强水资源的保护和优化配置，统筹和合理安排生产、生活、生态等用水，健全用水总量控制和定额管理制度，全面推进节水型广西的建设；实行最严格的耕地保护制度和集约用地制度，坚守耕地红线，加大土地整理复垦力度；依法实行采伐限额制度，严格控制森林资源过量消耗，确保森林资源持续增长；合理有序开发、利用矿产资源，推进尾矿、废石以及冶炼废渣综合利用；加强海域使用管理，保护和合理开发、利用海岸滩涂资源。

三、推进节能减排，加快开发环保科技

大力推进节能减排、开发环保科技，对转变广西经济发展方式、建设

资源节约型和环境友好型社会具有十分重要的意义。在地热能开发利用及核电、洁净煤技术应用等领域推进项目建设和技术升级；加快研制生物液体燃料生产成套装备等，优化发展非粮生物能源产业，发展农村新能源；引进开发建材、交通运输、冶金、化工等主要高耗能行业的节能技术与新工艺，研制和生产混合动力、燃料电池等新能源汽车；推进粉煤灰、矿渣等各种废弃物回收利用制备、绿色环保建材和高性能混凝土等技术应用；开发和集约利用有色金属再生资源；建设制糖工业生态链系统，促进甘蔗制糖向精制糖、食糖的深加工，推进农业废弃资源回收及综合利用。

四、强调绿色增长，持续发展生态经济

构建生态经济体系是加强生态文明建设，促进经济发展方式转变的重要战略选择。发展工业循环经济，加快传统产业的生态化改造和升级，实现低能耗、低排放、高效益；大力培育和发展优势明显的新能源、新材料、生物、节能与环保、医药、海洋等战略性新兴产业；农业方面，充分利用丰富的农业生物资源和气候资源优势，做强做优传统优势产业和特色优势农产品；充分发挥林业资源大区的优势，加强经济林、速生丰产用材林两大基地建设，促进林产品向高级精深加工转变；拓展旅游产品生态内涵和外延，大力发展森林旅游、康疗养生和农业休闲旅游、民族风情文化体验游、滨海旅游、红色旅游、边关文化和历史文化旅游等具有广西特色生态旅游产品。

五、建设生态屏障，全面改善生态环境

完善生态安全保障体系，推进生态屏障建设，着力解决广西生态环境建设中的突出问题是加强生态文明建设，促进经济发展方式转变的重要途径。不断提升水环境质量，进一步加强水环境污染综合防治，让江河湖海休养生息；建设并严格保护城镇集中式饮用水水源地保护区及备用水源地，关闭饮用水水源地保护区内的所有排污口，加快农村饮水安全工程建

设；继续推进主要污染物总量减排，有效控制各类大气污染物排放量；建设重要生态功能保护区，构建生态廊道，恢复、提高生物多样性和生态系统的整体功能；进一步开展空气环境容量、地表水和生态环境承载力研究。

六、培育生态文化，提高环境保护意识

大力培育生态文化，牢固树立环保意识是加强生态文明建设，促进经济发展方式转变的重要保障。在全区开展人口资源环境、国情区情教育和生态科普教育，逐步提高全区干部群众的生态文明意识；开展生态文明建设宣传，培育环境意识，引导全区人民养成保水、护绿、节能、减废的行为习惯，形成绿色消费、低碳消费的生活模式；充分挖掘、保护和弘扬传统生态文化，加强生态文化载体建设，推进生态文化创新；发掘生态文化潜力，繁荣文化产业，促进生态文化建设。

第三节　控制广西生态足迹的对策建议

一、积极引导，培养居民绿色消费意识

人作为生态系统的重要组成和社会系统的主体，对区域生态经济可持续发展起主导作用。上述分析也表明，居民的生产生活消费对广西人均生态足迹有重要影响。因此，提高居民环境素质，开展节约资源的消费宣传，培养居民环保意识，引导节能减排、适度消费的生产生活方式，减少高能耗、高污染的消费，尽可能节约耕地、草地、林地、水域和能源，是广西城镇化进程中实现可持续发展的首要任务。

二、优化结构，走产业集约化发展道路

自 1993 年以来，广西产业结构一直以第二产业为主导，且第二产业发展又以煤炭、原油等高污染的工业为主，属于高消耗、低产出的粗放型经

济发展方式，导致化石能源地生态赤字严重。因此，在快速城镇化进程中，大力发展第三产业，尤其充分利用丰富的文化、旅游资源，打造旅游强省，走低能耗、高 GDP 增长的可持续发展道路迫在眉睫。2015 年末，广西第二产业增加值 7694.74 亿元，占地区生产总值的 45.79%，高于第三和第一产业，同时第二产业对经济增长的贡献率也高于第三和第一产业，为 51.4%，表明工业仍是广西经济发展的主导产业。由此可见，第二产业的发展对广西人均生态足迹有较大影响。因此，广西在城镇化进程中要实现可持续发展，就必须优化第二产业内部结构，加大科学技术投入，发展生态循环经济，走集约化发展道路。同时，注重借助广西自然资源优势，发展旅游产业，改造传统农业，发展生态循环农业。

三、加大保护，提高土地资源生态承载能力

城镇化进程中，因城镇建设需要大量的耕地、林地、草地被占用，导致地表植被破坏严重，土地生产力下降。虽然广西在“占补平衡”耕地政策的要求下，耕地数量保持稳定，但由于占用的大多是优良耕地，而补充的多为开荒性耕地，导致总体耕地质量下降。由于土地资源总量有限，提高土地资源生态承载力的唯一途径就是提升土地单位面积的生产力。因此，一方面，必须合理规划土地利用，节约城镇建设用地，保护现有的优质生物生产性土地；另一方面，加大资金、科技投入，提高土地单产。耕地生产力高，是最为宝贵的土地资源，且对生态承载力贡献最大。

四、调整能源结构，开发清洁能源

广西化石能源地人均生态足迹占比最大，2014 年为 37.56%，且增长快速，经济发展过程中对能源依赖程度高。但化石能源是不可再生资源，过分依赖会成为经济发展瓶颈。广西应充分利用自然地理条件，通过财税政策鼓励企业和个人大力开发使用新型清洁能源替代化石能源，从而促进

经济长久发展。随着城镇化建设、社会经济发展的不断推进，对能源的需求日益剧增。广西能源类人均生态足迹占比最大、增长快速，且能源消耗中又以高污染的煤炭占比最大。因此，积极开发推广新型清洁能源是广西在城镇化进程中实现可持续发展的关键点。根据广西的自然情况，可进一步开发风能、太阳能、潮汐能、地热能、生物质能等多种可再生能源，并建立新型清洁能源基层推广体系，扩大利用范围，从而减少对化石能源的消耗。

第四节　促进广西农村可持续发展的对策建议

一、转变传统政绩观，加大财政支持力度

广西作为欠发达省区，农村生态环境保护又是非营利性的公益事业，因此需要财政大力支持。改革地方政府的政绩考核标准，从而改变领导政绩观、加大财政对农村环保的支持力度，是实现农村可持续发展的重要保障。一方面，淡化 GDP 增长数量和速度指标，把农村环境保护和综合整治情况作为领导干部政绩考核的重要内容和干部提拔任用的重要依据；杜绝“形象工程”“政绩工程”，确定并完善绿色 GDP 指标，实现农村经济和环境保护协调发展；根据《中共广西壮族自治区委员会、广西壮族自治区人民政府关于推进生态文明示范区建设的决定》（桂发〔2010〕4 号）科学规划村镇建设，提高农村地区生态环境保护、污染防治等方面的投入；充分利用西部大开发倾斜政策争取上级扶贫资金。另一方面，县财政要保障好农村环境监管所需的人力、物力和财力；财政支持建立使用农家肥、低排放等循环农业的外部激励机制；通过财税优惠政策引导和鼓励社会资金参与农村生态建设。

二、构建生态安全体系，完善环保法规政策

构建农村生态安全体系、完善环保法规政策，做到权责分明、加大执法力度是促进农村可持续发展的重要抓手。建立县以下环保机构，明确各部门职责、建立部门联动机制，协力推进农村环境保护工作；加强执法队伍建设，建立执法人员提高知识储备和业务能力的长效机制；加大县级环境监管和农村环境执法力度，严格查处问题农产品和高污染行业违法排污行为；转变环境执法方式，以预防、引导为主，主动提高农村环境执法效果；严厉打击各类环境违法行为，加大处罚力度，从源头上抑制农村环境污染；制定与农村环境污染相关的政策法规，如《农业废弃物利用促进条例》《地下水保护管理条例》；完善资源与环境的税费标准，在农村广泛征收环境税和生态补偿税；建立合理回报机制和财税政策，对集中整治农村环境问题实行“以奖代补”。

三、科学规划，建立农村可持续发展模式

根据广西农村的资源环境禀赋特色，以实际调查和基层实践为基础，科学规划工农业生产、生活和生态文明建设发展模式，实现农村经济、环境和社会等的全面协调发展。以生态农业为抓手，建立完整的环保型农业生产技术标准体系，逐步解决农村面源污染问题；科学划定农村饮用水水源地保护区，完善水源地环境监测体系，确保农村饮用水安全；推进农户的生活污水、垃圾无害化处理；推广农村沼气池建设，提高畜禽养殖废弃物的利用率；号召农民集约利用化肥、农药和农膜，减少其残留对土壤的污染；对高能耗、高污染的项目严格把关，保护农村耕地资源。

四、重点发展循环农业，打造农村生态经济

以生态文明思想为指导，走科技先导型、资源节约型、生态保护型的农村生态经济发展之路，重点发展循环农业。循环农业是运用物质循环再

生原理和物质多层次利用技术，实现较少废弃物的生产和提高资源利用效率的农业生产方式。在农村实施高产稳产基本农田建设、农业废弃物综合利用等工程发展循环农业；建立产前、产中、产后全方位的循环农业社会化服务体系，为乡镇、村和农户一体化服务；通过沼气建设、废弃农膜回收加工、秸秆还田等循环利用工程发展循环经济；在农村大力推广生态循环技术，如清洁生产技术、资源再生技术、可再生能源开发利用技术；增加农业高效利用土地和水资源的科研投入，加大生态经济科技创新和推广力度。

五、注重科技发展，推进农村生产生活集约化

依靠科技是推进农村生产生活集约化，保护农业和生态环境的有效方式。加快农村生活污水和垃圾处理、农业废弃物综合利用、矿区生态环境恢复治理等技术的研发；加快农产品质量安全检测体系建设，抓好测土配方施肥、植保综合防控、良种培育、新型肥料开发、生物农药研制等农业技术的应用推广；开展技术改造，淘汰资源能源消耗多、经济效益差、污染重的技术和工艺，大力开发高效环保的技术和工艺；加强农业产学研合作，重视技术引入后的本土化和本地绿色技术支撑体系的建立；加快农业高端科技人才的引进和培养，增强现代农业的科技支撑力。

六、立足广西资源优势，发展乡村旅游

以阳朔发展模式为榜样，各地政府组织专家对当地农业资源、旅游资源和旅游景点进行科学评价，规划乡村旅游发展模式；应当制定优惠政策，引导和扶持乡村旅游业的发展，并将乡村旅游的开发纳入各级旅游总体开发规划；协调好投资企业、农户和政府三者的利益，避免乡村旅游成为企业和政府圈地的幌子；抓住特色，培植具有乡村特色的旅游品牌，强化经营的特色和差异性，维护乡村和地方特色，走特色化、规范化、规模化和品牌化一体化的道路，实现乡村旅游产业化的基本目标；利用互联网

等信息平台大力宣传，促进乡村旅游发展；在乡村旅游开发中协调好资源开发与环境保护，防止旅游开发造成农村环境污染和资源破坏，加强与生态资源的有机结合，坚持“保护第一，开发第二”的原则，走可持续发展的道路。

七、加强基础设施建设，实施环保综合治理

力争把农村基础设施、公共设施等建设纳入地方经济社会发展规划；加强自然保护区的建设与管理，通过保护天然植被保护和恢复生态系统功能；统筹布局城乡垃圾填埋点，建立和完善垃圾分类收集、运输和处置系统；重建技术普及和信息服务体系，提供环境友好型、资源节约型技术和相关农业生产资料，提供市场、价格、品牌保护、信息等方面的服务；开展《农村环境保护综合整治工作》，大力推行农村污水和垃圾无害化处理；加强技术指导和监督管理，解决好畜禽养殖污染问题；加强与发展循环农业相关的基础设施建设，推进改厕、改水及配套管网等基础工作。

八、加强宣传教育，培养农民可持续发展观

利用报纸、电视和广播等大众传媒开展法律知识、环保知识、生态道德等方面的生态环境宣传及普及；引导农民培养良好的生产生活习惯，合理使用农药、化肥和农膜，正确处理生活污水和垃圾；在农村文化综合站开展“农家课堂”“读书会”“村级党校”等活动，加强对村干部、农民企业家和“386199 部队”的科技培训，强调用知识致富、用知识环保；利用广西农村生态示范区以点带面的辐射作用，树立致富与环保典型，调动农民参与农村生态文明建设的积极性；整合职业中专、农技学校和成人教育学校等教育培训资源，加大对农民环保技术和生态文明的教育，增强农民生态环境保护的责任感和使命感，推动农村可持续发展。

第五节　加强广西耕地可持续利用的对策建议

一、加强宣传，提高耕地保护意识

耕地对生态安全、社会经济发展具有重要意义。各级政府及相关部门应通过广播、电视、报纸、手机等媒体加大耕地保护和耕地生态安全宣传，让民众了解喀斯特地区生态安全面临的威胁与挑战，认识到保护、合理利用耕地的重大战略意义。尤其是广大农民，是耕地保护的主体和直接受益者，应充分调动他们的积极性。

二、积极投入，优化农业生产条件

在耕地数量有限的情况下，需要通过完善农业生产条件来增加耕地产出。一方面积极争取国家对西南喀斯特地区的转移支付，加大财政资金投入，另一方面鼓励企业、合作社参与灌溉排水等农业基础设施建设、测土配肥、农业机械化投入，推进土地整理工程、建设高标准农田，从而提升耕地防洪、抗旱、减灾等综合能力，提高耕地产出效率。

三、调整结构，发展现代特色农业

根据西南喀斯特地区人多山多、耕地资源少的特点，优化农业产业结构，发展高效、集约的现代特色农业。充分利用广大农业科技人才开展科技下乡活动，从产前、产中、产后各个阶段为农户提供指导，因地制宜规划现代特色产业、指导产业发展中的问题和技术难题，利用互联网技术实现线上线下销售等，在维护有限耕地的生态安全的基础上挖掘更大的经济效益。

四、利用技术，完善耕地生态安全预警系统

利用3S 技术和理论研究基础，建立和完善耕地安全预警系统，及时优

化西南喀斯特地区耕地生态安全要素，对区域内耕地生态安全划分等级，并对不同等级的耕地进行分类治理。同时，利用耕地生态安全预警系统增强土壤质量、耕地质量的监控能力、预测预报能力，减少生态破坏对耕地造成的损害。

第六节　保障广西集中连片特困地区可持续发展的对策建议

一、优化产业结构，走绿色低碳发展道路

广西集中连片特困地区发展现状为不可持续状态，且人均能值生态足迹影响因素分析发现，贫困地区第二、三产业发展属于高消耗、低产出的粗放型经济发展方式，均会加大当地生态压力，导致生态赤字严重。因此，需要在未来优化产业结构，鼓励生态型、资源友好型产业发展，在第二、三产业发展过程中，注重产业升级，加强对资源环境的保护，走绿色低碳发展道路。例如，在政府大力倡导旅游扶贫开发的当下，广西集中连片特困地区可以充分利用丰富的文化、旅游资源打造旅游开发项目，走低能耗、高 GDP 增长的可持续发展道路。

二、调整能源结构，开发推广新型清洁能源

伴随着快速城镇化进程，能源消耗在广西集中连片特困地区发展中的人均能值生态足迹占据越来越大的比重，且增长快速，说明贫困地区经济发展对能源依赖程度高。众所周知，化石能源是不可再生资源，如果过分依赖，终将成为贫困地区发展的瓶颈。因此，积极开发推广新型清洁能源是广西集中连片特困地区扶贫开发中实现可持续发展的关键点。例如，广西集中连片特困地区可以根据当地自然情况，进一步开发风能、太阳能、潮汐能、地热能、生物质能等多种可再生的清洁新型能源来代替化石能源，并建立健全基层推广体系，扩大利用范围。

三、加强宣传教育，培养居民环境保护意识

从人均能值生态足迹影响因素分析得知，常住人口的增加会导致广西集中连片特困地区人均能值生态足迹增加，进而加剧生态赤字，导致当地发展更加不可持续。人作为生态经济系统的主体，对贫困地区可持续发展起主导作用。随着国家计划生育政策放宽，贫困地区人口增加的趋势在所难免，因此在常住人口不减少还可能增加的情况下，如何通过宣传教育提高居民的环境保护意识就显得尤为重要。例如，可以通过媒体、讲座、学校向民众采取开展资源节约型消费的宣传教育，引导民众采取环保型适度消费的生活方式和环境保护型的生产方式。

四、优化区域布局，提高土地使用效率

广西集中连片特困地区属于“八山一水一分田”，生态环境脆弱，缺乏区位优势和资源优势，土地资源非常有限，这就需要各个县市因地制宜，合理布局产业发展。一方面保护现有的耕地资源，积极发展开发性农业，想办法增加土地资源，另一方面大力发展现代特色农业，走高效农业发展模式，提高土地使用效率，维护土地资源质量。例如，广西集中连片特困地区可以大力发展以沼气为核心的生态农业、以林业为核心的林下经济、以山地为核心的特色茶产业等。

五、加强生态文明建设，促进区域可持续发展

党的十八大提出要大力推进生态文明建设以来，全国各地纷纷采取有效的落实措施。广西集中连片特困地区先天的生态脆弱性要求各个县市必须重视生态文明建设，尽管近年来取得一些成效，但通过广西集中连片特困地区的能值生态足迹计算模型可以看出，效果不太理想，必须采取进一步措施减少生态赤字维护区域生态安全。一要加强组织领导，从上到下、从政府到群众，树立生态文明意识；二要完善与生态环保相关的政策法律

体系，增加环保的财政投入；三要依靠科学技术提高环保监管力度，加强环保执法；四要生态文明不分城乡，统筹城乡环保工作，加强示范村、县、市的建设和推广力度。

第十二章　案例：发展现代特色农业，促进广西农村可持续发展

第一节　广西现代特色农业发展现状

一、研究意义

经济新常态下，为贯彻落实2015年中央一号文件《关于加大改革创新力度 加快农业现代化建设的若干意见》，全国各地纷纷发展现代特色农业。现代特色农业发展对推动农村经济，实现农民收入翻番具有重要作用。关于现代特色农业的研究主要集中在近几年。丁玉平等（2014）认为农业的现代化是中国实现现代化的必经之路，中国需要走有自己特色的农业现代化道路。蒋和平等（2014）强调，建设中国特色农业现代化，要从中国的基本国情出发，逐步转变农业经济增长的方式。潘时常等（2011）针对中国现代特色农业发展存在的诸多问题，提出了相关政策建议。刘晖霞等（2010）研究发现甘肃依托区域的自然资源优势，虽然特色农业不断发展壮大，但总体上传统的农业生产方式还没有根本改变，需要立足实际，以特色农业作为突破口与战略重点，加快现代特色农业发展。麻小燕等（2012）从科技的视角，归纳出横县科技服务农业的典型模式。田安国等（2013）指出，大别山区特色农产品发展对现代农业可持续发展和区域脱贫致富有重要作用。郭静佳等（2015）为闻喜县率先建成山西省“优、特、精”农产品生产基地，发展生态农业提供了建议。李芳等（2016）对

进一步挖掘榆林市特色农业的潜力，发展现代特色农业进行了探讨。

广西资源优势、环境优势、区位优势和人文优势突出，2015年全面启动实施现代特色农业产业品种品质品牌“10+3+2”提升行动，即提升发展粮食、糖料蔗、水果、蔬菜、茶叶、桑蚕、食用菌、罗非鱼、肉牛肉羊和生猪十大特色优势产业，以及富硒农业、生态有机循环农业、休闲农业三个农业，大力推广桑树、甘蔗两大生态循环利用技术。提升行动从2015年到2017年为第一阶段，一直持续整个“十三五”时期，力争到2020年实现广西现代特色农业转型、优化、升级。因此，本节以广西为研究对象，通过定量分析，在测评现代农业发展阶段的基础上，综合评价现代特色农业发展状况，为打造现代特色农业“升级版”，促进广西农业可持续发展提供有针对性的参考建议，对“三农”发展具有重要意义。

二、广西现代特色农业发展思路

现代特色农业是指在现代农业的基础上，通过发掘当地的农业发展优势体现农业特色，在市场上形成较强竞争力的农业，不仅具有产业特色、产品特色、地域特色、品种特色等，更是同现代技术、生产模式、经营主体等集合在一起的共同发展的农业（罗必敬等，2015）。现代特色农业发展（罗慧媛等，2016），是推进农业产业集聚升级、转变农业发展方式、优化农业区域化布局、实现专业化生产、提升农产品市场竞争力的重要举措，是实现农民持续增收的有效手段。

广西现代特色农业发展思路主要集中在农业产业优化、农民素质提高、农村环境改善方面，具体有六大方向。

（一）利用资源优势，发展特色休闲观光农业

坚持因地制宜、挖掘底蕴、整合资源、打造特色的原则，以农业产业结构调整为抓手，将优越生态环境、秀美乡村景致和传统文化充分利用起来，大力发展特色休闲观光农业，开发农业与乡村旅游业的潜力，带动交通运输、健康养生等相关产业发展，进而优化现代特色农业，促进区域可

持续发展。

（二）加大财政支持，稳定特色农业生产效益

按照“稳粮增收、提质增效、创新驱动”的总要求，加大财政资金支农力度，探索创新专项资金使用方式，重点支持主要（主导）产业、主要（主导）产区、主要（主导）经营主体，引导现代特色农业发展方式转变，进而保障农业增效、农民增收。

（三）强化农业教育，培育新型特色职业农民

建立政府、龙头企业、合作社、学校等多主体参与的农业教育体系，大力发展特色农业职业教育和多种形式的农业技能培训，推动基层农技推广体系改革与建设，抓好基层农技推广人员培训工作，抓好农村实用人才队伍的培养。

（四）推进土地流转，促进特色农业规模化

在保护现有耕地资源的基础上，建立完善土地流转体制机制，培育和规范土地流转市场，在优势特色农业比较发达的乡镇优先开展农村土地承包经营权确权登记颁证工作，促进现代特色农业规模化发展。

（五）延伸产业链，提高特色农业附加值

围绕广西主导产业和重点农产品，通过优势特色农产品加工业集群发展和品牌建设，将农产品资源优势向第二、三产业有序延伸，实现经营主体企业化、生产发展项目化、生产过程机械化、生产技术科学化，大幅度提高农产品附加值。

（六）利用生态循环理念，走特色农业可持续发展道路

以加快转变农业发展方式为主线，利用生态循环理念，推进农业资源利用节约化、生产过程清洁化、产业链条生态化、废弃物利用资源化，促进特色农业绿色发展，走可持续的道路，实现“金山银山”和“青山绿水”兼得。

三、广西现代特色农业发展现状

（一）广西农业规模与结构

从图 12－1 中可以看出，2007—2017 年广西农业产出保持了较稳定的增长态势，第一产业产值总量由 2007 年的 1241 亿元增加到 2017 年的 2907 亿元，增长了 1.34 倍。虽然从总量来看，11 年来广西第一产业总值总体呈现上升趋势，但是第一产业占 GDP 的比重却出现了下降趋势，这说明虽然第一产业总量增长，但对广西总体经济产出的贡献却逐渐减小。

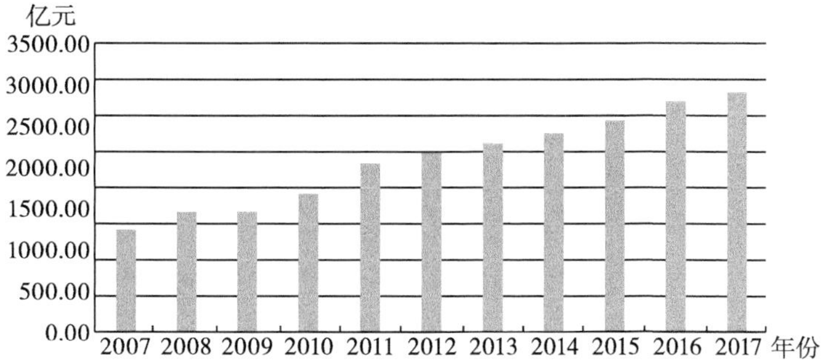

图 12－1　2007—2017 年广西第一产业 GDP 规模

本节选取了 2007—2017 年广西农林牧渔产值的相关统计数据制作了图 12－2。可以看出，11 年来广西农林牧渔业均呈现了较好的发展趋势，这表明广西自 2007 年以来农业得到了较大程度的发展，直接因素是广西坚持推行农业产业化政策。从农业的内部结构来看，农业产值占农林牧渔业总产值的 50% 左右，说明农业产值对农林牧渔业总产值的贡献率最大；其次是畜牧业，平均每年贡献 30.63%，但是最近几年，尤其 2013 年以来，比重均低于 30%，呈现逐年递减的趋势；林业占农林牧渔业总产值的比重均值为 6.62%，但是整体来看呈现波动的上升趋势；渔业占农林牧渔业的比重均值为 9.58%，最近几年缓慢上涨。根据四大产业的具体比重可以看出，广西农业内部结构还需要进行优化与调整，农业产业结构优化的实现是农业现代化的前提。

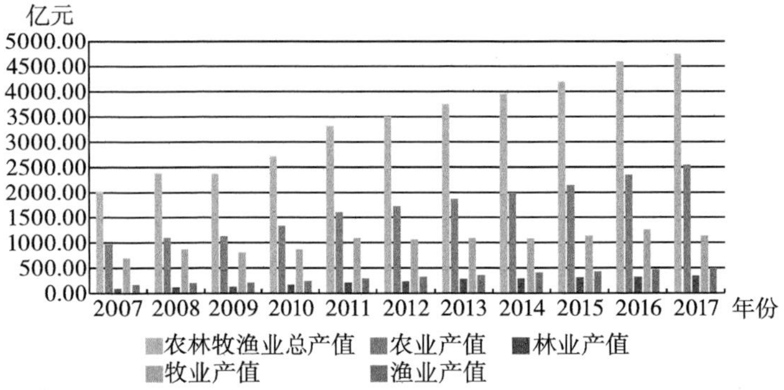

图 12－2　2007—2017 年广西农林牧渔产值结构

（二）广西现代农业发展阶段测评

1. 广西现代农业发展阶段测评目的

分阶段发展是农业发展的客观规律，发展现代特色农业要以农业现代化为基础。通过测评广西现代农业发展阶段，并与全国现代农业发展阶段做比较，可以清晰地认识广西现代农业发展水平和现状。

2. 广西现代农业发展阶段测评指标

农业现代化主要指现代农业要实现的目标、模式与过程，是农业由落后的传统形态向先进的现代形态转变的过程，也是指农业要达到的现代发展程度。判断一个国家或地区农业发展所处的历史阶段，常以其现实农业发展水平与现阶段国际社会一般公认的农业现代化标准之间的差距为依据。当一个国家或地区的农业经济、技术发展水平超过或接近世界先进水平时，可以认为其实现或基本实现了农业现代化。本节采用中国社会科学院重点研究课题成果《1996—2050 年中国经济社会发展战略：走向现代化的构想》中对中国现代化战略阶段的划分标准（见表 12－1），评价广西现代农业发展阶段。

表 12-1 中国农业现代化及其各发展阶段标准

农业现代化阶段	人均 GDP（美元）	农民人均纯收入（美元）	第一产业增加值占 GDP 的比重（%）	第一产业劳动力占全社会就业人口总数的比重（%）
准备阶段	<300	<250	>20	>55
起步阶段	300~1000	250~500	10~20	35~55
快速发展阶段	1000~5500	500~1300	7~10	20~35
初步农业现代化阶段	5500~13000	1300~3000	5~7	10~20
全面农业现代化阶段	>13000	>3000	<5	<10

3. 广西农业现代化发展阶段测评结果

2017 年，广西人均 GDP 为 41955 元，农民人均纯收入为 11325 元，第一产业增加值占 GDP 的 14.3%，第一产业劳动力占广西就业人口总数的 49.8%，农民人均纯收入与城镇居民可支配收入之比是 0.37。根据《中国统计年鉴（2018）》和《广西统计年鉴（2018）》，按 2019 年 8 月人民币兑美元汇率 7.09 折算，对广西和中国现代特色农业发展阶段进行测算，结果见表 12-2。

表 12-2 2017 年中国和广西现代农业发展阶段测算结果

指标		人均 GDP（美元）	农民人均纯收入（美元）	第一产业增加值占 GDP 的比重（%）	第一产业劳动力占全社会就业人口总数的比重（%）
中国	现状值	8412	1894	7.92	26.98
	测算结果	初步农业现代化阶段	初步农业现代化阶段	快速发展阶段	快速发展阶段
广西	现状值	9516	1597	14.25	49.8
	测算结果	初步农业现代化阶段	初步农业现代化阶段	起步阶段	起步阶段

由表 12-2 可知，截至 2017 年，广西农业已经进入初步农业现代化阶段，但未实现全面农业现代化、农业发展结构还不均衡，第一产业增加值占 GDP 的比重和第一产业劳动力占全社会就业人口总数的比重，这两个指标都显示广西农业还处于起步阶段。且相较于中国平均水平，广西现代农

业发展仍有很大差距。因此，广西发展现代特色农业任重道远，必须加大农业科技投入，有针对性地提升广西农业现代化水平，将现代农业和特色农业统筹发展，实现现代农业和特色农业的统一，打造现代农业“升级版”。

（三）广西现代特色农业发展综合评价

1. 评价指标体系

根据现代特色农业内涵，将现代特色农业作为一个完整的系统，参考农业农村部课题组关于中国现代农业多指标综合指数的评价体系及方法和梁山博士关于区域特色农业发展水平评价方法，根据广西农业和农村经济社会的实际情况进行修订，分别从农业投入水平、特色资源利用水平、农业产业化水平、农业产出水平、农村经济社会发展水平和农业可持续发展水平等六大方面共选取28个二级指标，建立一套比较科学合理的广西现代特色农业发展综合评价指标体系，并给予每个指标相应代码（见表12－3）。

表12－3　广西现代特色农业发展水平综合评价指标体系

一级指标	二级指标	代码
农业投入水平	第一产业从业人员比重（%）	X1
	劳均农业资金投入（政府、生产者投资/第一产业就业人数）（元/人）	X2
	非农户农村固定资产投资（%）	X3
	劳均耕地面积（公顷/人）	X4
	单位耕地面积农机总动力（千瓦时/公顷）	X5
	有效灌溉率（有效灌溉面积/耕地面积）（%）	X6
	单位耕地面积有效化肥施用量（千克/公顷）	X7
特色资源利用水平	特色产业产值（广西十大特色产业）（亿元）	X8
	特色产业产值比重（特色产业产值/农业总产值）（%）	X9
	特色种植业产值比重（%）	X10
	特色养殖业产值比重（%）	X11

续表

一级指标	二级指标	代码
农业产业化水平	农业企业数量（家）	X12
	农产品初加工动力机械数量（万台）	X13
	农产品初加工动力机械功率（万千瓦时）	X14
	农副产品加工增值率（%）	X15
	农业技术人员（人）	X16
农业产出水平	农业就业人员人均创造农业增加值（元/人）	X17
	土地产出率（农业总产值/耕地面积）（元/公顷）	X18
	谷物播种面积单产（千克/公顷）	X19
	农产品综合商品率（出售农产品的收入/农业总产值）（%）	X20
	农民人均纯收入（元）	X21
农村经济社会发展水平	第一产业总产值占 GDP 的比重（%）	X22
	城镇人口占总人口比重（%）	X23
	城乡收入比（农民居民人均纯收入为1）	X24
	农民恩格尔系数（%）	X25
农业可持续发展水平	森林覆盖率（%）	X26
	节水灌溉率（节水灌溉面积/有效灌溉面积）（%）	X27
	农业成灾率（农业成灾面积/农业受灾面积）（%）	X28

2. 广西现代特色农业发展测评

按照《中国统计年鉴（2018）》和《广西统计年鉴（2018）》，依次对全国平均水平和广西的上述28 个指标进行测算，得出全国和广西目前现代特色农业发展水平，通过将广西的测量值与全国现代特色农业发展水平进行定量比较，综合分析广西现代特色农业发展现状。总体来看，广西现代特色农业综合评价的 28 个指标中有 12 个指标落后于全国平均水平，具体结果见表 12－4。

表 12－4　中国和广西现代特色农业发展水平测算

指标代码	单位	全国	广西	比较
X1	%	26.98	49.80	22.82

续表

指标代码	单位	全国	广西	比较
X2	元/人	1373.00	1324.00	-49.00
X3	%	92.25	90.54	-1.71
X4	公顷/人	0.64	0.35	0.29
X5	千瓦时/公顷	7.35	7.35	0.00
X6	%	24.66	34.09	9.43
X7	千克/公顷	434.40	538.65	104.25
X8	亿元	1725.00	2794.00	1069.00
X9	%	78.38	92.96	14.58
X10	%	62.13	70.96	8.83
X11	%	34.96	46.68	11.72
X12	家	854.00	539.00	-315.00
X13	万台	1586.00	104.00	-1482.00
X14	万千瓦时	9035.00	555.00	-8480.00
X15	%	5.81	6.65	0.84
X16	人	21925.00	36322.00	14397.00
X17	元/人	31258.00	20543.00	-10715.00
X18	元/公顷	48525.00	59340.00	10815.00
X19	千克/公顷	5607.00	4931.00	-676.00
X20	%	29.55	11.52	-18.03
X21	元	13432.00	11326.00	-2107.00
X22	%	7.90	14.20	6.30
X23	%	58.52	49.21	-9.31
X24	农民居民人均纯收入为1	2.71	2.69	-0.02
X25	%	31.20	32.20	1.00
X26	%	21.63	56.51	34.88
X27	%	50.46	63.95	13.49
X28	%	0.50	0.32	-0.18

3. 广西现代特色农业发展测评结果分析

（1）农业有效投入不足。从广西现代特色农业生产投入来看，广西农业劳动力资源丰富，农业从业人员比重为49.8%，远高于全国平均水平，表明广西主要以传统农业生产为主。农业生产资金投入不足，广西劳均农业资金投入比全国平均水平还少了49元/人，资金问题将成为广西现代特色农业发展的瓶颈。在农业固定资产投资中，广西和全国的非农户投资占比均在90%以上，表明社会资本和政府在农业上的投资还有很大的提升空间。广西每个农业劳动力拥有的耕地数量有限，仅为0.35公顷/人，只占到全国平均水平的54%，耕地资源不足更迫使广西通过尽快发展现代特色农业来增加农民收入。单位耕地农机总动力与全国平均水平一致，均为7.35千瓦时/公顷，表明农业机械化水平较低。尽管广西降水资源丰富，但由于蓄水设施不足，水资源利用率较低，导致耕地有效灌溉率仅为34.09%，虽然高于全国平均水平，但仍然有较大提升空间。广西单位耕地化肥施用量较高，超过全国平均水平7个百分点，表明广西主要靠增施化肥来增加单产，这不利于广西现代特色农业发展和生态环境保护。

（2）特色资源优势明显。在广西特色资源利用水平方面，以2015年广西全面启动实施现代特色农业产业品种品质品牌“10+3+2”提升行动中的十大特色优势产业，即粮食、糖料蔗、水果、蔬菜、茶叶、桑蚕、食用菌、罗非鱼、肉牛肉羊和生猪为依据，通过计算全国及广西这十大产业产值及其比重来反映广西特色资源的竞争力及利用情况。结果显示，广西特色产业产值、特色产业产值比重、特色种植业产值比重和特色养殖业产值比重均高于全国平均水平，分别高出61.97%、14.58%、8.83%和11.72%，表明广西十大特色优势产业的选取符合广西实际，并在全国具有一定竞争力，且特色养殖业的竞争优势大于特色种植业。

（3）农业产业化程度低。从2017年广西十大特色优势产业来看，在全国的竞争优势大小排序为：糖料蔗>桑蚕>罗非鱼>水果>生猪>食用菌>蔬菜>茶叶>粮食>肉牛肉羊，其产值占全国比重分别为72.91%、47.27%、14.58%、8.19%、4.68%、4.50%、4.46%、2.98%、2.22%和1.37%。由此可见，广西十大特色优势产业并不都真正在全国具有比较优势，甚至一些产业的产值低于全国平均水平，如粮食、茶叶和肉牛肉羊。因此，如何做大做强优势不明显的产业是广西现代特色农业发展的关键之一（见表12－5）。

表12－5　2017年广西十大特色优势产业产值　单位：亿元

特色产业	全国	全国平均	广西
粮食	14764.4	476.3	327.5
糖料蔗	513.7	16.6	374.5
水果	8132.9	262.4	666.0
蔬菜	14000.5	451.6	624.6
茶叶	1599.2	51.6	47.7
食用菌	158.9	5.1	7.2
桑蚕	336.5	10.9	159.1
罗非鱼	269.4	8.7	39.3
肉牛肉羊	2801.8	90.4	38.5
生猪	10903.6	351.7	509.9

农业产业化发展离不开龙头企业带动，重点是发展农业加工业。广西农业企业数量539家，只占全国平均水平的63.11%，表明广西农业生产主要依靠传统农户，农业附加值低。值得注意的是，广西农产品初加工动力机械数量和农产品初加工动力机械功率均远低于全国平均水平，分别仅占全国平均水平的6.54%和6.15%，但农副产品加工增值率却略高于全国平均水平，表明如果加大广西农业投入，促进农业加工业发展，广西农产品加工就能很好地带动农业产业发展。可喜的是，广西农业技术人员数量高出全国平均水平65.66%，表明广西农业科技创新、研发的人力资源丰富，如何让这些技术人员最大程度地发挥创造力，将其科技成果转化成农业生产力同样是广西现代特色农业发展的关键之一。

（4）农村经济社会发展滞后。从广西现代特色农业产出水平来看，广西农业就业人员人均创造农业增加值远低于全国平均水平，比全国少10715元/人，表明广西的农业劳动力生产率急需提高。广西土地产出率较高，高出全国平均水平22.27%，表明广西耕地质量高于全国平均水平。广西谷物播种面积单产低于全国平均水平12个百分点，这与广西“八山一水一分田”和喀斯特地理环境导致农业用地整体生产率不高有关。同时，广西农产品综合商品率比全国平均水平低 18 个百分点，表明广西农产品市场发展低于全国总体水平，销售环节落后。广西农民人均纯收入没有达到全国平均水平，还差 2107 元，表明如何提高广西农民收入是 2020 年广西居民收入翻番的首要问题。

从广西农村经济社会发展水平来看，广西第一产业总产值占 GDP 的比重高出全国 6.3 个百分点，且城镇化水平低于全国平均水平 9 个百分点，表明农业在广西农村经济中具有主要作用，农业发展意义重大。广西城乡收入比和全国平均水平一致。广西农民恩格尔系数为 32.2%，虽说处于相对富裕程度，但还比全国平均水平高出 1 个百分点，表明广西农民收入主要用于食品支出。

（5）农业可持续发展潜力较大。从广西现代特色农业可持续发展来看，广西森林覆盖率为 56.51%，远高于全国平均水平，这不仅为广西提供了优美的生态环境，更为广西发展特色农业提供了丰富的自然资源。广西节水灌溉率高于全国 13 个百分点，表明广西节水设施建设及其利用较好。广西农业成灾率为 0.32%，只占全国平均水平的 60%，表明尽管自然地理环境致使广西自然灾害频发，但相关部门和农户防灾抗灾工作比较扎实，很好地保护了农业生产经营免受更多损失，这也将进一步为广西发展现代特色农业提供保障。

第二节 增加农业科技投入，促进广西现代特色农业发展

一、广西农业科技投入现状

（一）研究背景及意义

1. 研究背景

农业作为国民经济的基础产业，为第二、三产业提供有效的生产资料和物质基础。在社会经济大力发展和社会全面进步的同时，对农产品数量

和质量都有更新、更高的要求。西方学者西奥多·舒尔茨指出："传统农业转变为现代农业的关键就是科技，只有科技才能实现农业进步，彻底打破传统农业的内部格局和均衡状态。"科技进步与创新是推进农业结构调整，提高农产品竞争力，实现农民增收，促进传统农业向现代农业转变的决定因素和强大动力。

广西作为农业大省，农业的发展面临着来自国内及东南亚的双重挑战，目前已进入由传统农业向现代特色农业转变的关键时期。广西现代特色农业发展立足于广西特色优势产业，在第一阶段的基础上，不断调优产业结构布局，重点整合发展粮食、糖料蔗、水果、蔬菜、茶叶、蚕桑、食用菌、渔业、优质家畜、优质家禽十大种养产业和富硒农业、有机循环农业、休闲农业三大新兴农业，以全产业链发展思维，高质量打造产业集群。广西现代特色农业发展面临着资源与市场的双重约束、经济增长与生态保护的双重压力、农民增收与粮食安全的双重挑战。应对以上问题，必须推进农业科技进步。

农业科技的发展，在很大程度上取决于农业科技投入。农业科技的投入水平既是衡量一个国家、一个地区农业科技活动状况的重要指标，也是判断整个国家或地区科技发展水平的重要依据。自 2004 年起连续 16 年的中央一号文件都强调农业科技的重要性，提出要加强农业科研投入力度，促进技术推广，增强农业科技创新、储备和成果转化能力。

近年来广西不断加大对农业科技的投入，如加大对农业科研机构和高等院校的科研投资，大力培养农业科技人员，开展农业科技下乡活动，积极建设农业创新平台，鼓励与奖励农业企业进行自主研发等。广西农业产业结构不断调整优化，农业产业化水平不断提高，农业产业的质量和效益显著提升。但由于广西农业基础薄弱，财力有限，农业科技投入长期不足，农业科技与国内外发达地区相比仍有较大差距，直接导致广西农产品科技含量不高、附加值低，农业科技支撑能力弱。

因此，深入分析广西农业科技投入现状，确定广西农业科技投入存在的问题，并有针对性地提出优化广西农业科技投入、发展广西现代特色农业的机制和政策建议迫在眉睫。

2. 现实意义

加强农业科技投入研究，可以为广西政府制定更有利于农业科技投入的政策提供决策依据，从而完善广西农业科技发展水平的投入战略体系和体制，具有重要的现实意义。

（1）有利于转变广西农业生产方式。农业科技进步是广西突破资源制约，实现本地区农业发展目标的必由之路。农业对广西农产品的日常供应发挥着重要的补充和调剂作用，同时也是农村劳动力就业和农民收入的重要来源。通过农业科技进步突破资源瓶颈、发展现代农业，是世界发达国家的发展经验。资源条件决定了广西也必须依靠科技进步转变农业经济增长方式，实现农业的集约生产、清洁生产、安全生产和可持续发展。

（2）有利于实现广西农业现代化。农业科技进步是广西实现农业现代化的必然要求。广西要实现农业现代化、服务于全国“三农”大市场，就要充分利用区位、科技、信息等优势，努力在农业科学研究、技术开发和农业科技成果推广、转化等方面取得突破，以优质种源、先进装备、涉农产品和涉农服务的示范基地以及农业科技创新平台等服务全国。

（3）有利于推动广西经济与社会可持续发展。“三农”问题突出、城乡发展不均衡严重制约了广西经济与社会发展。研究农业科技投入战略，提出改变广西农业科技投入状况的相关战略，不仅对农业的发展，而且对整个广西“三农”问题的进一步解决、经济和社会的发展，都有着非常积极的意义。

（二）广西农业科技投入的总体状况分析

1. 财政支持农业发展状况

由于农业风险大、投资大、收益低，农业发展主要依靠财政投入。2007—2017 年广西财政对农业的支持力度逐年提高，从 2007 年的 90 亿元增加到 2017 年的 647 亿元，增加了 6.2 倍，尤其自 2015 年广西提出发展现代特色农业政策以来增加显著，如图 12 – 3 所示。11 年来，广西财政对农业的支出占财政总支出的比率均值为 11.97%，相较于其他省份还是处于较低水平。可喜的是，2017 年广西财政支农力度首次超过全国平均水平，高出 31 亿元，这为广西现代特色农业发展提供了较好的财政保障。

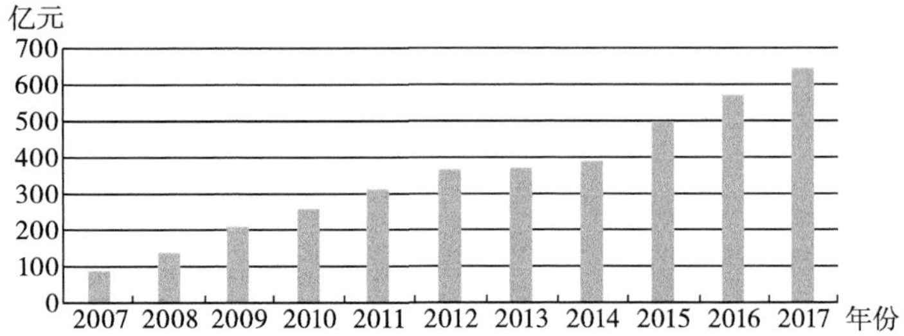

图 12－3　2007—2017 年广西财政支持农业的情况

2. 农业科技投入规模分析

2007—2017 年广西农业科技投入规模如图 12－4 所示。从广西农业科技投入的整体情况来看，农业科技投入的资金数量从 2007 年的 47411 万元上升到 2017 年的 139257 万元，呈总体上升趋势。具体表现为 2007—2013 年呈逐年上升趋势，且上升增速较快。2014 年有所下降，但下降幅度较小，且 2015 年开始继续上升。可以看出，广西近些年不断从多种渠道增加科技创新资金投入，说明广西各级政府、部门对农业科技越来越重视，加大了科研经费用于农业科研的投资。

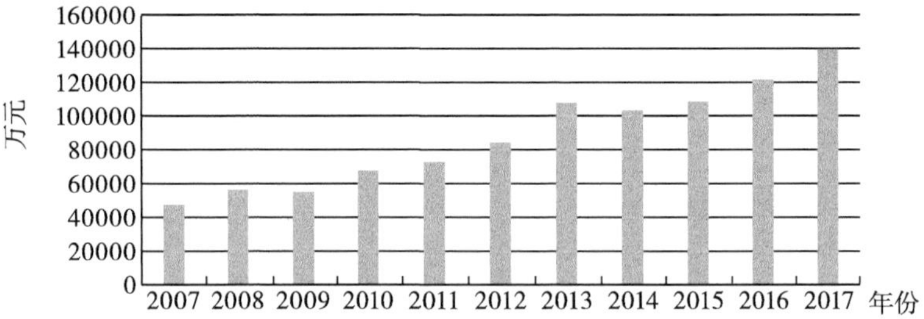

图 12－4　2007—2017 年广西农业科技投入规模

3. 农业科技投入强度分析

农业科技创新投入强度指农业科技创新投入占农业 GDP 的比重。经测算，2007—2017 年广西在农业科技投入方面较为重视，不断增加投入规模，但是农业科技投入强度非常低，虽然整体看来略有提高，但不明显，如图 12 －5所示。这表明广西农业科技投入的总体增加幅度与科技创新需求之间的差距依然非常大，均未超过 0. 25% ，更别说达到 3% 的理想水平，这将直接制约广西农业科技的发展，造成农业科研水平总体偏低。“十二五”期间，广西农业科技经费投入强度整体上有了一定增长，但增幅较小，而到了“十三五”期间，广西农业科技经费投入量远远低于农业 GDP 的增长速度，使农业科技经费投入强度一直在较低水平上徘徊。广西农业科技需要较大的科技投入规模，更需要不断创新的资金投入方式，否则无法顺利转化科技成果，更无法顺利开展农业推广工作。

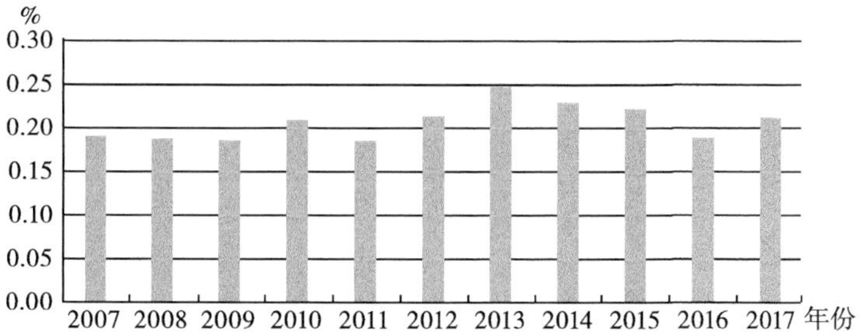

图 12 －5　2007—2017 年广西农业科技投入强度

（三）广西农业科技投入存在的问题分析

1. 农业科技资金总量不足

广西现代特色农业发展离不开农业科技对基础研究、试验示范、成果推广的投入和支持。广西农业科技经费支出状况分析采用全区县及县以上政府部门所属农业研究与开发机构相关数据。从表 12 －6 中可以看出，2007—2017 年广西农业科技资金投入呈总体增长趋势，共增长了160. 36% ，且 2017 年突破了 10 亿元。从年增长率来看，除 2009 年、2014 年和 2016 年为负增长外，其他年份均有所增长，尤其 2010 年增长最快，达 28. 62% 。但从相对量来看，广西农业科技资金支出仅占广西科技资金支出很少一部分，且占比呈下降趋势。2007—2017 年，广西科技资金支出增加了 5.45 倍，但广西农业科技资金支出占广西科技支出的比重从 17.55%下降到 7.08%。由此可见，广西力图通过加强科技投入来推动创新驱动，但在农业科技方面重视不足。

表 12 -6　2007—2017 年广西农业科技资金支出

年份	农业科技资金支出总额（亿元）	农业科技资金支出的年增长率（%）	科技资金支出总额（亿元）	农业科技资金支出占科技支出比重（%）
2007	3.86		22.00	17.55
2008	4.49	16.24	32.83	13.68
2009	4.43	-1.28	47.20	9.39
2010	5.7	28.62	62.87	9.07
2011	6.15	7.86	81.02	7.59
2012	7.47	21.45	96.20	7.77
2013	9.29	24.38	107.68	8.63
2014	9.08	-2.20	111.87	8.12
2015	9.35	2.97	105.91	8.83
2016	8.66	-7.36	117.75	7.35
2017	10.05	16.00	142.00	7.08

2. 农业科技投入来源结构单一

从农业科技资金投入主体来看，主要有财政资金投入、企业资金投入、金融机构资金投入、国外资金投入等，考虑到统计口径的不一致和数据的可得性，此处主要将广西农业科技资金分为财政资金与非财政资金两大类。从表 12 -7 中可以看出，在总量上，广西农业科技经费投入总额从 2007 年的 47411 万元增加到 2017 年的 139257 万元，增长了 193.72%。在资金来源上，2007—2017 年广西农业科技科资金投入主要依靠财政资金，占比在 82% ~93%。虽然 2017 年企业等非财政资金投入是 2007 年的 4 倍多，但其所占广西农业科技经费投入的比重仍然较小，不到 20%。然而，对于农业科技发展来说，财政资金的投入终究是有限的，过度依赖财政资金势必会阻碍农业现代化发展。由此可见，广西农业科技经费在筹集过程中应该注重民间资本的注入，鼓励企业、金融机构支持广西农业科技发展，进一步优化农业科技资金投入结构，政府则主要发挥引导撬动作用。

表 12－7　2007—2017 年广西农业科技资金投入来源

年份	农业科技经费投入总额（万元）	财政资金（万元）	非财政资金（万元）	财政资金比重（%）
2007	47411.0	41574.0	5837.0	87.69
2008	56240.0	48968.0	7272.0	87.07
2009	55001.0	46551.0	8450.0	84.64
2010	67325.0	59383.0	7942.0	88.20
2011	72755.0	66700.0	6055.0	91.68
2012	84180.0	76115.0	8065.0	90.42
2013	107432.3	98686.2	8746.1	91.86
2014	103259.4	95874.2	7385.2	92.85
2015	108404.0	99424.5	8979.5	91.72
2016	121498.0	102917.0	18581.0	84.71
2017	139257.0	114853.0	24404.8	82.48

3. 农业科技投入强度低

从表 12－8 中可以看出，2007—2017 年广西农业科技经费支出呈总体上升趋势，从 2007 年的 3.86 亿元增加到 2017 年的 10.05 亿元。加大广西农业科技资金投入推动了农业经济发展，11 年间广西农业 GDP 共增加了 2717 亿元，增长 134.11%。2007—2017 年广西农业科技投入强度，即广西农业科技资金支出总额占农业 GDP 的比重，在 0.19%～0.25% 波动，平均仅为 0.21%，涨幅不明显。由此可见，虽然广西农业科技资金投入的绝对量涨幅明显，但占农业 GDP 的比重还很低，且和全国平均水平还有一定差距，有待进一步提高。而且，2007—2017 年广西科技投入强度均明显高于广西农业科技投入强度，且增长较快，进一步说明了广西农业科技投入不足，且在广西整体科技发展中处于弱势。资金投入的不足会导致农业科技发展缓慢，进一步阻碍农业现代化发展，一定要尽早预防恶性循环。

表 12－8　2007—2017 年广西农业科技投入强度

年份	农业科技经费支出（亿元）	广西农业 GDP（亿元）	广西农业科技投入强度（%）	广西科技投入强度（%）
2007	3.86	2026	0.19	0.38
2008	4.49	2390	0.19	0.47
2009	4.43	2381	0.19	0.61
2010	5.70	2721	0.21	0.66
2011	6.15	3323	0.19	0.69
2012	7.47	3491	0.21	0.75
2013	9.29	3755	0.25	0.75
2014	9.08	3948	0.23	0.71
2015	9.35	4197	0.22	0.63
2016	8.66	4591	0.19	0.65
2017	10.05	4743	0.21	0.77

4. 高水平农业科技人员较少

农业科技人员是农业科技发展的主体，农业科技人员投入反映了广西农业科技投入的人力方面。农业科技人员的质量，关乎能否产生高质量的农业科技成果，以至于关系到农业生产效率的提高、现代特色农业的发展。从表 12－9 中可以看出，2007—2017 年广西县级以上部门所属的农业科技机构数量先稳定再减少，农业科技人员数量是先增加再减少，但总体上变化不大。其中，大学本科及以上学历的农业科技人员呈上升趋势，从 2007 年的 1556 人增加到 2017 年的 2104 人，增加了 35.22%，说明广西农业科研机构加强了人力资本建设，加大了高学历农业科技人员的引进与培养，促使人员结构更加优化。相对来看，2007—2017 年广西县级以上部门所属的科技机构数量也是先稳定再减少，科技人员数量也是先增加再减少。但不同的是，广西科技人员中大学本科及以上学历的人员不是与农业科技人员中大学本科及以上学历的人员一致逐渐增加，而是先增加再减少。这进一步说明广西农业科技人员学历结构优于平均水平，如果这样的增长趋势能够保持，将对促进广西现代农业发展提供人力支持。

表 12 -9　2007—2017 年广西县级以上部门所属的农业科技人员

年份	农业科技机构数（个）	农业科技人员（人）	其中：大学本科及以上学历（人）	科技机构数量（个）	科技人员（人）	其中：大学本科及以上学历（人）
2007	95	3006	1556	205	7945	5041
2008	93	2928	1623	203	8061	5211
2009	92	3001	1432	201	8286	4896
2010	96	3182	1619	207	8757	5400
2011	95	3274	1747	205	9022	5811
2012	94	3236	1838	202	9152	6138
2013	93	3228	1900	200	9586	6719
2014	92	3343	2019	199	110025	7068
2015	89	3332	2160	195	10034	7449
2016	49	2785	2000	166	7418	5505
2017	50	2942	2104	165	7516	5629

2007—2017 年广西县级以上部门所属的农业科技人员中大学本科及以上学历占比如图 12 -6 所示。可以看出，虽然 2007—2017 年广西县级以上部门所属的农业科技人员中大学本科及以上学历人员的绝对量有所上升，且趋势优于广西的科技人员结构，但从比率来看，农业科技人员中大学本

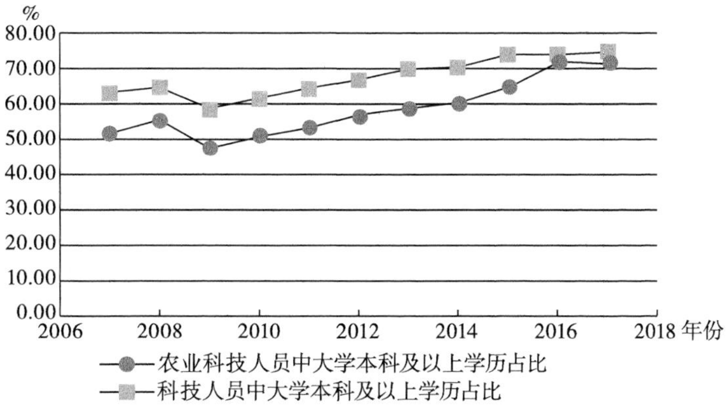

图 12 -6　2007—2017 年广西县级以上部门所属的农业科技人员中大学本科及以上学历比率

科及以上学历的占比低于科技人员中大学本科及以上学历的占比。这表明农业科技人员中高学历人员的总量在增加，但比率相对于其他科技部门还是较低的。值得注意的是，2015 年以来广西科技人员中大学本科及以上学历的占比趋于稳定，但农业科技人员中大学本科及以上学历的占比大幅上升，二者的差距显著缩小。这与广西 2015 年提出大力发展现代特色农业的政策后，加大了农业科技人才的培养和聘用相一致。

（四）广西农业科技投入存在问题的原因分析

1. 缺乏农业科技投入激励制度

由于农业科技的公共物品性和高风险性，农业科技主体不愿意将资金投入农业的新产品研究与开发中，或者即使有的农业部门将资金投入农业科技中，也往往是带来的社会效益较多，农业科技主体本身获得的经济效益非常少。同时，广西的农业科技服务行为仍然存在以行政投入的方式为主，而不是完全的市场机制调节方式。在市场经济作用下，原有的动力机制带来的效果不显著，而农业科技工作的重点并没有在农业生产过程中，导致农业科技投入的效率较低。信息资源共享平台不完善，导致广西农业科技管理方式复杂、效率低，无法完全匹配农户的需求，不利于新技术的推广和应用。由于缺乏完善的农业科技投入激励机制，广西的农业科研能力差，创新产出少。

2. 农业企业科技投入能力弱

企业创新的难度越来越大，所需要的资金投入量也越来越多，小企业往往无法保障创新资金的投入。目前广西农业企业技术水平较低，规模小、数量多，制约了农业企业对创新的投入。重点农业龙头企业是广西农业发展的引擎，往往代表了农业生产的最高技术。研究活动的风险往往比较大。一般来说，企业从事研发活动存在临界规模，如果企业规模过小，这些小企业就不可能进行研发投资，所以从事研发活动的企业必须超过一定的规模。而农业企业的规模往往比较小，难以聚集资源从事研发活动，对研发活动的风险承受能力也低，所以对农业科技投入力度就比较小。然而，目前广西缺乏推动农业企业协同创新的创新联盟的制度环境，削弱了农业企业组建科技创新联盟的动力。

3. 农业科技投入经济效率不高

由于农业科技本身多以生命科学技术为主，并交叉资源环境、物理化学以及工程学等科学技术，所以在农业科技创新漫长而复杂的周期内，创新主体不仅需要考虑自然科学因素，还需要考虑经济效益等因素。除此之外，农业科技创新过程中的基础研究与应用研究多属于多学科交叉性的研究，且伴随着创新过程复杂、难度大、实验成功概率低的特点。所以，农业科技创新有着较高的不确定性，并具有由不确定性引发的高风险性。这些都导致了广西各界参与农业科技创新的积极性不足。

4. 农业科技人才政策不完善

现有的人力资源、工资、分配、奖励、社会保障等制度难以有效吸引农业科研人员加入，导致农业科研机构人员结构不合理。广西很多科研机构的研究侧重于基础研究，与农业生产的应用存在差距，导致科技成果的转化存在困难，难以产生较高的经济效益，无法体现科研人员的知识价值。许多农业科研机构科研条件差，基础设施不完善，甚至有些农场的某些基本实验都无法完成。科技投入的规模和方式不能为广西农业技术创新和成果转化提供必要的资金支持，已成为吸引高水平农业科技人才、提高农业科技创新能力的主要制约因素。

二、广西农业科技投入与现代特色农业发展的实证分析

（一）偏最小二乘回归方法

由于本部分的样本时间序列为 11 年，选择的影响因素为 4 个，所以通过多种方法对比和向专家咨询，为了更准确、更真实地反映研究结果，部分驱动因素分析采用偏最小二乘回归方法。通过专业的偏最小二乘回归分析软件 SIMCA - P 11.5 构建 PLS 模型，进行广西农业科技投入与农业发展的实证分析。

（二）指标选择

为了开展广西农业科技投入对农业发展影响的实证分析，根据广西农业科技投入的实际情况、资料的可获得性，选取广西农业科技资金支出（zjz）、广西农业科技财政资金投入（czt）、广西农业科技非财政资金投入（fczt）、广西农业科技人员中大学本科及以上学历人数（gxlr）作为广西科技投入因素。以广西农业的 GDP（ngdp）代表广西农业发展。根据《广西统计年鉴》获得 2007—2017 年广西科技投入和农业 GDP 等相关数据，具体见表 12－10。

表 12－10 2007—2017 年广西农业科技投入对农业发展影响实证分析的指标

年份	*ngdp*（亿元）	*zjz*（亿元）	*czt*（亿元）	*fczt*（亿元）	*gxlr*（万人）
2007	2026	3.86	4.16	0.58	0.16
2008	2390	4.49	4.90	0.73	0.16
2009	2381	4.43	4.66	0.85	0.14
2010	2721	5.70	5.94	0.79	0.16
2011	3323	6.15	6.67	0.61	0.17
2012	3491	7.47	7.61	0.81	0.18
2013	3755	9.29	9.87	0.87	0.19
2014	3948	9.08	9.59	0.74	0.20
2015	4197	9.35	9.94	0.90	0.20
2016	4591	8.66	10.29	1.86	0.20
2017	4743	10.05	11.49	2.44	0.21

（三）偏最小二乘回归分析

1. 数据处理及系统检验

将 *ngdp* 作为 *Y*，*zjz*、*czt*、*fczt*、*gxlr* 作为 *X*，导入 SIMCA－P 11.5 软件。SIMCA－P 系统进行自动拟合，通过比较，将广西农业科技投入与农业发展的 PLS 成分个数优化为 2 个。

选择 2 个 PLS 后，所有广西农业科技投入与农业发展的样本点都分布在椭圆内，不存在特异点，说明模型不需要改动。

2007—2017 年广西农业科技投入对应的农业产出值与通过偏最小二乘法分析的拟合值比较接近，说明目前模型的拟合效果较好。

通过偏最小二乘法分析获得的广西人均能值生态足迹影响因素的重要性程度排序为：广西农业科技财政资金投入 > 广西农业科技资金支出 > 广西农业科技人员中大学本科及以上学历人数 > 广西农业科技非财政资金投入。这说明要想促进广西农业发展首先要从广西农业财政资金投入方面考虑，其次是增加广西农业科技资金支出，再次是广西农业科技人员和广西农业非财政资金投入。

2. 回归方程构建及分析

根据回归分析得到广西农业发展的偏最小二乘回归方程系数，构建回归方程为：

$$ngdp = 3.66078 + 0.28159zjz + 0.29999ctz + 0.19008fczt + 0.28497gxlr \tag{12-1}$$

广西农民发展各影响因素的相关系数的绝对值大小排序为：广西农业科技财政资金投入 > 广西农业科技人员中大学本科及以上学历人数 > 广西农业科技资金支出 > 广西农业科技非财政资金投入。从回归方程来看，增加广西农业财政资金投入、广西农业科技资金支出、广西农业科技人员中大学本科及以上学历人数和广西农业非财政资金投入均能促进广西农业发展。其中，广西农业科技财政资金投入每增加 1 亿元，广西农业 GDP 增加 0.29999 亿元；广西农业科技人员中大学本科及以上学历人数每增加 1 万人，广西农业 GDP 增加 0.28497 亿元；广西农业科技资金支出每增加 1 亿元，广西农业 GDP 增加 0.28159 亿元；广西农业科技非财政资金投入每增加 1 亿元，广西农业 GDP 增加 0.19008 亿元。这说明要促进广西现代特色农业发展，不仅要增加农业科技财政资金投入，也要注重高质量农业科技人才队伍的建设。

三、广西农业科技投入的重点任务

（一）促进现代农业生物技术的应用

广西农业生物技术经过多年的培育和发展，在基础理论、实验技术和实际应用等方面都有较为明显的进展。今后要从战略高度上进行统筹规划，进一步加大对农业生物技术的投入力度，加强基础条件建设，为实现广西农业生物技术和农业、农村经济的跨越式发展创造良好条件。

（二）推广现代化农业生产方式

与现代农业相比，广西农业资源相对贫乏，非农经济发展缓慢，长期以来中国农产品供给短缺的状况刚刚得到缓解，城乡经济的二元结构特征仍十分明显，广西农业生产经营的现代化水平还处于初级阶段。要适应农业现代化的生产方式，就需要进一步加大对农业科学研究的投入力度，尽快研究和建立国家对农业生产的支持体系。

（三）发展农产品加工业

近年来，广西农产品加工业得到较快发展，成为农业经济中颇具潜力的增长点。但就总体而言，还不能适应整个经济和社会发展的需要，尤其农产品加工水平和质量较低，专门用于加工的农产品不足，产供销各环节联结不紧密，加工业布局和产业结构不尽合理等问题仍比较突出。今后要进一步加大对农产品加工业的投入力度，提高其基本建设投资占整个基本建设投资的比重，增加对骨干企业的技改投入，使这一巨大的发展潜力得到充分的发挥。

（四）促进农业信息化的发展

近年来，广西开展了农业数据库、信息网络、农业决策支持系统和专家系统、农业管理信息系统、精细农业、地理信息系统等方面的研究，取得了一系列重要成果，带来了显著的成效。在新形势下，信息资源成为广西农业未来发展的战略性资源，先进的现代化农业技术越来越需要信息技术的支持。因此，农业信息化要顺应农业现代化发展的目标，加强农业科技信息的收集和整理，开发有效的利用和传播渠道，加大技术投入，加强信息发布系统建设，使农业科技信息在实际生产中充分发挥作用。

（五）实现农业可持续发展

改革开放多年来，广西农产品产量的高增长建立在高投入和高消耗的基础之上，由此也带来了对水土资源的过度开发和生态环境的恶化，危及农业的可持续发展。因此，必须转变农业增长方式，合理利用自然资源，实现资源的综合利用、节约利用及永续利用。一是加强对水资源的保护和治理，倡导节约用水，提高水资源的质量和利用效率，积极发展节水农业和旱作农业，引导农业节水。二是充分发挥农业劳动力资源丰富的优势，采取多种形式开展农业技能培训和科技示范，提高农业劳动者素质，促进资源的优化配置，提高农业劳动生产率，加快农业发展。

第三节　发展现代特色农业，促进广西农村可持续发展

广西现代特色农业，是以广西特有或具有比较优势的农业资源禀赋为基础，通过依托传统农业文化与科技创新，推动农业生产要素的高效配置及农业产业链的延伸和深化，打造广西特色突出、规模效应明显、市场竞争有力的可持续发展的农业生产体系的现代农业发展模式，实现经济效益、社会效益和生态效益三者协同发展。

发展现代特色农业对促进广西农村可持续发展具有重要意义。现代特色农业的发展是适应当前社会消费需求、世界经济一体化和全球农业市场细分需要的必然结果。发展广西现代特色农业，探索和实践广西现代特色农业发展的道路，是广西现代农业发展的重要抓手，是推动广西现代农业的新提升、新突破和新跨越。积极发挥和利用广西的资源优势、环境优

势、区位优势、技术优势，积极发挥市场配置资源的基础性作用，开发具有广西特色的农业名特优新产品，使特色农业规模、结构实现优化和提升，对经济新常态下加快推进农业现代化，对稳增长、调结构、惠民生具有承上启下的作用和重大实施意义。

但值得注意的是，农业科技投入对于广西现代特色农业发展具有重要影响。因此，广西农村可持续发展离不开广西农业科技投入的持续加强，这个促进作用是通过现代特色农业发展、农民增收、农村可持续发展体现出来的。

一、增加农业科技投入促进广西现代特色农业发展

作为国民经济基础的农业，其发展状况直接关涉经济社会的进步程度。广西农业发展面临两大压力：日益恶化的内部生产条件和激烈的外部市场竞争。提高农产品的质量和市场竞争能力对于广西这样的传统农业大省和薄弱的农业基础来说，是一个巨大的挑战。因此，促进农业发展，就是用现代农业替代传统农业，加大农业科技投入，优化农业科技投入体系，发展现代特色农业，走高产出、低消耗的可持续发展之路。

二、增加农业科技投入促进广西农民增收

农民是“三农”问题中至关重要的“人”的因素，农民增收难也是困扰“三农”问题的根本症结所在。农业科技促进农民增收，首先表现在农业科技直接提高农产品的科技含量，降低农产品生产成本，增强其市场竞争力。其次，农业科技的发展唤醒了农民的科技意识，提高了农民素质：大量的科技成果通过示范推广应用到农业生产上，让农民在体会科技的巨大作用、提高其使用科技自觉性的同时，自身素质也得到了很大提高。再次，农业科技发展催生了许多新兴农业，这一新供给引发了新的消费领域，吸引了大量的目光投向农民。比如，迅速崛起的乡村旅游业，不仅壮大了农村经济，而且增加了农民收入，促进了城乡一体化进程，为缩小城

乡二元差距做出了积极贡献。

三、现代特色农业促进广西农村可持续发展

现代特色农业发展、农民增收都离不开农业科技投入，现代特色农业发展和农民增收是促进农村可持续发展的前提，因而农业科技投入对农村可持续发展有直接意义。农村可持续发展不仅指物质生活的极大提高、农村生态环境改善，还有人们精神生活的丰富和农村各项事业的全面发展，是一个全面、综合的考量体系。科技的投入首先会提高农村生产力，改变农村落后生活面貌，增加农民收入，为农村可持续发展打下基础。农业科技发展，可以提高农业经济效益，促进农民增收；农业科技发展，可以提高农业生态效率，促进农业集约化发展；农民增收、农业效率提高，可以推动农村可持续发展逐步实现。

参考文献

[1]DEMERTZI M,PAULO J A,ARROJA L,et al. A carbon footprint simulation model for the cork oak sector[J]. The science of the total environment, 2016,10(1):566 -567.

[2]ELISA S N,ENRIQUE O. Carrying capacity using emergy and a new calculation of the ecological footprint[J]. Ecological indicators,2016(60):1200 -1207.

[3]GUO S S,WANG Y H. Ecological Security Assessment Based on Ecological Footprint Approach in Hulunbeir Grassland, China[J]. International journal of environmental research and public health,2019,16(23):325 -333.

[4]HUANG S L,ODUM H T. Ecology and economy: emergy synthesis and public policy in Taiwan[J]. Journal of environmental management,1991,32(4):313 -333.

[5]COSTA,MARTINS F G,ALVES I. Ecological Footprint as a sustainability indicator to analyze energy consumption in a Portuguese textile facility [J]. International journal of energy and environmental engineering,2019,10(4):259 -269.

[6]LIANG C,WANG G L,AN D F,et al. Tread wear and footprint geometrical characters of truck bus radial tires[J]. Chinese journal of mechanical engineering,2013,26(3):506 -511.

[7]WILSON J D,SWATERS G E. The source area influencing a measurement in the Planetary Boundary Layer: The "footprint" and the "distribution of contact distance"[J]. Boundary -Layer meteorology,1991,55(1 -2):25 -46.

[8]GORISSEN K,WEIJTERS B. The negative footprint illusion: Perceptual bias in sustainable food consumption[J]. Journal of environmental psychology, 2016,45(5):50 - 65.

[9]A K,MATHIEUX F,PENNINGTON D,et al. The search for an appropriate end - of - life formula for the purpose of the European Commission Environmental Footprint initiative[J]. The international journal of life cycle assessment,2017,22(9):1441 - 1458.

[10]ANWAR K,YANG C G,JAMAL H,et al. Does energy consumption, financial development, and investment contribute to ecological footprints in BRI regions? [J]. Environmental science and pollution research international, 2019,10(3):132 - 138.

[11]LI J X,CHEN Y N,XU C C,et al. Evaluation and analysis of ecological security in arid areas of Central Asia based on the emergy ecological footprint (EEF) model[J]. Journal of cleaner production,2019,235(20): 664 - 677.

[12]DEMERTZI M,PAULO J A,FAIAS S P,et al. Evaluating the carbon footprint of the cork sector with a dynamic approach including biogenic carbon flows [J]. The international journal of life cycle assessment,2018,23(7): 1448 - 1459.

[13]MATHIS W,WILLIAM E R. Perceptual and structural barriers to investing in natural capital: economics from an ecological footprint perspective[J]. Ecological economics,1997,20(1):3 - 24.

[14]MEHMET A D,AVIK S. Renewable, non - renewable energy consumption, economic growth, trade openness and ecological footprint: evidence from organisation for economic cooperation and development countries[J]. Journal of cleaner production,2020,242(5):466 - 474.

[15]MIROSLAV S. On sustainability interpretations of the Ecological Footprint [J]. Ecological economics,2020,169(2):213 - 220.

[16] PHILIP M, CARLENE W, KIRSTEN D, et al. Personal and lifestyle characteristics predictive of the consumption of fast foods in Australia. [J]. Public health nutrition, 2007, 10(12): 1456 – 1463.

[17] MORENO K, BOSTELMANN J E, Macías C, et al. A late Pleistocene human footprint from the Pilauco archaeological site, northern Patagonia, Chile. [J]. Plos one, 2019, 14(4): 373 – 380.

[18] ODUM E P. The emergence of ecology as a new integrative discipline. [J]. Science, 1977, 195(4284): 1289 – 1293.

[19] REES W E. Ecological footprints and appropriated carrying capacity: what urban economics leaves out[J]. Environment & urbanization, 1992, 4(2): 121 – 130.

[20] REES W E, Wackernagel M. Urban ecological footprints: why cities cannot be sustainable – and why they are a key to sustainability[J]. Environmental impact assessment review, 1996, 16(4 – 6): 223 – 248.

[21] SAUD S, S CHEN S S, HASEEB A, et al. The role of financial development and globalization in the environment: Accounting ecological footprint indicators for selected one – belt – one – road initiative countries[J]. Journal of cleaner production, 2019, 21(3): 198 – 206.

[22] WACKERNAGEL M, ONISTO L, BELLO P, et al. National natural capital accounting with the ecological footprint concept[J]. Ecological economics, 1999, 29(3): 375 – 390.

[23] ZHAO X, CHEN B, YANG Z F. National water footprint in an input – output framework – A case study of China 2002[J]. Ecological modelling, 2008, 220(2): 153 – 161.

[24] ZHAO G M, GAO C, XIE R, et al. Provincial water footprint in China and its critical path[J]. Ecological indicator, 2019, 105(C): 634 – 644.

[25] 曹威威,孙才志. 能值生态足迹模型的改进:以海南为例[J]. 生态学报, 2019, 39(1): 216 – 227.

[26] ODUM E P,李树本. 农业生态系统的性质[J]. 农业系统科学与综合研究,1987(1):77 - 79 + 56.

[27] 曹威威,孙才志,杨璇业,等. 基于能值生态足迹的长山群岛人地关系分析[J]. 生态学报,2020(1):1 - 11.

[28] 陈东景,徐中民. 干旱区农业生态经济系统的能值分析:以黑河流域中游张掖地区为例[J]. 冰川冻土,2002(4):374 - 379.

[29] 陈鸣. 中国农业科技投入对农业全要素生产率的影响研究[D]. 长沙:湖南农业大学,2017.

[30] 陈鸣,周发明. 农地经营规模、农业科技投入与农业生产效率:基于面板门槛模型的实证[J]. 产经评论,2016,7(3):130 - 140.

[31] 陈文辉,谢高地,张昌顺,等. 北京市水果消费的生态足迹距离研究[J]. 生态学报,2018,38(3):760 - 768.

[32] 陈姝含,宋淑鸿. 基于生态足迹理论的江苏省水资源可持续利用研究[J]. 中国林业经济,2019(6):33 - 36.

[33] 陈姝含,王娜,陈健. 对于农村生态水环境治理的思考与对策分析[J]. 中国林业经济,2019(5):10 - 12.

[34] 丁玉平. 中国特色农业现代化实现的有效途径[J]. 农业经济, 2014(8):15 - 16.

[35] 董建红,张志斌,张文斌. 基于三维生态足迹的甘肃省自然资本利用动态变化及驱动力[J]. 生态学杂志,2019,38(10):3075 - 3085.

[36] 董孝斌,高旺盛,隋鹏,等. 北方农牧交错带典型农户系统的能值分析[J]. 干旱区资源与环境,2006(4):78 - 82.

[37] 董孝斌,严茂超,董云,等. 基于能值的内蒙古生态经济系统分析与可持续发展战略研究[J]. 地理科学进展,2007(3):47 - 57.

[38] 董孝斌,严茂超,高旺盛,等. 内蒙古赤峰市企业—人工草地—肉羊系统生产范式的能值分析[J]. 农业工程学报,2007(9):195 - 200.

[39] 董孝斌,高旺盛,严茂超. 基于能值理论的农牧交错带两个典型县域生态经济系统的耦合效应分析[J]. 农业工程学报,2005(11):9 - 14.

[40]董孝斌,高旺盛,严茂超. 黄土高原典型流域农业生态系统生产力的能值分析:以安塞县纸坊沟流域为例[J]. 地理学报,2004(2):223－229.

[41]董欣欣. 我国农业科技经费投入对农业产业结构的影响研究[D]. 淄博:山东理工大学,2016.

[42]董泽琴, 孙铁珩. 生态足迹研究:辽宁省生态足迹计算与分析[J]. 生态学报, 2004(12) : 2735－2739.

[43]窦蕾,李平,姜财辉. 旅游生态足迹模型在县级尺度区域可持续发展中的应用:以章丘市为例[J]. 北京第二外国语学院学报,2006(5):47－52.

[44]窦蕾,李平. 基于生态足迹模型的章丘市小城镇可持续发展评价[J]. 国土与自然资源研究,2007(1):30－31＋34.

[45]杜鹏,徐中民. 甘肃生态经济系统的能值分析及其可持续性评估[J]. 地球科学进展,2006(9):982－988.

[46]方恺. 生态足迹深度和广度:构建三维模型的新指标[J]. 生态学报,2013,33(1):267－274.

[47]方恺,李焕承. 基于生态足迹深度和广度的中国自然资本利用省际格局[J]. 自然资源学报,2012,27(12):1995－2005.

[48]方恺,高凯,李焕承. 基于三维生态足迹模型优化的自然资本利用国际比较[J]. 地理研究,2013,32(9):1657－1667.

[49]方恺,王莉红,李焕承. 基于生态系统服务价值的江南传统农业区土地利用规划影响评价[J]. 长江流域资源与环境,2010,19(S2):101－107.

[50]方恺,HEIJUNGS REINOUT. 自然资本核算的生态足迹三维模型研究进展[J]. 地理科学进展,2012,31(12):1700－1707.

[51]方恺. 基于改进生态足迹三维模型的自然资本利用特征分析:选取11个国家为数据源[J]. 生态学报,2015,35(11):3766－3777.

[52]付凯玲. 农户对农业科技投入行为的初步研究[D]. 南昌:江西农业大学,2016.

[53]高晓琦,董增川,周涛,等. 基于不同生态需水计算方法的水量水质联合调度研究[J]. 水电能源科学,2018,36(12):25-29.

[54]郭慧,董士伟,吴迪,等. 基于生态系统服务价值的生态足迹模型均衡因子及产量因子测算研究[J]. 生态学报,2020(4):1-8.

[55]郭静佳, 岳亚伟. 山西省闻喜县现代特色农业产业发展探析[J]. 山西农经, 2015(4):15-16.

[56]韩晓卓,张彦宇,李自珍. 生态足迹时间序列趋势外推分析的一种新方法及其应用[J]. 草业学报,2006(5):129-134.

[57]侯茂章,朱玉林. 基于能值理论的湖南环洞庭湖区域农业产出研究[J]. 中国农学通报,2013,29(14):61-68.

[58]侯茂章,朱玉林. 湖南农业生态系统的能值效率与结构调整[J]. 农业科学与技术(英文版),2012,13(12):2648-2654.

[59]胡雪萍, 李丹青. 城镇化进程中生态足迹的动态变化及影响因素分析:以安徽省为例[J]. 长江流域资源与环境,2016(2):300-306.

[60]胡小东,王龙昌,薛兰兰,等. 基于能值分析方法的中国西部地区农业生态系统可持续发展研究[J]. 西南大学学报(自然科学版),2010,32(2):7-12.

[61]胡志毅,管陈雷,杨天昊,等. 中国旅游生态足迹研究进展可视化分析[J]. 生态学报,2020(2):1-10.

[62]黄红光,白彩全,易行. 金融排斥、农业科技投入与农业经济发展[J]. 管理世界,2018,34(9):67-78.

[63]蒋和平. 中国特色农业现代化的建设思路与建议[J]. 农业经济与管理, 2014(3):5-15.

[64]蒋莉,陈治谏,沈兴菊. 兰州大学(盘旋路校区)2003 年生态足迹调查分析[J]. 地理与地理信息科学,2005(2):82-85.

[65]江喜林,徐小明. 农业科技投入的技术创新效率评价研究[J]. 科技与经济,2019,32(2):66-70.

[66]金丹,卞正富. 基于能值和 GEP 的徐州市生态文明核算方法研究[J].

中国土地科学,2013,27(10):88 – 94.
[67]金丹,卞正富. 基于能值的生态足迹模型及其在资源型城市的应用[J]. 生态学报,2010,30(7):1725 – 1733.
[68]金丹,卞正富. 基于能值分析的徐州生态经济系统可持续性评价[J]. 国土与自然资源研究,2010(1):50 – 52.
[69]蓝盛芳,耿世磊. 生态工程理论和实践在西方与中国的发展[J]. 生态科学,1995(2):171.
[70]蓝盛芳,陈飞鹏,刘新茂. 农业生态经济系统的能值分析[J]. 生态科学,1995(2):172.
[71]蓝盛芳,钦佩. 生态系统的能值分析[J]. 应用生态学报,2001(1):129 – 131.
[72]李翠玲. 基于能值—生态足迹的吉林省辽河流域生态承载力与可持续发展研究[D]. 长春:吉林大学, 2016.
[73]李芳. 榆林科技与现代特色农业发展探讨[J]. 榆林学院学报, 2016(2):37 – 39.
[74]梁山. 区域特色农业发展水平与空间布局研究:以河北省为例[D]. 武汉:华中农业大学, 2010.
[75]李寒娥,蓝盛芳,陆宏芳. H. T. 奥德姆与中国的能值研究[J]. 生态科学,2005(2):182 – 187.
[76]李平. 农业科技投入与农业经济发展的实证研究[J]. 农业与技术,2018,38(18):155.
[77]李平,窦蕾. 生态足迹模型在旅游科学中的应用研究进展[J]. 桂林旅游高等专科学校学报,2006(6):729 – 733.
[78]李海涛,严茂超,沈文清,等. 新疆生态经济系统的能值分析与可持续发展研究[J]. 干旱区地理,2001(4):289 – 296.
[79]李海涛,廖迎春,严茂超,等. 新疆生态经济系统的能值分析及其可持续性评估[J]. 地理学报,2003(5):765 – 772.
[80]李海涛,廖迎春,严茂超. 江西生态经济系统的能值分析[J]. 江西农业

大学学报,2003(1):93 -98.

[81]李敬锁,王晓雷,牟少岩. 农业科技计划投入与农业经济增长关系的实证研究:以青岛市为例[J]. 浙江农业学报,2015,27(7):1288 -1293.

[82]李梦皓,罗怀良,胡娟. 基于生态足迹的洪雅县生态建设评价[J]. 生态科学,2018,37(4):195 -203.

[83]李文龙,魏巍,宋瑜,等. 基于能值生态足迹与灰色预测模型的西藏可持续性评价[J]. 草地学报,2019,27(3):702 -710.

[84]李文龙,余翠,赵新来,等. 基于能值生态足迹模型的青藏高原东部高寒牧区可持续发展研究[J]. 草业学报,2017,26(4):1 -14.

[85]李政,何伟,潘洪义,等. 基于熵权 TOPSIS 法与 ARIMA 模型的四川省耕地生态安全动态预测预警[J]. 水土保持研究,2018,25(3):217 -223 +2.

[86]黎明. 广西农业科技投入对农业生产效率的影响研究[D]. 桂林:广西师范大学,2018.

[87]廖爱红,林诗楚,崔春生. 基于生态足迹的珠海市可持续发展评价[J]. 环境生态学,2019,1(6):40 -44.

[88]刘海涛,谢小玉,胡小东,等. 基于能值生态足迹模型的内蒙古自治区生态承载力研究[J]. 西南师范大学学报(自然科学版),2009,34(6):145 -150.

[89]刘晖霞. 甘肃发展现代特色农业的对策思考[J]. 农村经济与科技,2010(3):40 -41.

[90]刘淼,胡远满,常禹,等. 基于能值理论的生态足迹方法改进[J]. 自然资源学报,2008(3):447 -457.

[91]刘淼,胡远满,常禹,等. 四川省汶川县生态经济系统能值分析[J]. 生态学杂志,2008(11):1997 -2001.

[92]刘荣,王龙昌,邹聪明,等. 基于能值生态足迹的陕川渝三地可持续性发展对比分析[J]. 中国农学通报,2010,26(13):339 -344.

[93]刘新茂,蓝盛芳,陈飞鹏. 广东省种植业系统能值分析[J]. 华南农业大

学学报,1999(4):111 - 115.

[94]吕晓东. 农业科技创新中的财政投入研究[D]. 济南:山东财经大学,2017.

[95]吕月珍,邵永新,钱野,等. 农业科技创新投入对新农村经济发展影响的研究:以杭州为例[J]. 浙江农业学报,2017,29(5):850 - 856.

[96]陆宏芳,蓝盛芳,李谋召,等. 农业生态系统能值分析方法研究[J]. 韶关大学学报(自然科学版),2000(4):74 - 78.

[97]陆宏芳,蓝盛芳,陈飞鹏,等. 基塘生态农业工程模式的能值研究(英文)[J]. 农业工程学报,2002(5):145 - 150.

[98]陆宏芳,彭少麟,蓝盛芳,陈飞鹏. 基塘农业生态工程模式的能值评估[J]. 应用生态学报,2003(10):1622 - 1626.

[99]陆宏芳,蓝盛芳,俞新华,等. 城市复合生态系统能值整合分析研究方法论[J]. 城市环境与城市生态,2005(4):34 - 37.

[100]陆宏芳,蓝盛芳,李雷,等. 评价系统可持续发展能力的能值指标[J]. 中国环境科学,2002(4):93 - 97.

[101]陆宏芳,蓝盛芳,彭少麟. 系统可持续发展的能值评价指标的新拓展[J]. 环境科学,2003(3):150 - 154.

[102]陆宏芳,沈善瑞,陈洁,等. 生态经济系统的一种整合评价方法:能值理论与分析方法[J]. 生态环境,2005(1):121 - 126.

[103]罗必敬. 融水县现代特色农业发展问题研究[D]. 南宁:广西大学, 2015.

[104]罗慧媛, 杨鹏亮, 刘锐. 新常态下金融推进榆林现代特色农业发展的路径选择[J]. 榆林学院学报, 2016(1):139 - 141.

[105]马赫,张天海,罗宏森,等. 沿海快速城市化地区能值生态足迹变化分析[J]. 生态学报, 2018,38(18):6465 - 6472.

[106]马强. 内蒙古自治区现代特色农业发展研究[D]. 北京:中国农业科学院, 2012.

[107]麻小燕, 李小红. 创新科技服务方式　发展现代特色农业:以广西横

县为例[J]. 广西农学报, 2012(3):97 - 101.

[108]潘洪义,朱晚秋,崔绿叶,等. 成都市人均生态足迹和人均生态承载力空间分布差异[J]. 生态学报,2017,37(19):6335 - 6345.

[109]潘时常, 朱菊萍, 焦金芝. 发展现代特色农业的若干思考[J]. 现代经济探讨, 2011(12):72 - 75.

[110]彭建,刘松,吕婧. 区域可持续发展生态评估的能值分析研究进展与展望[J]. 中国人口·资源与环境,2006,16(5):47 - 51.

[111]沈善瑞,陆宏芳,赵新锋,等. 能值研究的几个前沿命题[J]. 热带亚热带植物学报,2004(3):268 - 272.

[112]沈善瑞,陆宏芳,蓝盛芳,等. 三水市农业生态系统经济能值投入产出分析[J]. 生态环境,2004(4):612 - 615.

[113]宋豫秦,王群超. 基于能值生态足迹的浙江省可持续发展分析[J]. 长江流域资源与环境, 2011,20(11):1285 - 1290.

[114]宋豫秦,曹明兰,张力小. 京津唐城市生态系统能值比较[J]. 生态学报,2009,29(11):5882 - 5890.

[115]苏国麟,李谋召,蓝盛芳,等. 广东三水市种植业系统的能值分析及其可持续发展[J]. 农业现代化研究,1999(6):359 - 362.

[116]苏文亮,李文龙,朱亚莉,等. 基于能值生态足迹模型的青海地区可持续发展评估[J]. 草业科学,2019,36(5):1445 - 1456.

[117]粟娟,蓝盛芳. 评估森林综合效益的新方法:能值分析法[J]. 世界林业研究,2000(1):32 - 37.

[118]陈春锋,王宏燕,肖笃宁,等. 基于传统生态足迹方法和能值生态足迹方法的黑龙江省可持续发展状态比较[J]. 应用生态学报, 2008,(11):2544 - 2549.

[119]隋春花,蓝盛芳. 广州与上海城市生态系统能值的分析比较[J]. 城市环境与城市生态,2006(4):1 - 3.

[120]隋春花,蓝盛芳. 广州城市生态系统能值分析研究[J]. 重庆环境科学,2001(5):4 - 6 + 23.

[121]隋春花,张耀辉,蓝盛芳．环境—经济系统能值(Emergy)评价:介绍Odum的能值理论[J]. 重庆环境科学,1999(1):20-22.

[122]隋春花,蓝盛芳．广州与香港的环境经济能值分析[J]. 重庆环境科学,2003(1):47-48+55-62.

[123]孙才志,张智雄．中国水生态足迹广度、深度评价及空间格局[J]. 生态学报,2017,37(21):7048-7060.

[124]谭德明,何红渠．基于能值生态足迹的中国能源消费可持续性评价[J]. 经济地理, 2016,36(8):176-182.

[125]谭智心．中国特色农业现代化道路问题研究[J]. 中国延安干部学院学报, 2015(6):118-124.

[126]唐红祥．提升现代特色农业问题研究:以广西为例[J]. 学术论坛, 2016(4):62-66.

[127]唐廉,权冠中,胡晓辉,等．基于能值生态足迹的贵州省生态经济系统的可持续性发展[J]. 贵州农业科学, 2017,45(4):150-156.

[128]田安国．大别山区现代特色农业发展对策[J]. 湖北农业科学, 2013(5):1226-1228.

[129]田胜平,秦德辉,肖金平,等．我国农业科技投入存在的问题与机制创新[J]. 中国农业信息,2016(2):3-4.

[130]田玲玲, 罗静, 董莹, 等．湖北省生态足迹和生态承载力时空动态研究[J]. 长江流域资源与环境, 2016(2) : 316-325.

[131]王博．广西农业科技投入对农业产出的影响研究[D]. 长沙:中南林业科技大学,2018.

[132]王海平,陈志峰,曹红亮．城镇化背景下福建城乡居民食物消费转型及其生态足迹[J]. 江苏农业科学,47(22):35-321.

[133]王明霞, 关露．河北省旅游生态足迹分析及改善建议[J]. 黑龙江对外经贸, 2010(7) : 123-124.

[134]翁伯琦,王义祥,黄毅斌,等．福建省生态足迹和生态承载力的动态变化[J]. 应用生态学报,2006(11):2153-2157.

[135]吴超,胡小东. 基于能值理论的重庆市生态承载力现状研究[J]. 西南大学学报(自然科学版),2010,32(4):26-30.
[136]吴玉琴,严茂超,许力峰. 城市生态系统代谢的能值研究进展[J]. 生态环境学报,2009,18(3):1139-1145.
[137]晓兰,萨茹拉,额日德木图. 畜牧产品生态足迹分析:以赤峰市为例[J]. 家畜生态学报,2016,37(8):45-49.
[138]谢华. 广西区域生态安全问题及其对策探讨[J]. 南方农业, 2018,12(1):115-119.
[139]许静,孙钰. 基于生态足迹的天津市可持续发展动态研究[J]. 科技和产业,2017,17(11):17-23.
[140]徐中民,程国栋,张志强. 生态足迹方法:可持续性定量研究的新方法:以张掖地区 1995 年的生态足迹计算为例[J]. 生态学报,2001(9):1484-1493.
[141]严茂超,李海涛. 美国经济与消费格局的新透视:从能值分析结论看美国[J]. 世界科技研究与发展,2001(3):59-65.
[142]杨灿,朱玉林. 基于能值生态足迹改进模型的湖南省生态赤字研究[J]. 中国人口·资源与环境, 2016,26(7):37-45.
[143]杨灿,朱玉林,李明杰. 洞庭湖平原区农业生态系统的能值分析与可持续发展[J]. 经济地理,2014,34(12):161-166.
[144]杨传喜,陶倩茹. 农业科技资源投入结构现状及发展动态演变分析[J]. 科技和产业,2018,18(11):43-48.
[145]杨开忠,杨咏,陈洁. 生态足迹分析理论与方法[J]. 地球科学进展,2000(6):630-636.
[146]杨屹, 加涛. 21 世纪以来陕西生态足迹和承载力变化[J]. 生态学报, 2015(24): 7987-7997.
[147]杨青,逯承鹏,周锋,等. 基于能值—生态足迹模型的东北老工业基地生态安全评价:以辽宁省为例[J]. 应用生态学报, 2016,27(5):1594-1602.

[148]严茂超,李海涛,程鸿,等. 中国农林牧渔业主要产品的能值分析与评估[J]. 北京林业大学学报,2001(6):66-69.

[149]严茂超,ODUMHT. 西藏生态经济系统的能值分析与可持续发展研究[J]. 自然资源学报,1998(2):20-29.

[150]余翠,李文龙,赵新来,等. 能值—生态足迹模型支持的甘肃藏族高寒牧区可持续研究[J]. 兰州大学学报(自然科学版),2017,53(3):368-375+383.

[151]于遵波,洪绂曾,韩建国,等. 基于能值理论评估草地生态系统的价值[J]. 东北林业大学学报,2006(1):52-55.

[152]张可云, 傅帅雄, 张文彬. 基于改进生态足迹模型的中国31个省级区域生态承载力实证研究[J]. 地理科学, 2011(9):1084-1089.

[153]张恒义,刘卫东,王世忠,等."省公顷"生态足迹模型中均衡因子及产量因子的计算:以浙江省为例[J]. 自然资源学报,2009,24(1):82-92.

[154]张恒义,刘卫东,林育欣,等. 基于改进生态足迹模型的浙江省域生态足迹分析[J]. 生态学报,2009,29(5):2738-2748.

[155]张洁瑕,郝晋珉,段瑞娟,等. 黄淮海平原农业生态系统演替及其可持续性的能值评估[J]. 农业工程学报,2008(6):102-108.

[156]张耀辉,蓝盛芳,陈飞鹏. 海南省资源环境与可持续发展的能值分析[J]. 生态科学,1998(2):123-124.

[157]张英楠,郑循刚. 基于能值生态足迹法的河北省可持续发展分析[J]. 农村经济与科技, 2018, 29(5):237-238+279.

[158]张智雄,孙才志. 中国人均灰水生态足迹变化驱动效应测度及时空分异[J]. 生态学报,2018,38(13):4596-4608.

[159]赵淑芳. 我国农业科技投入研究[J]. 科学管理研究,2019,37(3):123-127.

[160]赵其国,黄国勤. 论广西生态安全[J]. 生态学报, 2014,34(18):5125-5141.

[161]张清华,韩梅,杨利民.1949—2008年吉林省乾安县能值生态足迹的动态研究[J].西北农林科技大学学报(自然科学版),2012,40(5):173-178+185.

[162]张伟,王秀红,张宏业.基于能值的绿洲农业可持续发展情景分析:以新疆伊宁县为例[J].农业科学与技术(英文版),2012,3(1):26-32.

[163]张伟,康文星.基于能值理论的衡东县生态足迹研究[J].中南林业科技大学学报,2008(2):57-62.

[164]张玉芳,董孝斌,严茂超,等.基于能值的天山北坡经济带农牧系统可持续性评估[J].生态学杂志,2007(11):1901-1906.

[165]张彦宇,韩晓卓,李自珍,等.生态承载力模型的改进及其应用[J].兰州大学学报(自然科学版),2007(1):75-79.

[166]张艳红,朱玉林.湖南省娄底市农业生态系统能值分析[J].农业科学研究,2017,38(1):39-43.

[167]张耀辉,蓝盛芳,陈飞鹏.海南省农业能值分析[J].农村生态环境,1999(1):5-9.

[168]郑双怡.西南喀斯特地区农户气象灾害致贫的影响因素分析[J].西南民族大学学报(人文社科版),2017,38(3):40-45.

[169]周连第,胡艳霞,严茂超,等.生态经济系统能值分析:以北京密云县为例[J].地理科学进展,2006(5):94-104.

[170]周园园.基于能值生态足迹的微型城镇生态安全研究[D].重庆:西南大学,2016.

[171]朱璐平,李海涛,陈吉泉,等.基于能值的内蒙古可持续发展评价[J].地理科学,2012,22(5):843-858.

[172]朱晚秋,潘洪义,房力川,等.四川省三维生态足迹动态变化及其驱动力分析[J].资源开发与市场,2018,34(2):172-176+273.

[173]朱玉林,李明杰,侯茂章,等.湖南农业生态系统能值结构功能效率分析[J].农业科学与技术(英文版),2013,14(1):186-192.

[174]朱玉林,李明杰,龙雨孜,等.基于能值分析的环洞庭湖区农业生态系

统结构功能和效率[J]. 生态学杂志,2012,31(12):3086-3093.
[175]朱玉林,周杰,李莎,等. 基于能值理论的湖南农业生态经济系统生态效率分析[J]. 湖南科技大学学报(社会科学版),2011,14(6):86-89.
[176]朱玉林,李明杰. 湖南省农业生态系统能值演变与趋势[J]. 应用生态学报,2012,23(2):499-505.
[177]朱玉林,顾荣华,杨灿. 湖南省生态赤字核算与评价:基于能值生态足迹改进模型[J]. 长江流域资源与环境,2017,26(12):2049-2056.
[178]朱玉林,李明杰,侯茂章,等. 环洞庭湖区农业生态系统能值演变趋势的研究[J]. 中南林业科技大学学报,2012,32(7):133-140.
[179]朱玉林,李明杰,侯茂章,等. 湖南农业生态系统能值结构功能效率分析[J]. 中国农学通报,2012,28(20):270-277.
[180]朱玉林,李明杰,王茂溪,等. 基于能值理论的环洞庭湖区农业生态系统绿色 GDP 核算研究[J]. 财经理论与实践,2012,33(6):118-121.
[181]朱玉林,杨灿,李明杰. 基于能值理论的湖南省农业生态系统绿色 GDP 核算研究[J]. 中南林业科技大学学报(社会科学版),2014,8(4):1-4.
[182]朱韵臻,朱玉林. 基于能值的湖南省农业绿色 GDP 的演变与趋势分析[J]. 中南林业科技大学学报(社会科学版),2015,9(6):51-59.
[183]周涛,王云鹏,龚健周,等. 生态足迹的模型修正与方法改进[J]. 生态学报,2015,35(14):4592-4603.
[184]周慧,郑昭佩,梁兴军,等. 基于能值生态足迹模型的泰安市生态安全研究[J]. 安徽农业科学,2014,42(4):1164-1167.
[185]邹聪明,胡小东,张云兰,等. 基于能值生态足迹模型的高温伏旱区生态安全研究:以重庆市江津区为例[J]. 干旱地区农业研究,2010,28(6):201-205+216.
[186]邹玉洁. 农业科技资金投入体制研究[D]. 长沙:湖南农业大学,2015.

[187]张云兰. 人类命运共同体背景下西南喀斯特地区生态安全评价[J]. 安全与环境学报,2019,19(6):2226-2234.

[188]张云兰,陆维研,唐红祥. 现代特色农业发展综合评价及对策:以广西为例[J]. 江苏农业科学,2017,45(10):260-264.

[189]张云兰,李声明. 城镇化进程中生态足迹的动态变化及影响因素分析:以广西为例[J]. 改革与战略,2016,32(11):130-134.

[190]张云兰. 南宁城镇化进程中耕地可持续利用研究:基于生态足迹分析方法[J]. 经济研究参考,2015(53):91-93.

[191]张云兰. 广西生态文明建设现状及对策研究[J]. 经济与社会发展,2013,11(3):31-33.

重要术语索引表

X